Hans-Christoph Schmidt-Lauber
Manfred Seitz (Hg.)
Der Gottesdienst

Der Gottesdienst

Grundlagen und Predigthilfen
zu den liturgischen Stücken

Herausgegeben von
Hans-Christoph Schmidt-Lauber
und Manfred Seitz

Calwer Verlag Stuttgart

Die Deutsche Bibliothek – CIP-Einheitsaufnahme

Der **Gottesdienst** : Grundlagen und Predigthilfen zu den
liturgischen Stücken / Hans-Christoph Schmidt-Lauber ;
Manfred Seitz (Hg.). – Stuttgart : Calwer Verl., 1992
   ISBN 3–7668–3163–1
NE: Schmidt-Lauber, Hans-Christoph [Hrsg.]

ISBN 3-7668-3163-1

Einbandgestaltung: Otfried Kegel
Druck und Verarbeitung: Biblia Druck, Stuttgart

Inhalt

Vorwort

Zur Predigt über liturgische Stücke

Auf einer Wanderung im Schwarzwald blieb ich bei einer Bauersfrau stehen, die Gras verbrannte. Ich sprach sie an und sagte:»Es ist schön hier!« Sie antwortete:»Ich sehe es nicht mehr; ich bin schon 30 Jahr hier«. Sie konnte infolge der Gewöhnung kein werbendes Wort mehr für ihr Land aufbringen.

So geht es uns auch. Das gewohnheitsmäßige Leben im Lande des Glaubens und der Liturgie kann dazu führen, daß unsere»Augen gehalten« (Lk 24,16) sind und wir die Schönheit der Liturgie nicht mehr sehen. Dann wird auch die Spitze unserer Sendung, sie zu vollziehen, mitzufeiern oder etwas Rühmendes über sie zu sagen, stumpf.

Erst wenn wir darauf angesprochen werden, aufschauen, Abstand nehmen und durch ein»Siehe!« das Gewohnte in ungewohnter Weise in den Blick nehmen, gewinnen wir eine neue Schau. Dann finden wir vielleicht auch eine neue Beziehung zu Dingen, die wir dauernd vor Augen haben. Sie treten wie unberührt in unser Bewußtsein und rufen in uns ein neues Wort für sie hervor.

Das bedeutet für die Liturgen und für die im Gottesdienst Mitwirkenden, daß sie (wieder) anfangen, über den Gottesdienst, über seine die Glaubenden verbindende Geschichte, Formenfülle und theologische Tiefe zu staunen und überrascht zu sein. Und das bedeutet für die Prediger und für die am Verkündigungsdienst Beteiligten, daß sie ihn (wieder) erklären, für seine Mitfeier überzeugender werben und die ihnen Anvertrauten besser in seinen Vollzug einweisen können.

Wir legen deshalb – wohl erstmalig – einen Band mit Predigthilfen zum Gottesdienst und seinen liturgischen Stücken vor. Von Christoph Jahn in Erlangen ging die erste Anregung dazu aus. Predigthilfen zu biblischen Texten, genauer zu den aus der Bibel herausgebrochenen, ringsum behauenen und den einzelnen Sonn- und Festtagen zugeordneten»Perikopen« gibt es schon lange; Predigthilfen zu homiletischen Themen, genauer zu den zentralen Inhalten des christlichen Glaubens, die nach Luther »ein jeder Christ können und wissen muß«, inzwischen auch. Aber Predigthilfen zu liturgischen Stücken? Gehört die Liturgie, der Gottesdienst insgesamt in allen seinen Teilen und Stücken, in denen der erhöhte Herr Zeit und Raum überschreitend in der versammelten Gemeinde gegenwärtig und den Feiernden nahe ist, nicht in erster Linie zu dem, »was ein jeder Christ können und wissen muß«? »...können und wissen...«! »Wissen« – hier verstanden als etwas, was wir wiederholt gesehen haben, in das wir eingewiesen und dessen wir nun innegeworden sind, es also wiederholen können als Voraussetzung des »Könnens«, dem Grund und verstehenden Vermögen, etwas zu tun, es auszuüben, sich darin auszukennen und darüber Rechenschaft abzulegen. Wie steht es damit bei uns und in den Gemeinden?

Viele Texte der Bibel – unsere Liturgieerklärungen verweisen immer wieder darauf – enthalten gottesdienstliche Formulierungen und Formeln. Vom Confiteor über Kyrie und Gloria bis in das Sanctus und den Segen tragen sie uns die Sageweisen, mit denen wir aus dem Gottesdienst vertraut sind, entgegen. So stehen z.B. die Salutation »Der Herr sei mit euch!« wörtlich im Büchlein Rut 2,4, das Agnus Dei »Christe, du Lamm Gottes« in Joh 1,29 und das vielgebrauchte Kanzelvotum »Gnade sei mit euch und Friede...« in Offb 1,4. Die Bibelseminare und Predigten müßten diese Stellen als Quell- und Ursprungsorte der Liturgie aufzeigen und die Gelegenheit benützen, gottesdienstliche Stücke zu erklären und auszulegen. Wir haben nachgeforscht und nachgeschlagen und ein Defizit, einen Mangel an Liturgiebewußtsein in der evangelischen Verkündigung festgestellt. Das läßt Rückschlüsse oder jedenfalls Rückfragen zu: Fehlt uns ein mystagogisches Bewußtsein, d.h. eine klare Vorstellung davon, daß Gottesdienst ohne Katechese, ohne Geleit zum inneren Mitfeiern und tieferen Verstehen seiner Geheimnisse nur schwer nachvollziehbar ist? Müssen wir als Pfarrer und Pfarrerinnen, in deren Berufs- und Berufungsmitte der liturgische Dienst steht, nicht selber vom Geist der Liturgie ganz neu durchdrungen und angeleitet werden, »Christus zu suchen: in der gewissenhaften Meditation des Gotteswortes, in der aktiven Teilnahme an den heiligen Geheimnissen der Kirche, vor allem in der Eucharistie« und am Glauben einfacher Menschen, zu denen wir gesandt sind, »um in der Übung dieser Tugenden die Gesinnung des Betens (zu) erwerben«? (Vatikanum II. Dekret über die Ausbildung der Priester; zit. n. K. Rahner/H. Vorgrimler, Kleines Konzilskompendium,

Freiburg [8]1982, S. 209f). Wird es nicht erst dann möglich sein, die
Voraussetzungen für die liturgische Feier, die bei vielen Gemeindegliedern fehlen, wieder zu schaffen und durch Liturgieauslegung und
Impulse aus der Verkündigung hervorzurufen und zu festigen? Was ein
jeder Christ in bezug auf den Gottesdienst können und wissen muß –
um darauf hinzuarbeiten und die zum Gottesdienst Versammelten zu
einem tieferen und ihr Leben prägenden Erleben der Liturgie zu
führen, legen wir diesen Band mit Predigthilfen zum Gottesdienst und
seinen liturgischen Stücken vor.

Die damit vorgeschlagene Predigtgattung hat es zwar mit Texten zu
tun, mit nicht unmittelbar biblischen, dem Gottesdienst entnommenen,
doch fast immer vom biblischen Wort durchwirkten; aber wir rechnen
sie der Lehr- oder Themapredigt zu. Das Thema ist dann das im
Ablauf des Gottesdienstes an seinem Ort stehende und von daher
bekannte liturgische Stück. Nun sprach Karl Barth vom »Unfug der
Themensetzung« (Homiletik. Wesen und Vorbereitung der Predigt,
Zürich 1966, S. 84), meinte aber die im Rahmen der Textpredigt
auftretende Gefahr der Herrschaft eines Themas über den biblischen
Text. Hier ist das »Thema«, den Katechismusstücken vergleichbar, das
in den Rang der Anbetung erhobene »Dogma«, d.h. »die in Gottes
Offenbarung gegebene, durch das Zeugnis der biblischen Schriften
vermittelte und in den gottesdienstlichen Bekenntnissen formulierte
Einsicht in das, was Gottes Weg zur Erlösung des verlorenen Men-
schen ist« (Regin Prenter, Schöpfung und Erlösung. Dogmatik,
Göttingen 1960, S. 1). Das so verstandene »Dogma«, die in den
gottesdienstlichen Bekenntnissen formulierte Gesamteinsicht in das
Offenbarungszeugnis ist nicht authentisches, sondern abgeleitetes Wort,
Antwort. Es ist deshalb auch nicht primär Predigttext. Es hat seinen
Ort im Singen und Beten der Gemeinde als Hymnus, Gebet, Bittruf,
Lobpreis und Bekenntnis. Der Verkündigung des Evangeliums würde
nichts fehlen, wenn über die Liturgie nicht gepredigt würde. Wenn wir
es dennoch hier intendieren und zur mystagogischen Predigt und
Predigtweise hinführen wollen, dann gilt dafür sehr vieles von dem,
was Claus Westermann zur »Predigt von Texten aus den Lehrbüchern«
sagte (in: Verkündigung des Kommenden. Predigten alttestamentlicher
Texte, München [2]1978, S. 135-141): a) Es ist notwendig, daß Wort und
Widerhall zusammenkommen. »Gottes Wort ist ganz nur zusammen
mit der Antwort« (S. 136). b) Den Psalmen vergleichbar und dem in
ihnen laut werdenden berichtenden Lob der Geretteten, ist in Doxolo-

gien und Bekenntnissen (Apostolicum, Nicänum), ja selbst in Liedern
und Gebeten »eine besondere Art von Verkündigung zu erkennen« (S.
136): es spiegeln sich in ihnen die Taten Gottes und sie enthalten
Elemente, die das Heil in Christus ansagen. c) Endlich sind manche
Formulierungen und Bestandteile der Liturgie der Gemeinde so fern
geworden, »daß sie der Auslegung bedürfen« (S. 136). Diese drei
Gesichtspunkte mögen genügen, um auch die Berechtigung der Predigt
über liturgische Stücke zu zeigen. Wir haben es dementsprechend mit
der Aufgabe einer im Gottesdienst geschehenen verkündigenden
Darlegung liturgischer Themen bzw. Texte zu tun, die ohne Perikopen-
bindung, aber gebunden an das Gesamtzeugnis der Heiligen Schrift
erfolgt.

Die Aufgabe ist klar. Nun fragen wir: Wie bereitet man eine Liturgie-
Predigt vor? Wir legen der Vorbereitung vier Schritte zugrunde:
1. Persönliche Betrachtung. 2. Theologische Erklärung. 3. Homiletische
Besinnung. 4. lnterpretierende Darlegung.

1. Persönliche Betrachtung. lch bin auch als Prediger oder Predigerin
Glied der Gemeinde und deshalb dem Liturgie-Text, über den ich zu
predigen habe, vielfach begegnet. lch sinne darüber nach, was er der
Gemeinde und mir sagen will, verweile (vielleicht zum ersten Mal?)
bei seinen Worten, versuche sie zu verstehen, vernehme ihre Botschaft
und gebe auch meinen Problemen mit ihnen Raum. Der Abschnitt »Zur
Begegnung« in unseren Predigthilfen unterstützt mich dabei.

2. Theologische Erklärung. Den üblichen Kommentar ersetzt jetzt die
»Historische Erklärung« bzw. ein Beitrag in einem Lehrbuch der
Liturgik. Dabei geht es um den biblischen Ursprung des betreffenden
liturgischen Stückes, um seinen Ort im (urchristlichen) Gottesdienst
und um seine wechselnde Geschichte bis heute. Die »Theologische
Erwägung« fragt nach der Theologie, die sich uns hier entgegenträgt,
also nach dem, was über Gott, Christus bzw. den Heiligen Geist hier
gesagt und im Gottesdienst uns zugesagt wird.

3. Homiletische Besinnung. Sie richtet den Blick auf die Gemeinde,
wie es ihr im Gottesdienst damit geht und welche Fragen sie vermutlich oder tatsächlich stellt (vgl. den ersten Schritt!). Sie sucht die
erhobene theologische Aussage und Zusage mit diesem Fragehorizont
zu verbinden und in ihm verständlich zu machen. Sie besinnt sich über
das Predigtziel, den umgrenzten Stoff und seine Anordnung sowie
darüber, ob sich ein bestimmtes Bibelwort oder ein geeignetes Beispiel
als »Licht im Haus« anbietet.

4. Interpretierende Darlegung. Die Gefahr, die jetzt droht, ist – wie immer bei der Gattung der Lehrpredigt – die einer (liturgie-) theologischen Abhandlung. Es soll aber eine Zeugnis- und Zuspruchsrede gehalten werden, die das Verhältnis der Gemeinde zum Gottesdienst erneuert, ihr Verständnis der Liturgie vertieft und »Die Freude am Hause Gottes« (Ps 84) vermehrt. Dazu könnte helfen, wenn sich die Predigt in Zugang, Problemanzeige, theologische Entfaltung, Zuspruch und evtl. pastoralliturgische Weisung gliedert.

Es bleibt zu fragen: Wann halten wir diese Predigten bzw. einige von ihnen? Sie können ja nicht die Regel, sondern nur die Ausnahme, d.h. die begründete Abweichung von der Regel der perikopengebundenen Textpredigt sein. Es bieten sich an die Passionsgottesdienste – wo sie noch stattfinden – für die Abendmahlsliturgie, wie auch gesonderte Abendmahlsgottesdienste für die Predigt über die Präfation oder das Sanctus usw. Wir denken nach Pfingsten oder im Herbst an eine Predigtreihe, für die auf dem Schriftentisch für die Gemeinde Begleitliteratur vorzusehen wäre: z.b. Christoph Albrecht, Einführung in die Liturgik, Göttingen [4]1990; Karl-Heinrich Bieritz, Im Blickpunkt: Gottesdienst. Theologische Informationen für Nichttheologen, Göttingen [2]1987; Eduard Brinkel/Gustl Roth, Gottesdienst der mündigen Gemeinde. Begleitheft für die Gemeinde zur Erneuerten Agende, Berlin [2]1992; Otto Dietz, Unser Gottesdienst. Ein Hilfsbuch zum lutherischen Hauptgottesdienst für die Hand der Gemeinde, München [3]1989; Joachim Stalmann, Tagesordnungspunkt Gottesdienst, Hannover [4]1989. Gottfried Voigt, Unser Gottesdienst. Wege zum Verstehen und Erproben, Göttingen 1974. Möglich sind aber auch Seminare mit drei bis fünf Abenden, die nach unseren Erfahrungen von der Gemeinde mit Dankbarkeit und erwachendem Interesse entgegengenommen werden. Da es nicht nur die Form der Predigt oder des einfachen (Kurz-) Referates sein muß, nennen wir weiter die Katechese als bevorzugten Ort, sei es im Religions- oder Konfirmandenunterricht, wobei auch der Kindergottesdienst, wenn man nur den Kindern gemäß zu sprechen weiß, nicht ausgenommen zu werden braucht, ebenso wenig der seelsorgerlich begleitende Katechumenat für Menschen, die (wieder) in die Kirche eintreten wollen. Auch an eine missionarische Arbeitsform in der Volkskirche heute »Gottesdienst leben. Das deutsche Caring Community-Programm. Ein Weg, Kirche zu erfahren« (in: Karin Lorenz/Horst Reller, Alternative: Glauben, Gütersloh 1985, S. 107-110) darf erinnert werden: ein Kurs, der »die Gottesdienstliturgie in ihren Schritten zu einer Liturgie des Alltags zu machen« bestrebt ist (S. 107), sie in Beziehung zum Alltag setzen und »Impulse für das gottesdienstliche wie für das sonstige Leben einer Gemeinde« geben will (S. 109). Endlich sind es, wie bereits erwähnt, die normalen gottesdienstlichen Predigttexte, die uns – wenn wir nur wach für ihre liturgietheoretischen Elemente sind – veranlassen, mystagogisch, d.h. zur verständigen Mitfeier der Liturgie hinführend, zu predigen.

Zum Schluß: Wir legen mit diesem Buch zugleich einen einfachen und für die Verkündigung geöffneten Liturgie-Kommentar in die Hände der gottesdienstlich Tätigen. Was wir mit ihm erreichen wollen, steht im Einklang mit der »Erneuerten Agende« (Vorentwurf), die davon spricht, den »Gottesdienst zum zentralen Thema der Beratungen und Bemühungen in der Gemeinde zu machen« und dadurch »auf eine überraschende Weise Erneuerung der Gemeinde« erhofft (Hannover 1990, S. 23). Aber dafür und daß sie den Gottesdienst im Verein mit den liturgischen Personen gestaltend mitträgt, muß sie liturgisch belehrt, gebildet und zum bewußteren Erleben angeleitet werden. Auf einer ökumenischen Theologentagung schilderten die evangelischen Teilnehmer ihre Bemühungen um Spiritualität und Verantwortung unter den Gemeindegliedern in Gesprächskreisen, Bibelkursen und Aktionsgruppen. Die katholischen Teilnehmer entgegneten: »Das ist alles gut; aber viel zu intellektuell und für ein Bildungspublikum bestimmt. Die Messe in die Mitte! Sie spricht jeden und den ganzen Menschen an; unter ihrem Dach können alle wohnen.« Ganz so einfach liegen allerdings auch dort die Dinge nicht, wie wir teilnehmend beobachten können. Aber der Ruf »Die Messe in die Mitte!« ließ uns nicht unberührt. Wir denken an den geistlichen Reichtum unserer armen Gottesdienste und wollen mit allen, die diese Predigthilfen gebrauchen, mithelfen »zu schauen die schönen Gottesdienste des Herrn« (Ps 27,4).

Erlangen/Wien, im Juni 1992

Manfred Seitz
Hans-Christoph Schmidt-Lauber

A. DAS GRUNDGEFÜGE

Das Grundgefüge: Eröffnung und Anrufung, Verkündigung und Bekenntnis, Abendmahl, Sendung

1. Zur Begegnung

Jedes Gemeindeglied, das den Gottesdienst besucht, begegnet damit auch dem Grundgefüge des Gottesdienstes. Allerdings empfinden die meisten den Gottesdienst als eine Aneinanderreihung verschiedener liturgischer Stücke, während die Tatsache, daß dem Ganzen eine Struktur zugrundeliegt, weitgehend unbewußt bleibt. Aus diesem Grunde ist das Verständnis des Gottesdienstes nicht selten von Gegensätzen geprägt: feierlich oder schlicht; gesungen oder gesprochen; Betonung der »Liturgie« (verstanden als Inbegriff der Wechselgesänge) oder der Predigt; feste Ordnung oder offene Formen; an der Überlieferung oder an der Aktualität orientiert. Die Aufstellung solcher Gegensätze berücksichtigt nicht, daß es sich hierbei entweder um Varianten einer gleichbleibenden Grundstruktur oder um komplementäre Wortpaare handelt.

Ein weiteres Problem ergibt sich dadurch, daß ein wesentlicher Teil des Grundgefüges, nämlich das Abendmahl, in vielen Gottesdiensten entweder fehlt oder im Anhang daran – und damit losgelöst vom Gesamtgefüge – gefeiert wird. Wo diese Praxis auch heute noch vorherrscht, wird die Trennung von Gottesdienst und Abendmahl nicht als Problem empfunden; die Integration beider hingegen erscheint als Neuerung. Dem steht in den evangelischen Kirchen eine Belebung der Abendmahlsfrömmigkeit gegenüber, die sich in einer ständig wachsenden Zahl der Abendmahlsgottesdienste und der Kommunikanten zeigt. Die Verhältnisse in den Gemeinden sind also unterschiedlich, und diese Situation wird sich auf eine Predigt über das Grundgefüge des Gottesdienstes auswirken.

Ein weiteres Problem ist die Relevanz des Gottesdienstes in unserer Kirche und daraus folgend auch in der Gesellschaft. Nach der zweiten EKD-Umfrage von 1984 gehört es nur für 25% der Befragten zum

Evangelischsein, daß man zur Kirche geht, während 79% die Bemühung, ein anständiger und zuverlässiger Mensch zu sein, als Kriterium
des Evangelischseins angeben (Hanselmann/Hild/Lohse S. 91). Der
Grundsatz, eine Predigt gelte den Anwesenden und solle daher nicht
Abwesende beschimpfen, spräche dafür, dieses Problem außer acht zu
lassen. Die Tatsache hingegen, daß die Grenzen zwischen »Kirchgän-
gern« und »Nichtkirchgängern« in der Praxis fließend sind, könnte es
rechtfertigen, darauf dennoch einzugehen.

2. Historische Erklärung

In protestantischen Darstellungen der alten Kirchen- und Liturgiegeschichte war es lange Zeit üblich, hinsichtlich des neutestamentlichen
Gottesdienstes zwei Grundformen streng zu unterscheiden: den Wortgottesdienst, der aus dem Synagogalgottesdienst abgeleitet wird, und
die Mahlfeier. Erst später seien beide Formen miteinander verbunden
worden. In seinem Buch »Urchristentum und Gottesdienst« hat Oskar
Cullmann 1944 diese Auffassung als in den Texten unbegründbar zu-
rückgewiesen und dagegen die These gesetzt: »vielmehr gibt es in der
Urkirche überhaupt nur diese beiden gottesdienstlichen Feiern: das
gemeinsame Mahl, in dessen Rahmen immer Wortverkündigung stattfindet, und die Taufe« (Cullmann S. 33). Cullmanns These ist
weitgehend, doch nicht von allen übernommen worden. In der Tat
spricht vieles dafür, daß Wortverkündigung und Abendmahl im urchristlichen Gottesdienst von Anfang an eine Einheit bildeten. So weist
Apg 2,42 darauf hin, daß die ersten Christen »beständig in der Lehre
der Apostel und in der Gemeinschaft und im Brotbrechen und im
Gebet« blieben. Und in Apg 20,7ff wird ausdrücklich bezeugt, daß
beim Brotbrechen auch gepredigt wurde. Bald kam es zur Heraus-
lösung des Sättigungsmahles aus dem Gesamtgottesdienst und damit
zur Verselbständigung des Liebesmahles, der Agape. Mitte des 2.
Jahrhunderts hat der Gottesdienst nach der Schilderung Justins des
Märtyrers folgende Gestalt: Lesungen, Predigt, Fürbitten, Offertorium,
Eucharistiegebet, Austeilung, Dankopfer. Damit sind die beiden
Hauptteile des Grundgefüges gegeben: Verkündigung und Abendmahl.
Im 4. und 5. Jahrhundert kommen zwei weitere Teile des Grundgefü-
ges hinzu. Dem Verkündigungsteil wird ein Eingangsteil vorgelagert,
der Elemente des Einzugs und der Anrufung enthält. Dem Abendmahl

folgt ein kürzerer Schlußteil, der nach der »Clementinischen Liturgie« der »Apostolischen Konstitutionen« (2. Hälfte des 4. Jahrhunderts) aus einem Segensgebet des Bischofs und dem Entlassungsgruß des Diakons besteht.

Im Abendland führte die Entwicklung zur römischen Messe, die nach und nach andere regionale Traditionen verdrängte. Charakteristisch für diese Form der Messe ist die Unterscheidung zwischen den nach dem Kirchenjahr wechselnden (Proprium) und den feststehenden Stücken (Ordinarium) des Gottesdienstes. Im Laufe des Mittelalters wird dem Anrufungsteil noch ein Vorbereitungsgebet (Stufengebet) des Priesters und seiner Assistenten vorgelagert. Seinen Kern bildet ein Sündenbekenntnis mit der Bitte um Vergebung. Was zunächst der persönlichen Vorbereitung der Liturgen diente, wird dann in einigen reformatorischen Kirchenordnungen zu einem Rüstgebet der ganzen Gemeinde ausgestaltet.

Die lutherische Reformation schuf keine neue Gottesdienstform, sondern reinigte die alte und befreite sie von entstellenden Zusätzen. Von einigen Ausnahmen abgesehen, hat das Luthertum die Struktur der abendländischen Messe übernommen und sich damit zur Kontinuität der Kirche und ihres Gottesdienstes bekannt. Innerhalb der beibehaltenen Grundstruktur des Gottesdienstes sind für die lutherische Reformation folgende Akzente charakteristisch: Die Predigt als zentraler Teil des Gottesdienstes, das Abendmahl als Kommunion der Gemeinde, die Beteiligung der Gemeinde durch das Lied. Die Einheit von Wort und Sakrament, die die Reformatoren theologisch vertraten, ließ sich in der Praxis nicht überall durchhalten. Der Trend zur seltenen Kommunion, den bereits Kirchenväter wie Johannes Chrysostomos beklagten und der im Laufe des Mittelalters mit einer Akzentverschiebung von der Kommunion der Gemeinde auf das Handeln des Priesters in Opfer und Wandlung einherging, hat sich nach der Reformation auch in den lutherischen Gebieten wieder durchgesetzt. Da nach reformatorischer Auffassung ein Abendmahl ohne Gemeinde nicht stiftungsgemäß ist, ergab sich in den Fällen, wo keine Kommunikanten vorhanden waren, die Konsequenz, daß der Gottesdienst ohne Abendmahl gehalten wurde. Die Folge dieser Entwicklung ist die Trennung zwischen Gemeindegottesdienst und Abendmahl, das dann zusammen mit der allgemeinen Beichte zu einer selbständigen Feier gestaltet wird.

Der Rationalismus führt zwar weithin zu einer Auflösung der alten gottesdienstlichen Formen, bringt aber auch neue Ansätze. Erst im

19. Jahrhundert kommt es zu einer Wiederentdeckung des reformatorischen und zum Teil auch des altkirchlichen Gottesdienstes und damit zu Bemühungen, die Einheit von Wort und Sakrament wiederzugewinnen. So bieten die meisten Agenden dieser Zeit eine Ordnung, die alle Teile des Grundgefüges umfaßt und damit der Struktur der Messe entspricht. In der Praxis allerdings konnte die Trennung von Gottesdienst und Abendmahl noch nicht überwunden werden. Erst die liturgische Bewegung im 20. Jahrhundert, die neue Beschäftigung mit der Theologie Luthers, die Erfahrungen des Kirchenkampfes und die ökumenische Bewegung führten dazu, daß die gottesdienstliche Einheit von Verkündigung und Abendmahl im evangelischen Raum zunehmend wiedergewonnen wird. Die römisch-katholische Kirche hat durch die Liturgiereform infolge des zweiten Vatikanischen Konzils entscheidende Schritte getan, um die Messe wieder zu einer Feier der ganzen Gemeinde mit zahlenmäßig hoher Beteiligung an der Kommunion werden zu lassen. Die Ergebnisse der liturgischen Erneuerung auf evangelischer Seite fanden ihren Niederschlag in der »Agende für evangelisch-lutherische Kirchen und Gemeinden, Band I« von 1954. Diese nennt als Normalform des Gottesdienstes den »Hauptgottesdienst mit Predigt und Heiligem Abendmahl (Die evangelische Messe)«. Infolge der Säkularisierung und der damit einhergehenden Liturgiefremdheit begann in den sechziger Jahren eine Suche nach »Gottesdiensten in neuer Gestalt«. Aktualität, Gemeinschaft und Verständlichkeit sind hier die Stichworte.

Die Einsicht, daß »Gottesdienst … eine immer neu zu bewältigende Gestaltungsaufgabe, nicht ein mechanisch ablaufendes Programm« ist (Versammelte Gemeinde S. 5), und die Notwendigkeit, die Ergebnisse der Gottesdienste in neuer Gestalt zu integrieren, führte 1974 zum Strukturpapier der Lutherischen Liturgischen Konferenz Deutschlands »Versammelte Gemeinde«. Die Konzeption dieses Strukturpapiers besteht darin, daß der Gottesdienst als feste Grundstruktur mit flexiblen Ausformungsvarianten verstanden wird. Auf der Grundlage dieses Strukturpapiers wurde 1990 der Vorentwurf der »Erneuerten Agende« von VELKD und EKU gemeinsam herausgegeben und an die Gliedkirchen mit der Bitte um Stellungnahme weitergeleitet.

3. Theologische Erwägung

Da Wort und Sakrament die Mittel sind, durch die der Heilige Geist
den Glauben wirkt (CA V), sind sie konstitutiv für den christlichen
Gottesdienst. Ja, die Definition der Kirche als »congratio sanctorum,
in qua evangelium pure docetur et recte administrantur sacramenta«
(CA VII) ist faktisch eine Beschreibung des Gottesdienstes. Wenn
Luther so sehr darauf insistiert, daß »Gott ... mit uns Menschen nicht
anders handeln (will) als durch sein äußerliches Wort und Sakrament«
(Schmalkaldische Artikel), dann ist damit die Leiblichkeit der
Gnadenmittel betont und der Gottesdienst als Gestaltungsaufgabe
erkannt. In der zentralen Bedeutung der Gnadenmittel kommt zum
Ausdruck, daß Gottesdienst zuerst Gottes Dienst an uns ist. Dieser
Dienst Gottes ruft die Antwort der Menschen hervor, und insofern ist
Gottesdienst zugleich unser Dienst vor Gott. So hat es Luther in seiner
Predigt bei der Einweihung der Torgauer Schloßkirche 1544 formuliert:
Im Gottesdienst geschieht nichts anderes, »denn daß unser lieber Herr
selbst mit uns rede durch sein heiliges Wort und wir wiederum mit
ihm reden durch Gebet und Lobgesang«. Der Gottesdienst hat also die
Struktur von Wort und Antwort oder, wie es die Apologie der CA
ausdrückt, von sacramentum und sacrificium. Damit ist das Gebet
wesentlicher Bestandteil jedes christlichen Gottesdienstes, und es ist
wichtig, daß alle Grundformen des Gebetes im Gottesdienst Raum
haben: Bitte und Fürbitte, Lob und Dank. Wort und Antwort, sacramentum und sacrificium kann man allerdings nicht auf die einzelnen
Stücke des Gottesdienstes verteilen. Wohl tritt jeweils ein Aspekt
stärker hervor – und dies sollte keineswegs verwischt werden –, aber
die beiden Aspekte durchdringen auch einander. So schließt das
Heilige Abendmahl, das Gottes Zuwendung zu uns zum Inhalt hat,
auch die Danksagung des Menschen ein, während viele Lieder, die
Antwort auf das Wort sein wollen, zugleich Verkündigungscharakter
haben. Mit Recht weist Stalmann darauf hin, daß die Gemeinschaft
zwischen Gott und Mensch Gemeinschaft unter den Menschen
begründet und daß daher im Gottesdienst die Christen sich auch
gegenseitig dienen (Stalmann S. 37ff).
Das eben skizzierte theologische Verständnis des Gottesdienstes
entspricht faktisch den Kriterien von Apg 2,42: Apostellehre, Gemeinschaft, Brotbrechen, Gebet. Im Grundgefüge findet dieses Verständnis
seinen Ausdruck in den Teilen Anrufung, Verkündigung und Bekennt-

nis und Abendmahl. Die diesem Kern vorgelagerte Eröffnung – in der Erneuerten Agende mit der Anrufung zu einem Teil verbunden – markiert den Beginn des Gottesdienstes als einer »Versammlung der Gemeinde im Namen Jesu«. Das trinitarische Votum und das Sündenbekenntnis können als liturgischer Ausdruck des »reditus ad baptismum« (Großer Katechismus, Taufe) verstanden werden. Der dem Abendmahl folgende Sendungsteil bildet den Übergang vom Gottesdienst der versammelten Gemeinde zum Gottesdienst des Lebens: »Entlassung und Segen geleiten die Gemeinde hinüber in den Gottesdienst im Alltag der Welt, von dem der Gottesdienst als Feier der Gegenwart des auferstandenen Christus in keinem Augenblick isoliert war« (Stalmann S. 162).

Von der Stiftung der Gnadenmittel und von der Verheißung her, die Gott dem Gebet gegeben hat, ist der Gottesdienst zwar inhaltlich festgelegt, für seine Gestaltung jedoch gilt nicht ein neues Gesetz, sondern die christliche Freiheit. So schreibt Martin Luther in seiner Vorrede zur Deutschen Messe von 1526: »... daß sie ja kein nötig Gesetz draus machen, noch jemandes Gewissen damit verstricken oder verfangen, sondern der christlichen Freiheit nach ihrem Gefallen brauchen, wie, wo, wann und wie lange es die Sachen schicken und fordern«. Deshalb darf keine Gottesdienstordnung, und sei sie noch so schön und sachgemäß, den Anspruch erheben, die Christen in ihrem Gewissen zu binden. Andererseits aber ermöglicht die christliche Freiheit auch eine Fülle von liturgischen Entfaltungsmöglichkeiten, die nicht vorschnell abgeschnitten werden sollen. Dieser Maßstab der Freiheit ist nach Paulus immer mit dem Maßstab der Liebe verbunden. Die christliche Freiheit findet also ihre Grenzen an dem, was der Auferbauung der Gemeinde und dem Wohl des Nächsten dient. In diesem Sinn macht Martin Luther darauf aufmerksam, daß eine zu große Mannigfaltigkeit gottesdienstlicher Ordnungen die Menschen verunsichern könnte. Deshalb schlägt er vor: »Fein wäre es, wo in einer jeglichen Herrschaft der Gottesdienst auf einerlei Weise ginge und die umliegenden Städtlein und Dörfer mit einer Stadt sich gleich verhielten«. Die Konzeption des Strukturpapiers »Feste Grundstruktur – variable Ausformung« versucht, diesem Verhältnis von Freiheit und Liebe in der Gestaltung des Gottesdienstes zu entsprechen.

Der Gottesdienst lebt von der Spannung zwischen Überlieferung und Erneuerung; denn Grundlage ist immer das eine Evangelium, aber es muß in jede Zeit neu hineingesagt werden, und unterschiedliche

Menschen antworten immer neu darauf. Deshalb umfaßt der Gottesdienst sowohl wiederholbare, geprägte Stücke als auch aktuelle,
situationsbedingte Stücke. Vom Strukturpapier her eröffnen sich für das
Mitmachen der Gemeinde viele Möglichkeiten. Das, was bekannt und
eingeübt ist, kann leicht mitvollzogen werden, aber es ist auch wichtig,
daß Menschen mit dem, was sie heute bewegt, zu Worte kommen. So
wäre es denkbar, daß Gemeindeglieder die Fürbitten selbst formulieren,
sei es vorbereitet oder spontan.
Das Grundgefüge stellt also die in der Geschichte gewachsene, in der
Sache angemessene Anordnung der vom Neuen Testament her
konstitutiven Grundelemente des Gottesdienstes dar. In den Ausformungsvarianten läßt es Raum für unterschiedliche Entfaltungen
dieser Grundelemente.

4. Homiletische Besinnung

Gegenüber einem Vorverständnis, nach dem der Gottesdienst nur als
Pflichterfüllung, nur als Befriedigung seelischer Bedürfnisse oder gar
als unnötig gilt, muß in der Predigt herausgestellt werden, daß wir
Menschen die Begegnung mit Gott brauchen und daß der Gottesdienst
daher ein großartiges Angebot Gottes darstellt. Das Ziel der Predigt ist
es, der Gemeinde das Grundgefüge so nahezubringen, daß der
Gottesdienst als Einladung für sie verstehbar, erlebbar und mitvollzieh-
bar wird. Von der »Äußerlichkeit« der Gnadenmittel oder, anders
gesagt, vom inkarnatorischen Charakter des Gottesdienstes her ist es
legitim, an menschliche Vorgänge wie z.B. eine Einladung oder ein
Fest anzuknüpfen. Daß der Inhalt des Gottesdienstes immer wieder die
anthropologischen Analogien sprengt, wird dann an den einzelnen
Stücken deutlich.
Angesichts der langen Tradition einer Trennung von Gottesdienst und
Abendmahl sollte in der Predigt die Einheit von Wort und Sakrament
hervorgehoben werden. Daß diese in der Stiftung Gottes begründet ist,
steht für lutherische Theologie außer Frage. Doch auch hier könnte
durch den Hinweis auf anthropologische Grundgegebenheiten eine
Brücke geschlagen werden: Wort und Brot – wir leben von beidem.
Beides schafft Gemeinschaft unter uns. Im Gottesdienst werden sie zu
Mitteln, durch die uns Gott in seine Gemeinschaft aufnehmen will.
Gerade die Integration des Abendmahls macht deutlich, daß der

Gottesdienst als Gemeinschaft zwischen Gott und Mensch zugleich die Gemeinschaft der Christen untereinander begründet. In dieser Feier ist die versammelte Gemeinde verbunden mit allen Christen der verschiedenen Zeiten, Völker, Länder und Rassen. Ja, sie hat Gemeinschaft mit denen, die uns im Glauben vorangegangen sind, und mit der himmlischen Welt Gottes, wie es in der Präfation zum Ausdruck kommt. Die Beziehungen des einzelnen zu Christus (vertikale Dimension) und die Beziehungen der Christen untereinander (horizontale Dimension) sind im Gottesdienst untrennbar verbunden. Falsche Alternativen, der Gottesdienst diene entweder nur der persönlichen Erbauung oder nur dem Erlebnis von Gemeinschaft, müssen in der Predigt abgebaut werden. Denn der Gottesdienst ist auf dieser Erde wohl der einzige Ort, wo der einzelne und die Gemeinschaft gleichermaßen zu ihrem Recht kommen. Als Beispiel hierfür kann man auf die Kommunion verweisen, wo wir in der Gemeinschaft mit den anderen am Altar knien oder stehen und wo zugleich jedem persönlich zugesprochen wird: »Christi Leib, für dich gegeben«. Der Gottesdienst bietet viele Möglichkeiten, wo der einzelne sich mit seiner Freude und seinen Sorgen in die Gemeinschaft einbringen kann. Dies geschieht im festgeformten Gottesdienst in der Regel durch Identifikation mit den Liedern und Gebeten; bei Gottesdiensten in offenen Formen ist häufig eine direkte Mitgestaltung möglich.

Die den Gottesdienst prägende Spannung von Überlieferung und Erneuerung, von konstanten und variablen Teilen soll als Reichtum und Chance herausgestellt werden. Durch den Hinweis darauf, daß unterschiedliche Formen des Gottesdienstes, sofern sie die wesentlichen Elemente enthalten, dem gleichen Grundgefüge folgen, könnten falsche Polarisierungen zwischen »altmodischen« und »modernen« Gottesdienstformen abgebaut werden. Auch hier greift die Liturgie auf allgemeine menschliche Erfahrungen zurück. Wann immer Menschen sich treffen, brauchen sie das Vertraute, um sich heimisch zu fühlen, und zugleich die Abwechslung. Dies zeigt sich im Miteinander von Ordinarium und Proprium.

Die Predigt soll die Freude an dem in der Gemeinde gefeierten Gottesdienst erwecken oder neu beleben. Die Frage, welche Veränderungen des gottesdienstlichen Lebens der Gemeinde hierzu dienen, kann in der Predigt zwar angeschnitten werden, sie sollte aber nicht dominierend sein. Angeredet ist zunächst die ganze Gemeinde, die ja Verantwortung für den Gottesdienst trägt. Dann können auch die

Mitarbeiter, die sich im Kirchenvorstand oder in gemeindlichen Kreisen mit der Gestaltung des Gottesdienstes befassen, in den Blick kommen (Erneuerte Agende S. 23-26).

5. Zur Verkündigung

Da es um den Gottesdienst als ganzen geht und die Fragestellungen in den Gemeinden unterschiedlich sind, gibt es mehrere Möglichkeiten, in das Grundgefüge einzuführen und dabei jeweils etwas von den historischen und theologischen Aspekten einzubringen. Welche Möglichkeit gewählt wird, hängt etwa davon ab, ob es in einer Gemeinde Anfragen zum Gottesdienst als ganzem oder zu seiner Form oder zur Zusammengehörigkeit von Wort und Sakrament gibt. *Eine* Möglichkeit sei exemplarisch vorgestellt. Sie geht von der menschlichen Erfahrung einer Einladung zu einem Fest aus. Gottesdienst ist ein Fest, zu dem Gott uns einlädt. Für die Predigt wird folgende innere Ordnung vorgeschlagen:

A. *Einstieg*:
Wir freuen uns, wenn wir eingeladen werden. Es ist schön, dabeizusein und Gemeinschaft zu erfahren. Wo mehrere Menschen zusammen sind, bildet sich eine gewisse Ordnung.
Thema: Gott lädt uns miteinander ein.

B. *Hauptteil*:
Die Einladung Gottes, der im Gottesdienst mit uns Gemeinschaft haben will, vollzieht sich in Schritten, die wir zum Teil aus menschlichen Einladungen kennen.

1. Eröffnung und Anrufung:
Wie jede Begegnung, so beginnt auch der Gottesdienst in der Regel mit einer Begrüßung (in liturgisch gebundener oder in freier Form – in der Erneuerten Agende direkt nach dem Eingangslied; die Stellung der Salutation vor dem Kollektengebet – in den bisherigen Agenden – erinnert daran, daß der Gottesdienst früher einmal an dieser Stelle eröffnet wurde). Wenn wir vor Gott treten, dann erfahren wir, wie es um uns steht. Darum enthält die Eröffnung häufig ein Sündenbekenntnis mit der Bitte um Vergebung und damit eine Beziehung zur Taufe. Eine Begrüßung ist oft mit der Frage verbunden, wie es dem anderen geht. In ähnlicher Weise sprechen wir im Lied oder im Introitus aus, was uns in unserem Leben bewegt: Freude und Leid, Mutlosigkeit und

Hoffnung. Daraus wächst die Anrede an Gott: Lob und Dank, Klage und Bitte. Das Kyrie ist in einem der Ruf um Erbarmen und das Lob dessen, der allein helfen kann. Ist es zu gewagt, hier von einer Analogie zum menschlichen Vorgang der Gratulation zu sprechen? Das Kyrie wird im Gloria weiter entfaltet und dann mit dem Kollektengebet abgeschlossen.

2. Verkündigung und Bekenntnis:
Dieser Teil hat den Charakter eines Gespräches, denn jetzt wechseln Lesung und Auslegung des Wortes Gottes mit unseren Antworten. Den Lesungen (Altes Testament und/oder Epistel, Evangelium) folgen Gesänge: Halleluja, Lied der Woche, Chor und Gesang. Auf die Predigt antworten wir mit einem Lied, dem Dankopfer, den Abkündigungen und den Fürbitten. Das Glaubensbekenntnis kann nach der Erneuerten Agende entweder der Predigt oder dem Evangelium folgen.

3. Abendmahl:
Das Festmahl ist in der Bibel häufig ein Bild für die Gemeinschaft, die Gott uns Menschen gewähren will. Im Heiligen Abendmahl wird diese Gemeinschaft Wirklichkeit. Jesus Christus nimmt Brot und Wein in seinen Dienst, um uns seinen Leib und sein Blut und damit seine Liebe zu schenken. Die Struktur des Abendmahls entspricht den Einsetzungsworten. Der Zurüstung von Brot und Wein (»er nahm«) folgt die Danksagung (»dankte«), in der Gott für alles gepriesen wird, »was er in Schöpfung, Erlösung und Heiligung vollbracht hat« (Lima, Eucharistie, S. 3). Durch dieses Gebet, dessen Kern die Einsetzungsworte Christi bilden, werden Brot und Wein gesegnet und geheiligt (konsekriert), sie werden Mittel der Gemeinschaft mit Christus. Die Danksagung entfaltet sich in folgenden Teilen: Präfation, Sanctus, Bitte um den Heiligen Geist (Epiklese), Einsetzungsworte, Akklamation, Gedächtnis (Anamnese) des Todes und der Auferstehung Christi. Als Tischgebet vor dem Empfang des Abendmahls wird das Vaterunser gebetet. Mit dem Agnus Dei wird die Austeilung (»gab«) eröffnet. Das Schlußgebet (Postcommunio, Schlußkollekte) enthält den Dank für die empfangene Gabe und die Bitte um Auswirkung des Sakramentes im Leben.

4. Sendung:
Jedes Fest endet mit der Verabschiedung der Gäste und guten Wünschen für die Zukunft. Im Gottesdienst hat der Sendungsteil diese Funktion. Allerdings geht es hierbei nicht nur um gute Wünsche,

sondern um die verläßliche Zusage Gottes: Im Frieden (Entlassung)
und mit der Zusage des göttlichen Beistandes (Segen) werden wir
verabschiedet und in die Welt gesandt, um weiterzugeben, was wir im
Gottesdienst erfahren haben. Damit bildet die Sendung den Übergang
zum Gottesdienst im Alltag.
Die Ausführungen über den Sendungsteil des Gottesdienstes können
die Funktion des Schlusses der Predigt übernehmen.

Literatur:
A. Adam/R. Berger, Pastoralliturgisches Handlexikon, Freiburg [5]1989. – E. L.
Brand (Hg.), Gottesdienst in lutherischen Kirchen, Genf 1983. – E. Brinkel/G.
Roth, Gottesdienst der mündigen Gemeinde, Berlin 1991. – P. Brunner, Zur
Lehre vom Gottesdienst der im Namen Jesu versammelten Gemeinde, in:
Leiturgia I, Kassel 1954, S. 83-361. – O. Cullmann, Urchristentum und
Gottesdienst, Zürich [4]1962. – O. Dietz, Unser Gottesdienst, München [2]1983.
– Erneuerte Agende, Vorentwurf, hg. von VELKD und EKU, Hannover/
Bielefeld 1990. – J. Hanselmann/H. Hild/E. Lohse (Hgg.), Was wird aus der
Kirche? Ergebnisse der 2. EKD-Umfrage über Kirchenmitgliedschaft,
Gütersloh 1984. – F. Kalb, Grundriß der Liturgik, München [3]1985. – H. v.
Schade/F. Schulz (Hgg.), Gottesdienst als Gestaltungsaufgabe (Strukturpapier),
Hamburg 1979. – H.-C. Schmidt-Lauber, Die Eucharistie als Entfaltung der
Verba Testamenti, Kassel 1957. – R. Stählin, Die Geschichte des christlichen
Gottesdienstes von der Urkirche bis zur Gegenwart, in: Leiturgia I, Kassel
1954, S. 1-81. – J. Stalmann, Tagesordnungspunkt Gottesdienst, Hannover
[4]1991. – Taufe, Eucharistie und Amt, Konvergenzerklärungen der Kommission
für Glauben und Kirchenverfassung des ÖRK (Lima), Frankfurt 1982. – H.
Wilkens, Die Anfänge des Herrenmahls, in: Jahrbuch für Liturgik und
Hymnologie 28, Kassel 1984, S. 55-65.

Manfred Kießig

B. DIE LITURGISCHEN STÜCKE IM VERLAUF DES GOTTESDIENSTES

I. Vorbereitung

1. Begrüßung/Salutation

1. Zur Begegnung

Dominus vobiscum ist noch heute, fast ein Menschenalter nach dem 2. Vatikanischen Konzil, eine allgemein geläufige Formel, die pars pro toto ein Gesamtbild katholischen Gottesdienstes evoziert. Immerhin klang sie in ihrer prägnanten Kürze innerhalb der vorkonziliaren römischen Messe nicht weniger als neunmal auf: »Der Herr sei mit euch – und mit deinem Geist«. Der uralte Wechselgruß hat auch im evangelischen Gottesdienst, wenn auch nicht in dieser Häufung, seinen Platz. Er begegnet im einleitenden Anrufungsteil vor dem die Anrufungen abschließenden Kollektengebet, mehr oder weniger häufig im Schlußteil nahe vor dem Entlassungssegen, eröffnet nahezu überall den Abendmahlsteil und findet sich in der abgewandelten Form »Der Friede des Herrn...« hier und dort als Scharnier zwischen den Konsekrationsgebeten und der Austeilung, also höchstens viermal. Es ist ein bekanntes Stück. Ob allerdings Sinn und Funktion dieser »Salutation« geläufig sind, ist fraglich.

Die Antwort der Gemeinde bleibt in der Regel aus, wenn der Liturg nur spricht und keine Orgel die Gemeinde »führt«. Warum differieren die Agenden so sehr, sowohl was Häufigkeit wie Stellung dieses Stückes im Ganzen anbelangt? Schließlich dürfte es mindestens des Nachdenkens wert sein, daß und warum in den letzten 15 Jahren dieses Stück vielerorts durch frei gestaltete, mehr oder weniger wortreiche Begrüßungen ersetzt worden ist. Grund genug, über die Salutation nachzudenken und die Gemeinde an solchem Nachdenken zu beteiligen. Dies um so mehr, als sich zeigen wird, daß dieses Stück die Gemeinde in ihrem Selbstverständnis, daß es Grundfragen der Ekklesiologie berührt. *Lex orandi – lex credendi*: Liturgie ist Dogmatik in Gebetsform, und das gilt selbst für ein Stück, das wie die Salutation nur zehn Silben umfaßt. Natürlich »heißt« salutare: grüßen. Aber damit ist ja noch nicht gesagt, daß Wortlaut und Form solchen Grüßens belanglos und demnach beliebig austauschbar wären.

2. Historische Erklärung

Die Salutation hat ihre Wurzeln in der ältesten Christenheit. Die Elemente, aus denen sie sich zusammensetzt, finden sich schon in den Grußformeln der Paulusbriefe. Daß es sich dabei um liturgischen Brauch handelt, zeigt besonders 1. Kor 16,20ff: Der Brief ist zur Verlesung in der Gemeindeversammlung bestimmt und leitet mit seinen Schlußformeln zur gewohnten Eucharistiefeier über. Primäre Quelle dieser Grußformeln ist nicht das profanrömische Briefformular, sondern jüdische Grußformeln nach dem Vorbild von Ri 19,20; 1. Sam 25,6; Rut 2,4 u.ä., wie sie Jesus selbst gebraucht hat und wie sie deshalb auch in die Evangelienüberlieferung eingegangen sind; (vgl. Mk 5,34; Mt 10,12; Lk 7,50; Joh 20,19ff). Dabei mag der Wortlaut im einzelnen immer noch Schwankungen unterworfen sein, die Form selbst ist auf jeden Fall ältestes Gut, wie das etwa die Abwandlungen 2.Thess 3,16; Offb 1,3 zeigen. Das gilt auch für den Gegengruß »und mit deinem Geist« (vgl. Gal 6,18; Phlm 25; 2.Tim 4,22). Gruß und Gegengruß werden jedenfalls in dieser Form von Chrysostomus als feststehende Ordnung mehrfach bezeugt; für die Salutation vor der Präfation gibt es den ältesten Beleg in den canones des Hippolyt, und zwar bereits in Form eines Dialoges. Im weiteren Verlauf wirken zunächst beide vorchristlichen Grußformeln fort, die die neutestamentliche Gemeinde übernommen hatte: »Friede sei mit euch« wird vor allem in den Liturgien des Ostens wirksam und wandert über Nordafrika nach Rom. »Der Herr sei mit euch« findet sich in Ägypten, Äthiopien, Mailand, Spanien, der mozarabischen Liturgie und schließlich gleichfalls in Rom. Dort führt das Nebeneinander beider Grußformeln zeitweise zu Auseinandersetzungen, bis es kurz vor der Jahrtausendwende zu der Regelung kommt, wonach das »pax vobis« den Bischöfen zur feierlichen Erstbegrüßung der Gemeinde an besonderen Festen vorbehalten wird (salutatio episcopalis), während die Priester auf das »dominus vobiscum« beschränkt werden (salutatio sacerdotalis). Dabei bleibt es bis zur Liturgiereform im Gefolge des 2. Vaticanums.

Schon in den ältesten greifbaren liturgischen Formularen läßt sich die Häufung der Salutationen feststellen (z.B. Jakobusliturgie zehnmal, Markusliturgie vierzehnmal). Diese Häufung hängt einmal zusammen mit der Zunahme der Zahl im Gottesdienst handelnder Personen (vgl. schon 1.Kor 14,26ff!), deren jede bei ihrem erstmaligen Auftreten vorab die Gemeinde grüßt (z.B. der Diakon vor der Evangelienlesung, die sein Privileg ist; daß die Salutation heute »erst« vor dem Kollektengebet erscheint, hat seinen Grund darin, daß dieses Gebet einst das erste Stück war, das zu rezitieren dem Zelebranten selbst oblag). Zum andern aber hängt die Häufung der Salutationen mit ihrem Verständnis (s.u.) zusammen: Die Gemeinschaft im Herrn, die Einheit im Geist will vor jedem neuen Gebets- und Segensakt neu vergewissert werden und deshalb findet sich die Salutation relativ früh schon vor nahezu jedem *oremus*.

Die reformatorischen Kirchenordnungen haben, mit Ausnahme von Luthers Deutscher Messe, die Salutation im allgemeinen beibehalten – jedenfalls vor dem Kollektengebet, vor der Präfation und oft auch vor der Entlassung, außerdem in der pax-Form vor der Kommunion (wo Luther sie als Zuspruch der Sündenvergebung versteht). An anderen Stellen entfiel sie zusammen mit den Stücken, mit denen sie verbunden war (Stufengebet, Offertorium) oder fiel der Reduktion der Zahl handelnder Personen zum Opfer (Lesungen). Dem Trend zur »Vereinfachung« des Gottesdienstes im Rationalismus muß dann mit manch anderem auch die Salutation weichen, bis Romantik und Restauration sie wieder aufnehmen (deren Eklektizismus für die Differenzen unserer heutigen Agenden verantwortlich ist). Die Agendenwerke der Nachkriegszeit haben da nur das (wieder) Vorhandene bestätigt.

Insbesondere im Blick auf die erste der Salutationen (vor dem Kollektengebet), die unter den veränderten Verhältnissen längst als »viel zu spät kommend« empfunden wurde, brachte dann die Liturgiereform im Gefolge des 2. Vaticanums katholischerseits die entscheidende Neuerung, eine Begrüßung der Gemeinde durch den Zelebranten sofort nach dem einleitenden »Im Namen des Vaters…« vorzusehen. Sie bot hierfür neben der »klassischen« Salutation auch Alternativen wie 2.Kor 13,13 und fügte diesem Gruß dann auch noch eine beliebig zu gestaltende freie Begrüßung samt Einführung in den Gedankengehalt des zu feiernden Gottesdienstes bei. Aber: Ist die Salutation nichts anderes als nur eine Begrüßung? Die Frage muß vom theologischen Gehalt her beantwortet werden.

3. Theologische Erwägung

1. Das älteste Zeugnis für die »gottesdienstliche« Verankerung eines Grußes dürfte 1.Kor 16,20ff sein. Hier folgen aufeinander: Die Aufforderung zum heiligen Kuß, der Ausschluß der Nichtbekenner mit dem Anathema, der Maranatha-Ruf und schließlich als Schlußgruß »die Gnade des Herrn Jesus mit euch«. Anathema und Maranatha finden sich wieder in der ältesten Abendmahlsliturgie der Didache (10,6), der heilige Kuß als Abschluß der Fürbitten und Eröffnung der Abendmahlsfeier ist der gesamten alten Kirche geläufig. Der Schluß liegt nahe, daß Paulus hier »Bruchstücke der ältesten eucharistischen Liturgie mit Absicht verwendet« und wir es mit »eucharistischen Einleitungsformeln« zu tun haben (Cullmann S. 22.26). Ist dies so, dann muß auch die Grußformel – ihre prägnanteste Form steht 2.Thess 3,16b – »als Proklamation des gottesdienstlichen Heilsgeschehens interpretiert werden« (Frör S. 573). Dem Maranatha-Ruf unmittelbar benachbart, läßt die Salutation im wechselseitig fürbittenden Gebet den auferstandenen und erhöhten Kyrios Jesus Christus in der Gemeinde geglaubte und erfahrene Wirklichkeit werden. »Der Herr ist nahe – der Herr sei mit euch«: Hier kommt ein und dieselbe Wirklichkeit ins Wort. Es ist die eschatologische Wirklichkeit des Christus praesens, der hic et nunc in der Gestalt der das Mahl feiernden, im Geist geeinten Gemeinde real existiert.

Dies führt zur Frage des Selbstverständnisses der neutestamentlichen Gemeinden und ihrer Versammlungen. Wie insbesondere die Einleitungen der Paulusbriefe zeigen, soll sie sich herausgerufen (ekklesia!) und abgesondert von der Welt wissen, berufene Heilige, erwählt zum Besitz unvergänglichen Erbes, abgestorben für alles Vergangene und Vergängliche. Sie hat ja neues Leben gewonnen, ist eingegliedert in den Lebenszusammenhang, den Organismus des auferstandenen Christus; bis zur Grenze einer quasi mystischen Identifikation ist sie ER SELBST und erduldet in voller Gemeinschaft mit IHM stellvertretendes Sühneleiden. Ihre Versammlungen sind Symbol und Inhalt des Symbolisierten zugleich: der gegenwärtige Christus, der in der eucharistischen Gabe Seines Leibes die Vielen zu Seinem Leib macht (1.Kor 10,17). So ruft sie sich wechselseitig grüßend in fürbittender Form zu, wessen sie sich immer auch schon gewiß ist, und jede neue Zusammenkunft wiederholt, was urbildhaft Lk 24,36 vorgezeichnet ist. Man mag dies als Enthusiasmus abtun, von gnostischen Einflüssen oder Selbsttäuschungen im Gefolge einer psychischen Inflation reden und wird dann vielleicht geneigt sein, das ständig wiederholte *dominus vobiscum* als magische Beschwörungsformel zu interpretieren, die dazu dient, die »Illusion«, den »Zauber« aufrechtzuerhalten. Doch würde eine solche Interpretation das Gefühl des Abstandes nur noch vergrößern, der uns Heutige von solchem Verständnis trennt. Grüßen ist da offensichtlich mehr und anderes, als sich »guten Tag« zu sagen und ein paar freundliche Worte auszutauschen. Hier geschieht *salutare* in des Wortes eigentlichster Bedeutung als *salutem dare*: einander das Heil geben. Damit rückt die Salutation in engste Nachbarschaft zur Kommunion, ist Gabe und Gegengabe von Segen, anderen Segenshandlungen zumindest gleichwertig. »Ursprünglich war jeder Gruß zwischen Menschen ein Segen« (Beyer S. 756,29). »Der gottesdienstliche Gruß schließt immer ein Segnen ein. Und umgekehrt kann der gottesdienstliche Segen die Gestalt eines Grußes annehmen« (Frör S. 570).

2. Ein weiteres Beziehungsfeld hängt mit der wesenhaft dialogischen Form der Salutation zusammen. Ein Gruß, der ohne Antwort bleibt, hat sein Ziel verfehlt, bleibt in der Luft hängen: Der Gruß der Sendboten Jesu kehrt unverrichteterdinge wieder zurück, wo er nicht angenommen wird (Mt 10,12f). Der apostolische Gruß fordert zumindest das akzeptierende Amen der Gemeinde (Gal 6,18 u.ö.). In der Salutation steigert sich das zur vollen Wechselseitigkeit der segnenden Rede und Gegenrede. Wenn irgendwo, dann wird hier etwas vom Wesen der Gemeinde als einer priesterlichen Schar deutlich. Kraft und Vollmacht des Segnens sind ihr als Ganzer anvertraut, und sie übt ihr allgemeines Priestertum aus, indem sie sich den Segen wechselseitig zuspricht. Wer auch immer aus der Versammlung hervortritt zu besonderem Dienst – als Vorbeter, als Vorleser, als Zelebrant – er segnet grüßend die Gemeinde und wird von ihr gesegnet. Das ist allgemeines Priestertum im liturgischen Vollzug. Alle haben die gleiche Gabe. Und darum kann segnen nur der, der selbst gesegnet wird.

Was aber, wenn die Gemeinde solchen Segen schuldig bleibt, weil sie die Antwort unterläßt? Das Problem ist nicht neu. Es beschäftigte schon Synoden des 7. Jh. und taucht bei den karolingischen Reformen erneut auf. Aber allen Ermahnungen zum Trotz schwand im Gefolge der zunehmenden Klerikalisierung und damit Professionalisierung des nur noch »für« die Gemeinde veranstalteten Gottesdienstes deren Antwort mehr und mehr dahin, bis sie schließlich dem Ministranten (dem stellvertretenden »professionellen Gemeindeglied«) verblieb. Immerhin hielt auch diese depravierte Form noch das Bewußtsein dafür wach, daß Segnen ein wechselseitiges Handeln sein muß. Mit dem Verzicht auf Ministranten verschärft sich das Problem seit der Reformation, der ja ein wirklicher Durchbruch zur feiernden Gemeinde des allgemeinen Priestertums mindestens liturgisch nicht gelang. Mehrere reformatorische Kirchenordnungen verfallen so auf die fragwürdige Lösung, beide (!) Teile der Salutation vom Pfarrer allein singen zu lassen, und da entsteht dann die Wendung »und mit seinem Geist«.

3. Zurückzukommen ist auf den streng christologischen Inhalt der Salutation. Absolut gebrauchtes »der Herr« ist für die Gemeinde der frühen Jahre, die diesen Gruß geprägt hat, immer nur Jesus Christus. Dies muß betont werden angesichts unseres seit Jahrhunderten veränderten Sprachgebrauchs, der bei appositionslosem »der Herr« eher an die erste Person der Trinität denkt. Die Salutation meint aber kein allgemeines »Gott mit euch« wie etwa unsere umgangssprachlichen Grußformeln »Grüß Gott«, »A dieu« oder »Gott befohlen«. Vielmehr bekennt in ihr die Kirche Christus, den Gekreuzigten, Auferstandenen und Wiederkommenden, als den alleinigen Herrn – gegen alle konkurrierenden Herrschaftsansprüche der Herren dieser Welt mit all ihrer Herr-lichkeit. Seine Gegenwart wird beschworen, seine Nähe vergewissert, sein Kommen erfleht, sein Beistand zugesprochen, wenn in der gottesdienstlichen Versammlung immer wieder der Ruf ertönt: »Der Herr sei mit euch«. »Dieser Ruf meint: Der Kyrios Christus tue an euch, wozu er gekommen ist und gebe euch, was er allein zu geben vermag! Die Gabe des jetzt unter uns gegenwärtigen Herrn, seine eschatologische Heilsgabe soll euer sein! Sein endzeitliches Werk der Rettung und Neuschöpfung geschehe an euch!« (Frör S. 573f) So ist die Salutation alles andere als eine feierliche Anrede an Menschen, die zu einer Kulthandlung zusammengetreten sind und die auf irgendeine passende Weise begrüßt und verabschiedet werden müssen. Sie ist ein Sichgrüßen im Angesicht des lebendigen Herrn, der mitten in seiner Gemeinde gegenwärtig ist. Sie ist Christus-Akklamation. Von da her relativiert sich die Frage nach der »richtigen« Stellung der Salutation im Verlauf des Gottesdienstes ebenso wie die Frage nach ihrer »tolerablen« Häufigkeit. Ist sie nicht primär Begrüßung, sondern Akklamation, so muß sie nicht möglichst nahe bei Anfang und Schluß stehen, und ihre gelegentliche Wiederholung innerhalb des Gesamtverlaufs ist unproblematisch.

4. Daß die Antwort der Gemeinde nicht einfach lautet »und auch mit dir«, sondern von allem Anfang an »und mit deinem Geist«, hängt mit der Funktion dieses Segensgrußes zusammen. Er wird ja ausgetauscht, bevor eine handelnde Person im Gottesdienst das Wort ergreift. Geist aber – *spiritus*, *pneuma* – ist im Sprachgebrauch des griechisch-lateinischen Altertums jene Emanation der Gottheit, die als Lufthauch und Atem in den Menschen eingeht, um ihn – artikuliert im Wort – wiederum als Botschaft, als Emanation seines eigenen Inneren zu verlassen. Der sprechende Mensch ist so ein Instrument göttlicher Wirkkräfte, die sich seiner bedienen, durch ihn hindurchgehen, hindurchtönen (*per-sonare!*) – Maske (*persona*) der Gottheit, die eigentlich aus ihm spricht. Der Gegengruß der Gemeinde bezieht sich somit genau auf das, was mit der Salutation jeweils eingeleitet wird: Der Herr sei mit und in dem, was du jetzt redest, wenn du stellvertretend für uns alle und in unserem Auftrag betest, das Evangelium verkündest, den Lobpreis der Eucharistie anstimmst, den Segen auf uns legst usw. Er, der Herr, gebe dir ein, was jetzt aus deinem Munde kommen soll. – In dieser Antwort ist die Erkenntnis enthalten (und liturgische Form geworden), daß in Vollmacht – und damit glaubwürdig wie wirksam – nur derjenige beten, verkündigen, lobpreisen und segnen kann, der allem voran erst einmal selbst ein Hörer, ein Empfangender, ein Gesegneter geworden ist. Daß keiner etwas geben kann, was er nicht zuvor selbst empfangen hätte. Dann sagt diese Antwort aber auch: Nicht du, der Pfarrer N. oder der Lektor N., bist uns hier interessant, sondern allein das, was du uns zu vermitteln hast, was durch dich bloß hindurchgeht, wofür du nur Instrument und Werkzeug bist, »Diener des Wortes«, das nicht das deine ist, und das du nur soweit in Besitz hast, als du selber dich von ihm besitzen und leiten läßt. So will der Austausch der Salutation immer auch eine neue Übung der Demut sein für den, der gewürdigt ist, »öffentlich zu predigen und Sakramente darzureichen« (CA XIV). Und es ist m.E. nur tief zu bedauern, daß die so sinnvolle begleitende Gebärde zur Salutation im gesamten protestantischen Bereich abgekommen ist: Der Liturg breitet zum Gruß beide Hände seitlich aus (eine Gebärde des Gebens ebenso wie eine des Ganz-sich-Öffnens), aber zum Gegengruß schließt er die Hände wieder vor der Brustmitte und neigt den Kopf gegen die Gemeinde (eine Gebärde des demütigen Empfangens). Auch Gebärden sind ein Stück Verkündigung und Bekenntnis! Ist das geistliche Geschehen in der Salutation erkannt und kann es von der

Gemeinde wahrgenommen werden, wenn, wie man es häufig erleben
kann, der Liturg den Gruß aus der mit beiden Händen gehaltenen
Agende vorsingt und sich während der Antwort der Gemeinde bereits
wieder zum Altar wendet, der Gemeinde den Rücken kehrend?

4. Homiletische Besinnung

Das Vorhaben, die Salutation zum Gegenstand einer Predigt für die
heutige Gemeinde zu machen, wird nach allem vorangegangenen mit
einer Selbstbesinnung des Prediger-Liturgen einzusetzen haben. Wie
versteht er sich selbst und sein Handeln im Gottesdienst? Weiß und
fühlt er sich als bescheidener Teil des Gesamtorganismus Kirche und
im stetigen Austausch geistlicher Güter mit der versammelten
Gemeinde? Als Unmündigen übergeordneter Lehrer? Als Missionar
Ungläubiger? Als theologischer Fachmann unter Laien? Als Leiter (und
Alleindarsteller?) einer religiösen Veranstaltung für ein Publikum, das
diese Dienstleistung beansprucht und finanziert? Und als was sieht der
Prediger-Liturg die Gemeinde? Kann er sie als Repräsentation
gegenwärtiger Christuswirklichkeit sehen, grundsätzlich mit den
gleichen Worten ansprechbar wie sie Paulus in den Präskripten seiner
Briefe verwendet? Oder sieht er sie eher als eine Masse anonymer
Verbraucher, williges bis gleichgültiges Objekt seiner Dienstleistung?
Schließlich: Wie verstehen sich die zum Gottesdienst Versammelten
selbst? Können sie den Gedanken überhaupt nachvollziehen, in ihrer
konkreten Lebenswirklichkeit der *Christus praesens* hier und heute zu
sein? Ist dieser Gedanke im Kontext heutiger Lebensvollzüge überhaupt unterzubringen? – Die Antworten mögen verschieden ausfallen,
die sichtbar werdenden Grundprobleme dürften überall gleich sein.
Dabei sollte man sich auch über die unausweichlichen Wechselwirkungen zwischen Pfarrer und Gemeinde Rechenschaft geben. Das
Selbstverständnis (und die Ekklesiologie!) des Predigers schlägt überall
im Lauf einiger Jahre auf die Gemeinde durch, und jeder Prediger
sammelt schließlich diejenigen als Gemeinde um sich, denen sein Bild
von Gemeinde entspricht – die andern bleiben nämlich weg oder
sammeln sich anderswo. Und wo kein Auswahlangebot wie in den
Städten gegeben ist, wird sich die Gemeinde über kurz oder lang so
verhalten, wie sie dauernd angesprochen wird. Ebenso weist natürlich
auch die Gemeinde dem Pfarrer – manchmal ziemlich unerbittlich –

seine Rolle zu, und der Pfarrer paßt sich mehr oder weniger unbewußt dieser Rollenerwartung an; über die Widerstandskraft und das Stehvermögen von uns beamteten Pfarrern mit Familie und mittelständischem Lebenszuschnitt sollte man sich auch keine übertriebenen Illusionen machen. Solcher Selbstbesinnung darf nicht ausgewichen werden. Sie darf aber nicht den Maßstab für die Verkündigung geben! Nichts wäre unangemessener, als einen Vergleich zwischen den spirituellen Wirklichkeiten damals und heute anzustellen, als Fazit solchen Vergleichens Defizite zu konstatieren und gegen sie anzupredigen. Denn die Defizite waren zu allen Zeiten da – auch in der Gemeinde der frühen Jahre. Kirche-Sein entscheidet sich nicht an dem, was wir beobachten zu können meinen, sondern an dem Urteil Gottes, der die Sünder rechtfertigt. So will der Primat der Rechtfertigungslehre auch hier festgehalten sein. Sie ermächtigt und verpflichtet uns, der heutigen Gemeinde dieselben Indikative zuzusprechen wie das NT es tut. Also von dem Sein zu reden, das sie in Christus hat, und das Sollen in der Form des einladenden Werbens um den Eintritt in dieses Sein zur Sprache zu bringen.

Außerdem will die Unterscheidung zwischen wahrer und sichtbarer Kirche beachtet werden. Die *ecclesia stricte dictu* ist zwar nie ohne die tatsächlich erfahrbare Kirche, in der sie *subsistiert* (um einmal diese m.E. glückliche Formulierung des 2. Vaticanums aufzunehmen), aber die unsern Augen allein zugängliche empirische Kirche ist keineswegs mit der wahren Kirche des Glaubens identisch; sie kennt der Herr allein. Unser Auftrag als Prediger-Liturgen steht mit unter dieser Gebrochenheit. Wir mögen, mit welch gutem Recht auch immer, spirituelle Defizite in jeder beliebigen Menge konstatieren, dennoch haben wir unsern Dienst als Dienst in und an der *una sancta catholica et apostolica ecclesia* des Glaubens zu tun und demgemäß unser Reden und Handeln danach zu richten. Darum lohnt die Bemühung, von Zeit zu Zeit die Gemeinde auch einmal wieder neu in ihr eigenes, im NT begründetes gottesdienstliche Leben predigend einzuführen. Am Beispiel der Salutation läßt sich hier mancherlei aufzeigen: Allgemeines Priestertum, aktive Beteiligung vieler an der gottesdienstlichen Feier, die Feier selbst als Vergegenwärtigung der Christuswirklichkeit, z.B. in der brüderlichen Gemeinschaft des wechselseitigen Segnens, die emotionale Offenheit füreinander in der Herzens- und Glaubenstiefe dieses Grußes u.a.m.

An Möglichkeiten der Anknüpfung für den heutigen Menschen ist

dabei kein Mangel. Man denke etwa an den fernsehöffentlich bis zum
Überdruß gepflogenen Bruderkuß östlicher Politiker, der ein Erbe der
orthodoxen Liturgie ist; an die Vielfalt möglicher geplanter oder
spontaner Beteiligung vieler bei heutigen Festivals, die sich letztlich
den Kirchentagen verdankt; an das Aufgebot unterschiedlichsten
Kommunikationstrainings auf allen Ebenen, dessen Blüte doch nicht
zuletzt darin seine Ursache haben dürfte, daß die Versammlung der
christlichen Gemeinde weithin noch immer in Anonymität, Professiona-
lismus und passivem Konsum verharrt...
Die »Altertümlichkeit« der Salutation ist nämlich kein Hindernis,
sondern Chance zu neuem Verstehen. Man weiß ja inzwischen, daß
gerade von »altertümlichen« Wendungen und Formen ein Verfrem-
dungseffekt ausgeht, der in der Sintflut billiger Wörter aufmerken läßt
und zum Nachdenken bereit macht. Dazu sollte die Predigt Hilfe und
Anleitung geben. Sie wird das nur leisten können, wenn ihr der
sonntägliche gottesdienstliche Vollzug entspricht. Es könnte sein, daß
sich aus der Predigt bestimmte liturgische Konsequenzen zwingend
ergeben. Denen sollte dann aber auch nicht ausgewichen werden.

5. Zur Verkündigung

Für eine Predigt bieten sich mehrere Möglichkeiten an, je nachdem,
was in der gegebenen Situation naheliegt.
1. Denkbar wäre ein exemplarisches Vorgehen, das unter Einbeziehung
des narrativen Kontextes etwa einen Gruß wie Lk 1,40ff oder Mt
10,12f oder Joh 20,19 mit allen seinen Implikationen ausbreitet und
von da aus zum inneren Sinn der liturgischen Salutation fortschreitet.
2. Eine mehr lehrmäßige Predigt könnte einen der epistolischen Grüße
zum Ausgangspunkt nehmen wie etwa 1.Thess 5,25f; 2.Thess 3,16;
1.Tim 6,21b; 2.Tim 4,22. Hier könnte in einem ersten Teil der Gruß
selbst ausgelegt, in einem zweiten Teil seine Abwandlungen und seine
Wirkungsgeschichte in der Liturgie bis heute aufgezeigt und in einem
dritten Teil davon gesprochen werden, was es bedeutet, daß wir bis
heute in der Kontinuität solchen Grüßens stehen.
3. Vorstellbar wäre auch eine kontextuale Predigt, die ihren Ausgang
von alltäglichen Beobachtungen nimmt: Die östlischen Bruderküsse,
die Kameraderie des »Ciao« unter Jugendlichen, die aus dem 19.
Jahrhundert stammenden Grußfloskeln unter offiziösen Schreiben usw.

Zu zeigen wäre da, wie solche Grüße Ausdruck einer bestimmten Lebenseinstellung sind. Was aber ist die Lebenseinstellung unter uns Christen? Und wie drückt sie sich im Gruß aus? Hier wären biblische Beispiele und solche aus der Liturgie zu zeigen. Von da aus mag sich dann, zugespitzt, Sinn und Aussage der Salutation ergeben.
4. Mir selbst läge nahe, von einer Kombination aus 1.Kor 16,19-23 und 14,26ff auszugehen, in der ich, unter Hinzunahme von Material aus der Didache, vom gottesdienstlichen Leben neutestamentlicher Gemeinden erzählen möchte; nicht ohne zu zeigen, wie tief dieses gottesdienstliche Leben mit dem sonstigen Gemeindeleben eine Einheit bildet; natürlich ohne zu idealisieren. Sodann würde ich diese Lebensweise als bewußt gestalteten Ausdruck des in Christus geschenkten neuen Lebens, als Ermöglichung brüderlicher Gemeinschaft entfalten. Wie der Nachvollzug des liturgischen Erbes, exemplarisch der Salutation, uns immer wieder auffordert und einlädt, Gottes großes Angebot des neuen Lebens in Christus auf uns zu beziehen und mit jedem Gottesdienst neu in das »Fest des Glaubens« (O. Wölber) einzutreten, sollte dann in einem dritten Teil gesagt werden. Ich will nicht verschweigen, daß ich für eine so angelegte Predigt den »Heimvorteil« einer Gemeinde in Anspruch nehmen kann, der die aktive Mitfeier der gesamten agendarischen Liturgie jeden Sonntag selbstverständliche Gewohnheit ist.

Literatur:
A. Adam, Grundriß Liturgie, Freiburg 1985. – H.W. Beyer, Art. »eulogéo ktl.«, in: ThWNT II, Stuttgart 1935, S. 751-763. – O. Cullmann, Urchristentum und Gottesdienst, Zürich [4]1962. – K. Frör, Salutationen, Benediktionen, Amen, in: Leiturgia II, Kassel 1955, S. 569-597. – W. Herbst (Hg.), Quellen zur Geschichte des evangelischen Gottesdienstes von der Reformation bis zur Gegenwart, Göttingen 1968. – W. Jetter, Symbol und Ritual, Göttingen 1977. – G. Rietschel/P. Graff, Lehrbuch der Liturgik, Göttingen [2]1951. – D. Vetter, Jahwes Mit-sein: ein Ausdruck des Segens, Stuttgart 1971.

Albert Mauder†

2. Das Lied im Gesamtgefüge des Gottesdienstes

1. Zur Begegnung

Das Lied ist eingebettet in einen ganzen Kosmos von Emotion und Expression. Singen ist dem Menschen schon elementar vorgegeben in Spannung und Entspannung, in Atem und Laut, in Pulsschlag und Bewegung; eine schlichte Schöpfergabe, fast unbewußt spontan und absichtslos kreativ. Es pendelt zwischen Lachen und Weinen und spiegelt damit die »Stimmung«: die innere Gelöstheit und Heiterkeit, ein wenig Glossolalie und Halleluja, und die »Unstimmigkeit«: Wehklage bei Verlust, »Wegsingen« von Kummer und Sorge, »Überspielen« von Bedrückung und Angst. Singen hat seinen Platz in der Freizeit (Muße/Muse/Musik), indem es die Zeit sinnvoll füllt, oder bei der Arbeit, indem es den motorischen Ablauf stimuliert und der unterhaltenden Kurzweil oder Ablenkung dient.

Zum Ton tritt das Wort, wie es Luther eindrücklich mit der stabreimenden Redewendung »Singen und Sagen« umschreibt. Das gesungene Wort bietet Möglichkeit zu Kontakt und Kommunikation. Dabei überschreitet es weit die informative Verständigungsebene, denn es ruft gesteigert, mit Nachdruck und Dringlichkeit. Es kann zu Gott gewendet sein als Ausdruck eines inbrünstigen, emphatischen Gebets, als Anruf und Anbetung. Es kann an Einzelne oder eine Gemeinde gerichtet sein als Anrede und Zuspruch in verkündigender Absicht oder Protest und Provokation mit prophetischem Einschlag. Im gemeinsamen Singen erfährt eine Gruppe die gemeinschaftsbildende Kraft, es vertieft und festigt durch ständige Wiederholung ihre Solidarität und Vitalität. In vielfältigem Wort-Ton-Verhältnis erscheint das Wort akzentuiert und intensiviert. Und für kleinere oder größere Kunstwerke kann ein Lied Rückhalt und Leitseil sein, dem Künstler ein anregender, bisweilen aufregender Stoff für Handwerk und Phantasie und dem Hörer eine hilfreiche, erhellende Assoziation.

Das Lied definiert sich als ein Mixtum aus Text und Melodie. Es erwächst aus den Wurzeln des Volksliedes und ist als Lied der vielen vom Solo- und Kunstlied getrennt. Beziehen sich Inhalt und Intention auf religiöse Themen und Vorgänge, wird man von einem »Geistlichen Lied« sprechen. Einen Ausschnitt wiederum bildet das »Kirchenlied« als das für den christlichen Gottesdienst geeignete, gebrauchte und approbierte Lied der versammelten Gemeinde; prinzipiell aber sind Wechselwirkungen von der Kirche zu Öffentlichkeit, Schule, Haus und Kämmerlein oder umgekehrt miteinzuschließen. Durch metrisch-strophische, meist gereimte Form, den historisch bedingten Zeitstil und die persönlich geprägte Wort- und Musiksprache ist das Kirchenlied vom »Liturgischen Gesang« abzugrenzen; auch hier gibt es natürlich fließende Ränder. Im »Gesangbuch« wird das kirchliche Liedgut gesammelt und gesichtet, eine für die verschiedensten Gelegenheiten aus Hunderttausenden von vorhandenen Beispielen kirchenamtlich bereitgestellte Auswahl.

In der Reformationszeit wird das Kirchenlied einstimmig gesungen, oder mehrstimmig vom Chor gestützt, später in barocker General-baßmanier von der kirchlichen Orgel oder dem häuslichen Spinett begleitet. Seit einem Jahrhundert wird auch die Begleitung durch den Posaunenchor, seit einigen Jahren durch Gitarre und Band praktiziert. Die beflügelnde Wirkung und prägende Kraft des unbegleiteten Aussingens eines Liedes dürfte aber nicht vernachlässigt werden.

2. Historische Erklärung

Wer das Lied als wichtige Lebensäußerung der Kirche einer Gemeinde vertraut und bewußtmachen will, muß sich zuvor ein differenziertes Bild verschaffen. In keinem anderen kirchlichen Gebrauchsbuch sind derart viele geschichtlich gewachsene Sprach-, Sing- und Frömmig-keitsformen schiedlich-friedlich präsent wie im Gesangbuch. Den meisten EKG-Ausgaben (im neuen Evangelischen Gesangbuch wird es berichtigt und vermehrt geschehen) ist eine Liedgeschichte im Überblick samt einem alphabetisch geordneten, biographisch aufgefüll-ten Autorenregister beigegeben. Das mag zur ersten Begegnung genügen, wenn man das historische Gerippe mit Leben erfüllt, indem man die zentralen Lieder jeder Epoche für sich durchsingt, exegesiert und meditiert. Die folgenden Zeilen wollen nur einige Schwerpunkte setzen.

1. Die christliche Kirche ist von Anfang an eine singende Kirche gewesen. Auf Bischof Ambrosius geht der abendländische lateinische

Hymnus zurück: in der Form ein vierzeiliges Strophenlied, im Inhalt ein lobpreisendes Bekenntnis zu dem Dreieinigen Gott in den Festzeiten des Kirchenjahres und in den Gebetszeiten des Tageslaufs, ein wirkungsvoller Voksgesang in Gottesdiensten wie in Kampfsituationen. Die Liturgiereform von Papst Gregor I. fördert vielgestaltige, zunehmend kunstvolle einstimmige Gesänge: Vertonungen des Ordinariums und biblische oder freie Antiphonen zu den Psalmen.

2. Vor der Jahrtausendwende treten neue lateinische Singmodelle auf: Tropen als textierte Kyrie-Melodien und Sequenzen als mit Worten versehene Halleluja-Melismen. Die Sequenz entwickelt sich zu einer dreizeiligen, vielstrophigen Reihenform; der Endreim wird als prägendes Stilmittel auf alle poetischen Gattungen übertragen. Den althochdeutschen Evangelienerzählungen und ersten Hymnenübersetzungen folgen die vierzeiligen deutschen Einzelstrophen der Leisen, mit dem Gebetsruf Kyrie eleison verbunden und bei Pilgerreisen, Prozessionen, Predigtgottesdiensten und geistlichen Oster- und Weihnachtsspielen vom Volk angestimmt. Im hohen und späten Mittelalter entstehen Hymnen der Passions- und Abendmahlsfrömmigkeit, Zeugnisse aus geistlicher Minne und Mystik, Übertragungen aus der lateinischen Liturgie und Kontrafakturen aus dem weltlichen Musizieren, Cantiones aus Volkstum und Brauchtum. Zahlreiche Handschriften vermitteln uns einen Eindruck von einer Singkultur, aus deren Formen- und Gedankenreichtum dann auch das Kirchenlied schöpft.

3. Luthers entscheidender Schritt ist es, daß er das Lied in eine unverzichtbare gottesdienstliche Funktion einsetzt; deutsche Strophenlieder als Erneuerung des ambrosianischen Gemeindegesangs begleiten oder ersetzen nun bisherige lateinische Gesangstücke. Seine 37 Lieder umfassen in herausragenden Beispielen Bibellieder (das Psalmlied ist seine Erfindung), Übersetzungen von Hymnen, Umformungen von Antiphonen, Erweiterungen der alten Leisen-Strophen, lehrhafte Katechismuslieder, Umdichtungen von Volksliedern und aktuelle Zeit- und Bekenntnislieder. Stilbildend vereinen sie objektive Rechtgläubigkeit mit subjektiver Gläubigkeit, um Wort und Glaube kreisend. Die rasche Folge von Flugblättern, Liedheften, Chor- und Gemeinde-Gesangbüchern bewirkt jene typisch protestantische »Gesangbuch-Frömmigkeit«. Neben Wittenberg bilden sich in Niederdeutschland, Nürnberg, Straßburg, Augsburg, Konstanz (A. Blarer, J. Zwick), Königsberg (Albrecht von Preußen) und später in Joachimstal (N. Herman) weitere Liedzentren. Die Böhmischen Brüder (M. Weiße) und

die Reformierten (Genfer Psalter) weiten die Wirkung des Liedes ökumenisch aus. Katholische Gesangbücher sind Reflex auf die evangelische Singbewegung; die grausam verfolgten Täufer pflegen das volksliedhafte Märtyrerlied.

4. Die nachreformatorische Zeit betont in den konfessionellen Kämpfen das Lied als Hort der reinen Lehre, in den Kriegs- und Pestzeiten als Halt in Kreuz und Tod. Neu sind die nun breit ausgeführten, stärker individuellen Lieder zur häuslichen oder privaten Andacht als Teil der Erbauungsliteratur; erst allmählich kommen sie in gottesdienstlichen Gebrauch. Die gefühlsbetonte Passionsmystik und die bräutliche Bildersprache des Hohenlieds fügen dem kirchlich gewohnten Sprachhorizont eine besondere Färbung bei (P. Nicolai).

5. Das Lied in Konfessionalismus und Barockkultur ist eng mit dem Gesamtstil der Zeit verbunden: Anfänge einer neuen Kunstdichtung (M. Opitz) und ihre Pflege in Sprachgesellschaften und Dichterbünden; kein namhafter Dichter, der nicht auch geistliche Lieder veröffentlicht. Sie verarbeiten die tragisch-existentiellen Erfahrungen des Dreißigjährigen Krieges (J. Heermann) in der Dialektik des Barock: diesseitiges Jammertal und jenseitige Herrlichkeit, Lebensfreude und Weltschmerz. Wichtige, bis heute im Volksbewußtsein tief verwurzelte Kirchenlieder zu Klage und Lob, Trost und Trotz entstehen. Drei Dichter ragen heraus: J. Franck, J. Rist und vor allem P. Gerhardt, dessen 133 Gedichte, verbunden mit den gemeindegemäßen Melodien J. Crügers und J.G. Ebelings, die breiteste Zustimmung in der singenden Christenheit gefunden haben. Was wäre unser Gesangbuch ohne seine Fest- und Loblieder, Tageszeiten- und ersten Naturlieder, vor allem aber ohne seinen seelsorgerlichen Zuspruch zu weltüberwindendem Gottvertrauen?

6. Der Pietismus ist eine ausgesprochene Singbewegung. Vom kleinen Zirkel der Erweckten greift sie auf Fürstenhöfe, Universitäten und Kirchen über; die liturgische Verankerung lockert sich zugunsten subjektiver Gestaltung von Glauben und Leben. Die Sprache ist innerlich-erbaulich, bisweilen kämpferisch-missionarisch; der Inhalt zielt auf persönliche Buß- und Heiligungserfahrungen; ein »Seelenlied« in der Form der Arie (J. Neander, G. Arnold, C.F. Richter). Die Spätzeit bringt so bedeutsame Ausprägungen hervor wie die eingängigen Bilder eines B. Schmolck, die genial-exzentrischen, spontan-improvisierten, gemeinschaftsbildenden »Singstunden« eines N.L.v. Zinzendorf, die stillen Verse von Anbetung und Gottgenügsamkeit

eines G. Tersteegen und die nüchtern-biblischen Schatzkästlein eines
P.F. Hiller.

7. Die Aufklärung verursacht den tiefsten Bruch mit der gottesdienstlichen Singtradition; das Lied dient als Hinführung oder Nachklang der
moralisch-sittlichen, vernünftig-belehrenden Kanzelrede und als Mittel
der pathetisch-empfindsamen Rührung des Herzens ohne Rücksicht auf
geschichtliche Herkunft, symbolische Tiefendimension und plurale
Glaubenserfahrung. Viele Kirchenlieder werden nun nach einem
einzigen Melodie-Modell gesungen; der Rhythmus ist einförmig, das
Tempo extrem langsam und angeblich würdig. Die älteren Lieder
werden bis zu völliger Unkenntlichkeit rationalistisch im Zeitge-
schmack umgeformt. Der Wille zu unbedingter Gegenwartsnähe ist die
Stärke, zugleich aber auch die Schwäche; gewollte Aktualität veraltet
besonders schnell. Nur wenige Beispiele der biblisch-religiösen
Dichtung (C.F. Gellert, M. Claudius, M. Jorissens Bearbeitung des
Genfer Psalters) und der hymnisch-pathetischen Richtung (F.G.
Klopstock, J.K. Lavater) haben sich bis heute gehalten.

8. Im 19. Jahrhundert erwacht ein romantisch-geistliches Verständnis
(Novalis), in den Befreiungskriegen ein nationales Bewußtsein (E.M.
Arndt). Das gesungene Erbe der Väter wird in den Bestrebungen der
Restauration neu geschätzt, gesammelt, erforscht; ein einigender Kanon
von Kernliedern wird den Gesangbuch-Ausschüssen empfohlen und in
liturgischen Entwürfen zu neuem Leben erweckt. Der schöpferische
Beitrag zum kirchlichen Liedgut ist das Missions- und Glaubenslied
der Erweckung (A. Knapp, P. Spitta, C. Blumhardt) und das Geistliche
Volkslied, das oft ohne Bezug zu gottesdienstlichen Gelegenheiten
einem eigenen Stil in Text und Melodie verpflichtet ist.

9. Luther-Renaissance und Liturgiebelebung, Jugend- und Singbewegung schaffen mit einer neuen Beziehung zu Kult und Kirchenjahr einen emotionalen Zugang zum älteren Kirchenlied (F. Spitta,
O. Riethmüller) und bereiten den Boden für eine bekenntnistreue,
religiös reife Dichtung (R.A. Schröder, J. Klepper). Aus den Wurzeln
von Spiritual, Chanson, Schlager und rhythmischer Musik, durch
Preisausschreiben und Teamwork, für »Gottesdienste in anderer
Gestalt« und Kirchentage entsteht seit 1960 das Neue Lied, das zeit-
und jugendgemäß, ökumenisch und weltweit zugleich orientiert sein
will. In einem künftigen Gesangbuch wird auch dieses in offiziellen
Beiheften, Privat- und Verlagsveröffentlichungen bekanntgewordene
Liedgut vertreten sein; es artikuliert vielleicht beiläufiger, aber weithin

geläufiger das zeitgenössische Verständnis der biblischen, kirchlichen und weltbewegenden Themen. Ein jeweils neues Lied bleibt unverzichtbar, wenn das gottesdienstliche Singen nicht nur museale Denkmalpflege sein soll.

3. Theologische Erwägung

Vielfältige Kräfte haben die Konturen des Kirchenliedes geformt und machen seine fundamentale Wirkung aus. Ich versuche, durch Auffächerung verschiedener Aspekte seinem Geheimnis näherzukommen.

1. Gesungene Bibel
Die Heilige Schrift provoziert oder produziert geradezu das Liedgut. Durch alle ihre traditionsgeschichtlichen Schichten hindurch erklingt wie ein Leitmotiv der Imperativ: Singet dem Herrn ein neues Lied (Ps 96,1 u.ö.)! Luther begreift dies als explizite Einsetzungsworte für das Singen; zudem erkennt er die Beispiele der Propheten (kritisch Am 5,23!) und den Brauch der Apostel (1.Kor 14,15.26; Kol 3,16 – »Psalmen, Hymnen, geistgewirkte Oden«!), die psalmartigen Cantica und jenes urchristliche hymnische Gut, das die heutige Exegese wieder klarer herausgestellt hat. Das geistliche Lied der Kirche ist autorisiert als Glied einer langen Traditionskette, die ihm zugleich mit der Aufgabe auch Gehalt und Gestalt von »Singen und Sagen« vorzeichnet. Besonders vom Psalter, der kanonischen Liedsammlung des alttestamentlichen Bundesvolkes, springt der zündende Funke über: Er besitzt Autorität als Heilige Schrift; er ist stilisiert in kollektiven und individuellen Liedern mit metrischem Parallelismus und poetischer Wortwahl und wird von Anfang an in der Christenheit liturgisch in Messe und Stundengebet verwendet. In dieser Hinsicht versteht sich das Lied vornehmlich als Nachdichtung, Zweckpoesie, Gebrauchslyrik; es stellt sich in den Dienst des Wortes Gottes, leitet sich von ihm her und führt zu ihm hin.
Verschiedene Möglichkeiten des Bibelbezugs sind realisiert worden. Calvin billigt exklusiv dem Psalter das Recht zu, Quelle des geistlichen Liedes zu sein; verbaliter muß es das Wort Gottes darbieten. So wird im reformierten Einflußbereich der Psalter vollständig, Vers für Vers übersetzt und bereimt, ohne Auslassung, Umstellung oder Akzentuierung. Luther und die ihm folgende Kirche weiten hier generell aus.

Aus der Kenntnis der ganzen Schrift assoziiert der Dichter die Fülle der Schrift – eine poetische Form von *scriptura sui ipsius interpres*! Das Lied zielt in strenger Bibelgemäßheit auf die Mitte der Schrift, die Summa, das Evangelium. Diese gleichermaßen geniale wie glückliche Regel von verantworteter Freiheit und freiwilliger Bindung hat das Tor zu einem vielgestaltigen Lied geöffnet, wobei Luthers Bibelübersetzung zur Schatzkammer der Metaphern und Idiome wird. Auf diesem Rückbezug zur Ur-Kunde des Glaubens beruht die geistliche Wirkung: Die Bibel legitimiert das Lied, das Lied interpretiert und prolongiert die Bibel. Dazuhin ist ihr Zeugnis im Lied oft griffiger, bisweilen angriffiger, meist verständlicher und behältlicher dargestellt, auf jeden Fall situationsgerechter mit Welterkenntnissen, Glaubenserfahrungen und Anfechtungen verknüpft. Aufs ganze gesehen lebt die Bibel in unserem Volk fast mehr im Liedtext als in ihrem eigenen Wortlaut. Und so könnte das Lied wiederum zum Blickfang und Wegweiser zur Bibel werden, etwa in alten oder neuen biblischen Erzählliedern als künstlerischem Ausdruck einer narrativen Theologie.

2. Klingendes Kirchenjahr

Im sonn- und festtäglichen Gottesdienst hat das Lied seine Heimat gefunden. Die versammelte Gemeinde darf ihre Mündigkeit in der Mündlichkeit ausüben. Das Lied bietet die Möglichkeit zum Miterleben und Mitgestalten im veranstalteten Gottesdienst und nach dessen Vollzug ein Substrat aus diesem für den Gottesdienst des Lebens.

Die Ortsbestimmung im Gottesdienst legt nun viele Teilaspekte fest, etwa die Länge des Liedes: Es darf nicht den Gesamtrahmen sprengen, muß aber den liturgischen Vollzug selbst darstellen können. Vor allem ist der Grundtyp bestimmt, jener eigentümliche Zirkelschluß von Lob zu Verkündigung und wiederum zum Lob. Das Lied gibt hymnisch-doxologisch Antwort auf das Wort; es hat erhebende, verklärende, laudative Macht. Und indem es Gott für seine Schöpfung, Erlösung und Vollendung dankt, artikuliert und publiziert es zugleich seine großen Taten; es hat verkündigende, werbende, einladende Wirkung – Seite an Seite mit dem Wort auf je eigene Weise.

Das bedingt die hartnäckige Prävalenz der christozentrischen Thematik im Lied. Es bezieht sich vor allem auf die christlichen Hauptfeste und macht sich den Vorteil des zyklischen Kirchenjahres zunutze, nicht alles zugleich sagen zu müssen. Selbst jene Epochen der Dichtung leben noch in Korrespondenz zu Gottesdienst und Kirchenjahr, die sie bis zur Unkenntlichkeit privatisiert und subjektiviert haben. Daraus folgt weiter: Nicht alle theologischen Themen sind geeignet, im Lied traktiert zu werden; schließlich hat die Kirche ja noch andere Handlungsfelder als das geistliche Singen. Klage und Lob sind an Gott gerichtet oder für die Mitchristen und die eigene Seele zum Bedenken *sub specie aeternitatis* gedichtet.

Solange der Gottesdienst als Fest und Feier der christlichen Gemeinde erstrebt und erlebt wird, behält das Lied eine tragende Bedeutung, und zwar in seinem ureigensten Charakter als sachlich-strenge Wortzusage sowie als emotional-gefühlsstarker Antwortreflex. Das macht bis heute im Bewußtsein unseres Volkes seine Stärke und Beliebtheit aus.

3. Tönender Katechismus

Lied und Katechismus gehören seit den Uranfängen zusammen: Lob ist nie ohne Lehre, Bekenntnis nie ohne Doxologie. Wer lockere Lyrik im Kirchenlied erwartet, hat zur falschen Gattung gegriffen. In speziellen Katechismusliedern findet dieser Grundzug seinen konkreten Ausdruck. Aber sie versifizieren nicht einfach paulinische oder lutherische Dogmatik. Gebote-Lieder sind zugleich Beichtspiegel und Sündenbekenntnis, Vaterunser-Lieder exemplarische Gebete; Credo-Lieder formulieren die Lehrsätze je eigenständig, Tauf- und Abendmahlslieder geben Anleitung zum würdigen Empfang des Sakraments. Der Gedanke der Trinität lebt in der großen Zahl der Gloria-Patri-Strophen, die christologischen Grundfragen werden durch die Stationen des Kirchenjahres vermittelt, der Hauptartikel der Rechtfertigung oder Heiligung durchzieht das Liedgut in fast einseitiger Penetranz. Lehre allenthalben, aber als Lehre im Vollzug; im Interesse der Applikation, nicht der Explikation.

Dabei korrespondiert das Lied mit der jeweils zeitgenössischen Theologie auf eigentümlich selbständige Weise. Es kann retardieren oder vorauseilen, es kann Irrtümer zäh verewigen oder hilfreiche Gedanken untergründig überwintern; der lange Atem des Singens überspannt die kurzlebigen Moden. Das Lied hat zwar gedankliche Prägnanz und theologische Verbindlichkeit, aber es bietet kein geschlossenes System, sondern eher Grundtöne, oft sprachlich-biblisch oder poetisch-bildlich ausgeformt und vor allem durch die erlebten und erlittenen Erfahrungen der Dichter gefiltert und gefüllt; kirchliche Confessio als persönliche Konfession, Rechtgläubigkeit als Gläubigkeit verstanden.

Der tönende Katechismus hält pädagogische Vorzüge bereit: Hier ist
die Lehre gemeindegemäß für den einfachen Menschen verständlicher
und für den distanzierten ansprechender gestaltet. Was in Versen, in
Rhythmus und Reim abgesetzt und mit dem Motor der Melodie
versehen ist, lernt sich leichter und behält sich länger, läßt sich
spielend gebrauchen und übend wiederholen. Das Lied prägt sich ein
und prägt dadurch den Singenden. Dieser Aspekt des Liedes ist im
Jugend- oder Erwachsenenkatechumenat der Kirche längst nicht voll
ausgeschöpft: vielstimmiger Chor der Väter und Brüder, Wolke der
Zeugen, biographisch und künstlerisch durchglüht.

4. Emotionale Andacht
Die ersten Kirchenlieder waren für das organisierte geistliche Leben,
für den Gottesdienst bestimmt. In ihm hat nach reformatorischem
Verständnis auch die Seelsorge ihr Zentrum, und man vertraute
ziemlich zuversichtlich auf den Wortimpuls, daß er vom Raum der
Kirche »automate« in die Häuser und ins Kämmerlein dringt. Im Lied
findet sich neben Bibelworten, Gottesdienstgedanken und Lehr-
formulierungen alles, was zu Erweckung und Wachstum, zu Ver-
senkung und Erhebung, zu Beispiel und Vorbild dient. Durch die recht
häufige Personalunion von Volksprediger, Erbauungsschriftsteller und
Liederdichter und durch die bis heute nicht voll überschaubare
Aufnahme der überlieferten Gebetsliteratur im Lied gleicht sich das
Kirchengesangbuch immer mehr dem häuslichen Erbauungsbuch an.
Für jeden Tag entstehen Morgen-, Tisch- und Abendlieder als
privatisiertes Stundengebet; für den besonderen, schweren Tag des
Leidens die Kreuz- und Trostlieder; für den letzten Tag die Lieder der
ars moriendi. Die gängigen Liedthemen werden insgesamt überformt
von der *imitatio*-Frömmigkeit der Jesus-Andacht und von der *unio*-
Frömmigkeit der Braut-Mystik; im Lauf der Kirchengeschichte wird
das Liedgut verpersönlicht, vertieft, »verseelt«, natürlich immer von
der Gefahr des Abgleitens in abstruse Geschmacklosigkeit oder
unbedeutende Belanglosigkeit begleitet.
So bietet das Liedgut im ganzen als Florilegium pluraler Frömmig-
keitsformen, als Kompendium immer wiederkehrender Grunderfahrun-
gen dem Benutzer seine Hilfe an. Anleitung zum Gebet: Es stellt einen
Rahmen bereit, in den der Glaubende seine Anliegen einbringen kann,
und Worte, die er in seiner Sprachlosigkeit nachsprechen kann.
Anweisung zur Meditation: Mit einzelnen Verszeilen kann er in die

Stille gehen und bedenken, was ihn bewegt. Trost und Mut in der
Anfechtung: Es ist nicht zu zählen, wie oft ein Lied am Krankenbett
zum großen Tröster wurde. Der auswendig gelernte, durch Wiederholung und Erlebnis inwendig vertraut gewordene Schatz an geprägten
Wendungen wird dabei aktiviert und aktualisiert. Und indem das
Gesangbuch diesen Schatz vermittelt, wird dem einsamen Menschen
die singende und betende Gemeinde präsent, die eben dieses Buch bei
ihren Zusammenkünften gebraucht. Das Lied ist noch immer die
Hauptquelle der persönlichen und gemeindlichen Frömmigkeit; es steht
dem Pulsschlag des geistlichen Lebens besonders nahe.

5. Lebendiges Kulturgut

Sonntag für Sonntag werden Lieder von der Gemeinde, Tag für Tag
von Gruppen und Kreisen klingend veröffentlicht, durch den Gebrauch
zum Leben erweckt und am Leben erhalten. Eine hörbare Anthologie
der religiösen, formen- und gedankenreichen lyrischen Dichtung eines
halben Jahrtausends erklingt; während die heute noch lebendige hohe
Literatur höchstens bis zu den Anfängen der Klassik zurückreicht.
Freilich muß man dafür einen gewissen Preis an Altertümlichkeiten
gerade bei den markantesten Liedern zahlen; man sollte ihn zahlen!
Die Anzeichen mehren sich, daß manche Gesellschaftsschichten ihren
Kontakt zur Kirche gewinnen oder halten über das Lied als Bildungs-
wert, als christlichen Kulturbeitrag samt den Formen von Kantaten,
Oratorien, Passionen. Das bedeutet in bezug auf das Lied: Ein hoher
Maßstab an künstlerischer Qualität ist anzulegen, und ein nimmermü-
des Bemühen um Gehalt und Gestalt ist aufzubringen, solange die
Wurzeln für Singen und Spielen noch nicht ganz verdorrt sind.

6. Ökumenische Realität

Lutheraner und Reformierte, Denominationen und Kommunitäten
haben inzwischen ihr Liedgut in charakteristischen Beispielen
ausgetauscht. Protestantische Lieder finden ihren unumstrittenen Platz
im katholischen Gesangbuch und umgekehrt; die Namen der Dichter,
die einst wie Fanale der Kirchentrennung klangen, werden nicht mehr
verschwiegen. Das Lied verzichtet in der Regel auf Polemik und
Apologetik; und so wird im Lied als dem Gemeinbesitz des Glaubens
schon seit langer Zeit eine selbstverständliche, unverkrampfte Ökumene
praktiziert, wie sie bislang am Verhandlungs- oder Abendmahlstisch
nicht möglich ist. Diese gesungene Ökumene könnte weitergreifen:

Austausch mit den Jungen Kirchen, die das einst hinausgetragene Lied
mit neuen Gaben zurückbringen, Nähe zu anderen Sprachbereichen und
Gotteserfahrungen, Hinwendung zu den Themen der Zeit und Welt.

4. Homiletische Besinnung

Das Lied hat seinen angestammten Platz im funktionalen Gefüge der
Gottesdienstfeier. Der spezielle Ort legt aber auch die bestimmte Art
des Gesangs fest; er muß bei der Liedauswahl grundsätzlich bedacht
werden. Das Lied tritt in Kontakt zu den anderen musikalischen
Wortgestalten: Altargesang des Liturgen, gesungenes Ordinarium der
Gemeinde im Wort- und Mahlteil. Im Geflecht der Liturgie vertritt es
die variable Komponente; es bietet existentiell-dichterische, unterschiedlich formulierte Modelle von Klage und Lob, Bitte und Zuspruch, die die Gemeinde als ihre Aussage schon angenommen hat.
Das Lied tritt in Kontakt – hoffentlich nicht in Konkurrenz – zur
Predigt: Beide geben sich als verschiedene Formen des Sprechens aus
demselben Geist des Evangeliums. Die Predigt ist das frei gewagte
Wort des einzelnen, subjektiv gefärbt, persönlich verantwortet; das
Lied hingegen ist in Wort und Ton Glaubensäußerung der vielen; es
lebt aus der Übereinstimmung und zielt auf Einstimmung. Die Predigt
informiert, überzeugt, spricht zu, situationsbezogen und einmalig; das
Lied hingegen ist schon vor der Predigt da, als konzentrierte Interpretation des Evangeliums vorgegeben, traditionsbestimmt, allgemein-
gültig und wiederholbar. Beide Wortweisen müssen ihre Sprache
erhalten und ihren Part spielen, ohne sich anzugleichen oder auszuste-
chen. Das Gegenüber des Liedes kann die Predigt vor Abwegen
bewahren; das Gegenüber der Predigt kann das Lied zur Konkretion,
zur Verständlichkeit und Glaubwürdigkeit führen. Das Lied erwartet
von der Predigt die Sachkritik, den Versuch der Verflüssigung seiner
fixierten Gestalt, den Impuls zur Antwort in einem neuen Lied.
Der Gottesdienstablauf lebt aus der Spannung von Situation und
Tradition, aus dem Dialog von freier Predigt und vorformuliertem
Lied. Grundsätzlich wie praktisch kommt damit dem Lied eine
rahmende Funktion »vor« und »nach« der Predigt zu, wie reichhaltig
oder spärlich die Liturgie auch sonst sein mag. Etwas verallgemeinernd
für die Formen von Messe, Predigtgottesdienst oder Andacht kann man
vier Stellen für das Lied markieren.

1. Eingangslied

Die versammelte Gemeinde öffnet zum ersten Mal den Mund. Das Lied holt ab, stimmt ein, führt hin; es gleicht der Ouvertüre zur gemeinsamen Feier. Es spricht Empfindungen und Erwartungen aus; die Antwort der Predigt braucht sie nicht vorwegzunehmen. Unbekannte Lieder sollten nicht vorgeschlagen werden; sie verärgern mehr, als daß sie öffnen, und eine Möglichkeit zum Einüben besteht an dieser Stelle nicht. Neben den »Liedern zum Eingang« eignen sich viele Rubriken des Gesangbuchs. An allen Festen des Kirchenjahres sollte man konsequent die Fülle ausschöpfen, bevor man wieder bis zur zyklischen Wiederkehr warten muß. Entsprechend zum Charakter als »Introitus« kommen Psalmlieder in Frage, zwar nicht beziehungslos, aber auch nicht zu gewollt auf den Gesamtcharakter des Gottesdienstes hin ausgewählt; der Eingangsteil darf ein eigenes Gewicht erhalten. Allgemeine Lieder zu Lob und Dank, Bitte und Wort bieten sich an. Bei den so beliebten Morgenliedern ist zu beachten, daß manche nach dem Vorbild von Luthers Morgensegen als Werktagslieder dem Gottesdienst des Lebens zugeordnet sind. Seit alters sind Pfingstlieder mit der Bitte um rechtes Reden und Hören besonders zu empfehlen.

2. Hauptlied

Luther fügt dem Graduale, jenem gregorianischen Psalmgesang zwischen den beiden Lesungen von Epistel und Evangelium, ein Lied bei oder ersetzt es schließlich durch ein Lied (darum auch »Graduallied«); an dieser Stelle verankert er substantiell das geistliche Singen der Gemeinde. In den Kirchenordnungen und Gesangbuch-Registern bildet sich bis etwa 1600 ein Stamm von reformatorischen Liedern heraus, die dem betreffenden Sonntag zugeordnet sind (darum auch »de-tempore-Lied«). Bis in die Zeit des Pietismus bleibt dieser Grundsatz bestehen, wenn auch einzelne Lieder ausgetauscht werden. Die Kantoren haben fast zwei Jahrhunderte lang ihre Kirchenmusik in Chorsätzen, Kantaten usw. darauf abgestellt. In der Aufklärung geht wie vieles andere auch das Verständnis für diese liturgische Funktion verloren. In mehreren Anläufen haben die gottesdienstlichen Erneuerungsbewegungen den Brauch wiederentdeckt und verschiedene Liedreihen aufgestellt. Schließlich und endlich hat das Hauptlied im Ensemble von Wochenspruch und Wochenpsalm (darum auch »Wochenlied«), in der Beziehung zum altkirchlichen Evangelium und zum »Thema« des Sonntags seine Bestätigung gefunden.

»Hauptlied« deshalb, weil hier zentrale, schwergewichtige, geschichtsträchtige Kirchenlieder im Gebrauch und im Bewußtsein der Gemeinde
erhalten werden sollen. Die grundsätzliche Bindung des Liedes an
Bibel, Verkündigung und Bekenntnis wird an dieser Stelle gottesdienstlich evident; die regelmäßige Wiederholung wirkt traditionsbildend und
stabilisierend. Der Akzent liegt seit den ersten Fixierungen auf der
Reformationszeit, aber auch andere Epochen sind vertreten; mehrfach
ist der Hauptliedplan revidiert oder mit Ausweichliedern versehen
worden. In dieser Mischung von Bindung und Freiheit sollte es
möglich sein, an der guten Übung eines kirchenübergreifenden
liturgischen Brauchs festzuhalten.
»Hauptlied« auch deshalb, weil hier der Ort eines festlichen Singens
und Spielens gegeben ist. Kantorei- oder Alternatim-Praxis ist
erwünscht: Chor oder Chorgruppen, Orgel und Instrumente, Einzelstimmen und Gemeinde musizieren ein ganzes Lied als gegliederte
Einheit. Der Kantor hat die Möglichkeit, vorausschauend zu planen und
die Literatur einzuüben.

3. Predigt(nach)lied
Die Gemeinde gibt Antwort, Echo, Zustimmung auf das gehörte Wort;
es kann Dank, Bitte oder Bekenntnis sein. Das Lied ist gemeindebezogen: Der Hörer will in Wort und Ton einstimmen können, sein Ja und
Amen auf das zugesagte Wort geben. Es wird nur wenige Strophen
umfassen; es braucht nicht eine verdichtete Repetition der Predigt zu
sein, eher die Befestigung eines Kerngedankens. Vor allem ist das Lied
predigtbezogen; nicht unbedingt nahtlos, vielmehr vielschichtig, auf
jeden Fall aber einsichtig. Erfahrungsgemäß wird der Prediger hierzu
am längsten im Gesangbuch blättern, bis er fündig wird; eine gute
Kenntnis des Liedguts und ein feines Fingerspitzengefühl sind ihm
dabei zu wünschen. Vielleicht könnte es eine Hilfe sein, wenn die
Predigt im Entstehen auf ein Lied zuläuft, statt daß der Prediger zu
seinen Schlußworten eine passende Strophe suchen muß.

4. Schlußlied
Dies Lied, wie verschieden es in den Ordnungen auch eingesetzt wird,
markiert in jedem Fall den Übergang von der Sammlung zur Sendung;
es geleitet die Gemeinde aus dem Gottesdienst des Sonntags in den
Gottesdienst des Alltags. Mit wenigen Strophen ist viel gesagt; Amen
und Gloria-Patri-Strophen, Segens- und Friedensverse berücksichtigen

das Anliegen. Häufig können Schlußstrophen des Eingangs- oder Hauptliedes gesungen werden dank der Struktur der Lieder, die den Gesamtablauf eines Gottesdienstes spiegeln und mit einem ethischen oder eschatologischen Ausblick enden. Auf natürliche Weise ergeben sich so Querverweise und Symmetriebildungen, und die oft grausame und willkürliche Zerstückelung von Liedern wird in Grenzen gehalten. Mancherorts verwendet man »Verleih uns Frieden gnädiglich« als feststehenden Schlußgesang vor oder nach dem Segen. Man wird die Kraft der Wiederholung, aber auch die Gefahr der Abnutzung sehen und vielleicht einmal eine andere geeignete Strophe in dieser Funktion vorschlagen.

5. Zur Verkündigung

Um die dargelegten liturgischen Hauptgedanken, konzentriert in den Überlegungen zu Geschichte (vgl. 2. *Historische Erklärung*), Wesen (vgl. 3. *Theologische Erwägung*) und Funktion (vgl. 4. *Homiletische Besinnung*), einer Gemeinde in der Predigt erzählend-verkündigend darzulegen, braucht es einen geeigneten Rahmen und einen sinnvollen Anlaß. Ich könnte mir verschiedene Möglichkeiten denken.

1. Kontrapunkt zum Bibeltext
Bei nicht wenigen Predigtperikopen läßt sich einmal Grundsätzliches zum Kirchenlied sagen; bei den Stichworten »Singen«, »Spielen« usw. drängt es sich geradezu auf. Bei einer Psalmpredigt sollte man unbedingt das betreffende Psalmlied, wenn es ein solches gibt, hörbar vergleichend danebenstellen. Im Rahmen einer Bibeltext-Predigt kann schlaglichtartig einleuchten, wie die Bibel die Saiten der Poesie angerührt und wie sich dann die Dichtung zu eigenen, vollen Klängen entfaltet hat (3.). Nähe und Ferne, Konkordanz oder Konkurrenz von Bibel und Lied in verschiedenen Momenten der Frömmigkeitsgeschichte können angesprochen (2.) werden. Gerade am Verhältnis zum Bibelwort können die Funktionen des Liedes im Gottesdienst sinnvoll betrachtet werden (4.).

2. Kontext zum Kirchenjahr
Die Festzeiten mit ihrer Häufung von Gottesdiensten rufen nach einer pluralen, variablen Gestaltung. Hier kann nicht nachdrücklich genug

auf die Gattung der »Liedpredigt« verwiesen werden. Am besten wählt der Prediger ein charakteristisches Einzellied, bearbeitet es umsichtig und gewissenhaft nach allen Regeln der Bibelexegese und legt es dann der Gemeinde vor. Im Aufbau kann dies verschieden geschehen: Das von der Gemeinde gesungene Lied umrahmt die Auslegung, oder die Auslegung lehnt sich abschnitt- oder strophenweise an das gesungene Lied an; eine musikalische Ausgestaltung wird die Auslegung noch einmal modifizieren. Bei einzelnen Abschnitten bietet sich ganz natürlich die Gelegenheit, die grundsätzlichen Horizonte anklingen zu lassen: den geschichtlichen Wandel vor, um und nach dem ausgelegten Lied (2.), die Bedeutung des geistlichen Singens insgesamt (3.) oder die gottesdienstliche Relevanz (4.).

3. Text zur Biographie

Immer mehr vollzieht sich das geschichtliche Erinnern im Rhythmus von besonderen Jubiläen oder auffälligen Gedenktagen. Es läßt sich darüber streiten, ob diese Art von Vergegenwärtigung oder Bewältigung der Vergangenheit zuträglich und hinreichend ist. Jedenfalls kann man einsichtig das runde Geburts- oder Todesjahr etwa eines Liederdichters zum Anlaß nehmen, sich mit seinem Weg und Werk zu beschäftigen und der Gemeinde davon einen fundierten Eindruck zu geben. Biographisches Material läßt sich aus älteren Quellen oder aktueller Berichterstattung beschaffen. Hierbei wäre der Dichter in seine Zeit und Umwelt einzuordnen; im Kontrast zu anderen Epochen könnten seine Akzente in Glaubensverständnis und Sprachfindung deutlich werden (2.). Reizvoll wäre es, sein besonderes Charisma im Wirkungsfeld des Liedguts herauszufinden (3.) und seinen möglichen Beitrag zum liturgischen Ablauf eines Gottesdienstes zu beschreiben (4.). Immer aber sollten die hier vorgelegten grundsätzlichen Überlegungen an einem speziellen Einzellied festgemacht werden.

Literatur:

1. M.Doerne/S.Hermelink u.a., Art. Kirchenlied, in: RGG³ III, 1959, Sp. 1454-1492. – Ch. Mahrenholz/O. Söhngen (Hgg.), Handbuch zum EKG: I/1 Wort- und Sachkonkordanz, Göttingen 1953; I/2 Die biblischen Quellen der Lieder, 1965; II/1 Lebensbilder der Liederdichter und Melodisten, 1957; II/2 Geschichte des Kirchenliedes. Geschichte der Melodien, 1957; III/1 Liederkunde, Bd. 1, 1970; III/2 Liederkunde, Bd. 2, 1990; Sonderband: Die Lieder

unsrer Kirche, 1958. – Ch. Mahrenholz, Das evangelische Kirchengesangbuch, Kassel 1950. – M. Mezger, Musik als Ausdruck religiöser Erfahrung und Gemeinschaft, in: HPTh II, 1981, S. 96-106. – M. Rößler, Kirchenmusik, in: HPTh III, 1983, S. 214-224.

2. F. Blume (Hg.), Geschichte der evangelischen Kirchenmusik, Kassel ²1965. – H.-Ch. Drömann, Art. Gesangbücher, in: HPTh IV, 1987, S. 64-71. – L. Eltz-Hoffmann, Lob Gott getrost mit Singen, Stuttgart 1980. – K.G. Fellerer (Hg.), Geschichte der katholischen Kirchenmusik, Bd. 1, Kassel 1972, Bd. 2, 1976. – P. Gabriel, Das deutsche evangelische Kirchenlied, Berlin ²1951. – M. Jenny, Luther/Zwingli/Calvin in ihren Liedern, Zürich 1983. – E.E. Koch, Geschichte des Kirchenlieds und Kirchengesangs, 8 Bde., Stuttgart 1866-1870. – M. Rößler, Liedermacher im Gesangbuch, 3 Bde., Stuttgart 1990/91. – W. Nelle, Geschichte des deutschen evangelischen Kirchenliedes, Hildesheim ⁴1962. – A. Völker, Art. Gesangbuch, in: TRE 12, 1983/84, S. 547-565.

3. W. Blankenburg, Der gottesdienstliche Liedgesang der Gemeinde, in: Leiturgia IV, Kassel 1961, S. 560-659. – Ph. Harnoncourt/H.B. Meyer/H. Hucke, Singen und Musizieren, in: Gottesdienst der Kirche, Bd. 3 Regensburg 1987, S. 131-248. – O. Herlyn,»Singen unter den Zweigen«, Zürich 1986. – W. Kurzschenkel, Die theologische Bestimmung der Musik, Trier 1971. – M. Rößler, Das Gesangbuch – Fundament und Instrument der Frömmigkeit, in: ZThK 1982, S. 107-126. – E. Schmidt, Lied und Musik im Gottesdienst, in: HPTh II, Berlin-Ost 1974, S. 106-136. – O. Söhngen, Theologie der Musik, Kassel 1967.

4. R. Bohren, Predigt und Predigtlied – akute Diskrepanz, in: Singen, um gehört zu werden, Wuppertal 1976. – O. Brodde/C. Müller, Das Graduallied, München 1954. – W. Reindell, Die gesungenen Stücke des Gottesdienstes, in: J. Beckmann u.a. (Hgg.), Der Gottesdienst an Sonn- und Feiertagen. Untersuchungen zur Kirchenagende I,1, Gütersloh 1949, S. 443-520. – M. Rößler, Die Liedpredigt – Geschichte einer Predigtgattung, Göttingen 1976. – Material zu einzelnen Themenkreisen: A.-E. Buchrucker, Theologie der evangelischen Abendmahlslieder, Erlangen 1987. – M. Rößler, Da Christus geboren war... Texte, Typen und Themen des deutschen Weihnachtsliedes, Stuttgart 1981.

Martin Rößler

3. Sündenbekenntnis

1. Zur Begegnung

In den Agenden steht das Sündenbekenntnis heute ganz am Anfang des Gottesdienstes und wird als »Rüstgebet der Gemeinde« (so luth. Agende I) verstanden. Seine Elemente sind in der Regel:

Lied EKG 124: Komm, Heiliger Geist
Eröffnungsformeln:»Im Namen des Vaters...« und »Unsere Hilfe...«
Kurzes Sündenbekenntnis:»Vor Gott bekennen wir«
oder
Aufforderung zum Sündenbekenntnis:»Da wir hier versammelt sind ... lasset uns ... gedenken unserer Unwürdigkeit und vor Gott bekennen, daß ...«
Gemeinsame Bitte um Erbarmen:»Der allmächtige Gott erbarme sich unser«
Abschließendes Gebet:»Nimm von uns, Herr, unsere Sünde«
oder
Ansage der Vergebung:»Der allmächtige, barmherzige Gott hat sich unser erbarmet«
oder
Vergebungswunsch»Vergebung der Sünde verleihe uns ...«
(Kurhessen)

Danach erst beginnt der eigentliche Gottesdienst mit dem Introitus bzw. Eingangslied. Das Unbehagen am Sündenbekenntnis zu Beginn des Gottesdienstes (vgl. Schmidtchen S. 92; s.a. S. 91 u. 155) hat in manchen Gemeinden zum Weglassen dieses Stückes geführt, das nach der luth. Agende ohnehin fakultativ ist. Nicht wenige ersetzen es durch eine als »menschlicher« empfundene Begrüßung der Gemeinde. Der Versuch im neuen römischen Meßbuch, das »Allgemeine Schuldbekenntnis« in variationsreichen Ausformungen mit dem Kyrie eleison zu verbinden bis hin zu einer entsprechenden Kyrie-Litanei (S. 328f), ist auch für die »Erneuerte Agende« vorgesehen, wo nach dem derzeitigen Stand das »Rüstgebet« *hinter* Eingangslied, Introitus und

Gruß unmittelbar vor dem Kyrie eingefügt ist und mit diesem auch verbunden werden kann.

Eine weitere Möglichkeit, das Sündenbekenntnis in den Gottesdienst einzuordnen, ist die Offene Schuld nach der Predigt. Sie ist bislang allerdings nur für den reinen Predigtgottesdienst, eigenständige Bußgottesdienste (luth. Agende III, 131ff) sowie für den Hauptgottesdienst ohne Hl. Abendmahl nach besonderer Form an Bußtagen und am Karfreitag vorgesehen (luth. Agende I, 265ff). Die »Erneuerte Agende« schlägt in ihrem Vorentwurf die Offene Schuld außerdem als fakultatives Stück im Vorbereitungteil zum Abendmahl vor (S. 38; vgl. Variante C_2, S. 117), gibt aber auch die Möglichkeit frei, sie nach der Predigt vor dem Credo einzufügen (S. 38; vgl. S. 44).

2. Historische Erklärung

Das Rüstgebet der Gemeinde als allgemeines Bekenntnis der Sünde und Unwürdigkeit vor Gott ist aus den privaten Vorbereitungsgebeten auf den Gottesdienst und Kommunionempfang hervorgegangen, die schon in der Didache (14,1) anklingen. Im Mittelalter entwickelte sich daraus der »Akzeß« der Kleriker, d.h. ein Komplex von Vorbereitungsgebeten beim Gang zum Altar. Darin eingeschlossen waren bereits »Apologien«, »die Urformen aller späteren Sündenbekenntnisse« (Klaus S. 525). In der fränkischen Kirche bildete sich daraus dann das »Stufengebet« der Kleriker heraus, das auf dem Weg zum Altar, später auf seinen Stufen gebetet wurde. Es bestand aus Psalm 42, dem Confiteor vor dem Altar und der Oration »Aufer a nobis«. Etwa seit der Jahrtausendwende tritt noch das »Indulgentiam«, eine optativische Fürbitte des Priesters, hinzu. In dieser optativischen Form wurde damals aber auch die sakramentale Lossprechung im Bußsakrament vollzogen, die seit dem 13. Jahrhundert durch die indikativische Formel »et ego te absolvo vos« u.ä. ergänzt bzw. ersetzt wurde. Eben diese indikativische Formel konnte aber gelegentlich auch im Stufengebet Verwendung finden und gelangte so in einige evangelische Meßordnungen der Reformationszeit (vgl. Klaus S. 531). Eine andere Form mittelalterlicher Rüstakte ist die »Offene Schuld«, die zu den Predigtannexen für das Volk zählte und so von vornherein als allgemeine Beichte und allgemeine Absolution in der Landessprache ausgeführt wurde.

Die Reformation knüpfte an diese vorgegebene Entwicklung an und führte sie weiter. Zum einen praktizierte man das Stufengebet in der gewohnten Weise als private Vorbereitung des Priesters, die als solche naturgemäß nicht in den Meßordnungen erwähnt, wohl aber als üblicher Brauch bezeugt ist. Wolfgang Musculus berichtet über eine Messe in Wittenberg 1536: Während des Chor-Introitus »zog der priesterlich gekleidete Liturg von der Sakristei her ein. Vor dem Altar knieend bekannte er zusammen mit dem Kirchendiener seine Sünden und schritt nach dem Sündenbekenntnis die Altarstufen hinauf zu dem Buch« (Herbst S. 76). In dieser Tradition steht das Rüstgebet des Liturgen und der übrigen gottesdienstlichen Amtsträger, wie es die luth. Agende I ordnet, sinnvollerweise aber in die Sakristei oder einen anderen geeigneten Raum der Kirche verlegt.

Zum andern übernahmen zahlreiche reformatorische Kirchenordnungen die Tradition der Offenen Schuld im Anschluß an die Predigt oder stellten sie auch – dann kombiniert mit Elementen aus dem Stufenge-bet – an den Beginn des Gottesdienstes als Rüstgebet der ganzen Gemeinde. Gerade an der Offenen Schuld zeigt sich allerdings auch die Problematik in ihrer Abgrenzung zur Beichte. In Nürnberg hat Osiander in seinem Streit um die Absolution deutlich auf die mit dieser Gestalt des Sündenbekenntnisses »seit je verbundenen theologischen Unklarheiten« (Klaus S. 553) hingewiesen. Kann sie die private, im Beichtstuhl zugesprochene Absolution ersetzen und wird sie dann nicht zur »billigen« Gnade? Für Luther wie für Bugenhagen ist die Offene Schuld eben keine Beichte, sondern nur eine Gestalt der Verkündigung bzw. des Gebetes. Eine komplizierte Entwicklung (dargestellt bei Klaus S. 560ff) führte in der preußischen Agende 1894 zu einer Kopplung des nun obligatorisch zum Ordinarium gehörenden Confiteor der Gemeinde mit dem Kyrie eleison, dem der Gnadenspruch (Misereatur) folgte und so das Mißverständnis festschrieb, das Gloria in excelsis gehöre zum Gnadenspruch und führe diesen fort. Erst die Agendenre-form unseres Jahrhunderts hat diese Fehlentwicklung überwunden. Andere Formen rechter Bereitung auf einen würdigen Kommunion-empfang stellen die Abendmahlsvermahnungen, für die Luther in seiner Deutschen Messe ein Beispiel gegeben hat, sowie die privaten Bereitungsgebete im Zusammenhang der Kommunion dar. Auch diese aus dem Mittelalter übernommenen Traditionen sind dann in die luth. Agende eingegangen. Sie bietet im dritten Band vier Beispiele mit zusätzlichen Varianten für solche Abendmahlsvermahnung, die ihren

Platz nach der Predigt bzw. nach den Abkündigungen vor der Oratio
fidelium hat,»wenn einem Gottesdienst mit Heiligem Abendmahl
keine Beichte vorangegangen ist« (luth. Agende III, 238). Das Gebet
»Domine non sum dignus« ist als stilles Gebet vor dem Kommunion-
empfang sowohl dem Liturgen als auch jedem einzelnen Kommunikanten zugeordnet (luth. Agende I, 77*).

3. Theologische Erwägung

Der Mensch, der vor Gott tritt, wird sich seiner Unwürdigkeit und
Schuld bewußt. Daraus entsteht das Bedürfnis der Reinigung, wie es
schon der Prophet Jesaja erfährt (Jes 6,5).
Insbesondere in der Feier des Herrenmahles wird diese unmittelbare
Gottesbegegnung als Christusbegegnung Wirklichkeit. Darum hat der
Apostel Paulus die Notwendigkeit zur Selbstprüfung eingeschärft, um
vor unwürdigem Empfang der Eucharistie zu bewahren (1.Kor
11,27ff). In der kirchlichen Tradition wurde diese Selbstprüfung
wesentlich in die Beichte verlegt (vgl. CA XXV, 1). Beichte und Buße
sind in CA XI/XII zu den Sakramenten gezählt (CA XIII), und zwar
wegen des kostbaren Gutes der Absolution. Sündenbekenntnis und
Vergebung sind im Grunde Rückkehr zur Taufe (Beichte S. 3). Bis ins
18. Jahrhundert war die Privat- oder Einzelbeichte im Luthertum
selbstverständliche Praxis. Als solche konnte sie niemals Bestandteil
des Hauptgottesdienstes werden, sondern blieb als eigene Handlung des
einzelnen Christen erhalten. Ihrem Wesen nach muß sie begehrt
werden; ihr können nicht»unterschiedslos alle Gottesdienstbesucher
unterzogen werden« (Jordahn/Mauder S. 14).
Aber: Vergebung der Sünden, wie das apostolische Credo bezeugt, ist
ja das Ziel des umfassenden Heilshandelns des Dreieinigen Gottes,
»Inhalt des Evangeliums« (Beichte S. 3). Und diese Vergebung
gewinnt vielfältige Gestalt. Nur eine, freilich die dichteste,»besondere
Weise des Zuspruchs der Vergebung« (Beichte S. 3) ist die Beichte.
Ihr zur Seite treten viele andere Formen. Ja, der ganze Gottesdienst ist
Versöhnung, Zuspruch der Gnade Gottes, Heil, eben Sündenvergebung.
Sie »gilt dem Menschen, der angesichts der unbedingten Forderungen
Gottes jede Form von Selbstrechtfertigung aufgibt, sich als Sünder
bekennt, der angewiesen ist auf Gottes Erbarmen« (Beichte S. 3). Die
historische Entwicklung der Liturgie hat gezeigt, wie in verschiedenen

Ansätzen das Bekenntnis der Schuld und die Bitte um Vergebung auch in der Meßliturgie selbst zu formaler Gestaltung drängen. In den unterschiedlichen Formen des Stufengebets, der Offenen Schuld, aber auch der persönlichen Kommunionvorbereitung durch stille Gebete und durch Abendmahlsvermahnungen hat sich dieses Bedürfnis Raum geschaffen (vgl. Jordahn S. 103ff). Dabei kam es immer wieder auch zu mißverständlichen Überschneidungen im Verständnis und in der Abgrenzung zwischen diesen Rüstgebeten und der formellen Beichte, vollends, seit im 18. Jahrhundert die Privatbeichte durch die Allgemeine Beichte ersetzt und diese mit dem Abendmahl gekoppelt wurde, weil die Eucharistie nicht mehr als Zentrum der sonntäglichen Gemeindeversammlung gefeiert, sondern als individualistisch mißverstandener Akt des einzelnen Gläubigen gesehen wurde. »Im Anschluß an den Gottesdienst« bot man weithin für die wenigen, die danach Verlangen hatten, noch das Abendmahl an und schaltete ihm die Allgemeine Beichte vor. Da beide Vergebung der Sünden zum Ziel haben, legte sich die Frage nahe, was denn das Abendmahl über die Beichte hinaus gebe, und es kam zu einer Entwertung des einen durch das andere.

Mit der Wiedergewinnung des vollen Meßgottesdienstes und damit der zumindest erstrebten sonntäglichen Feier der Eucharistie fiel die Allgemeine Beichte fort. Als »Ersatz« verstanden viele das Rüstgebet am Beginn des Gottesdienstes, ein theologisches Mißverständnis! Hinzu kommt ein Problem unserer Tage: Gerade das Sündenbekenntnis empfinden viele Zeitgenossen als schwierig, weil sie sich gar nicht als Sünder fühlen und ihnen darum das Confiteor gleich zu Beginn des Gottesdienstes als unmotiviert und nicht nachvollziehbar erscheint. »Die meisten Menschen leiden heute nicht an dem, was sie ›Sünde‹ nennen würden« (Kugler S. 23). Was Sünde, Schuld, Vergebung ist, muß dem Menschen durch Gottes Wort erst gesagt werden. Gerade die weithin verschüttete Gotteserfahrung wäre notwendig, um Mißverständnisse abzubauen. Ist es doch die Begegnung mit dem lebendigen Gott, die die menschliche Unreinheit und Unzulänglichkeit aufdeckt. Es bedarf heute einer gemeindetheologischen Neubesinnung über das biblische Verständnis von Sünde, Schuld und Vergebung. Das scheint gleichbedeutend mit einer Wiedergewinnung der Beichte. Dabei sind die Gestalten der Beichte, wie sie unsere Tradition anbietet, durchaus wertvolle Hilfen. »Die Gemeinsame Beichte hält die Erinnerung an das Angebot der Einzelbeichte auch in der evangelischen Kirche wach. Sie

kann über das allgemeine Wissen um die Sündhaftigkeit hinaus
Menschen zur eigenen Betroffenheit führen. Zugleich kann die
Gemeinsame Beichte deutlich machen, daß nicht nur jeder einzelne
Christ Sünder ist, sondern sich in der Gemeinde von Sündern vor-
findet« (Beichte S. 4).

Hier neu das Bewußtsein zu wecken, ist die vornehmliche Aufgabe der
Predigt, ja, des gesamten Gottesdienstes: Gottes bedingungslose Gnade
zu verkündigen und sich sagen zu lassen und gerade auf diesem
Hintergrund der eigenen Defizite im individuellen wie im gemeinschaftlichen Zusammenleben inne zu werden. Dabei muß Befreiung
über die ritualisierte Absolution hinaus erfahrbar gemacht werden im
Horizont heutiger Wirklichkeit. Das aber kann kein »Rüstgebet«
leisten!

Im Rüstakt vermag lediglich das Herz des aus persönlicher Beicht-
praxis mit Sünde und Gnade schon vertrauten Gottesdienstbesuchers
geöffnet zu werden auf das Gesamtgeschehen des Gottesdienstes. Das
Confiteor am Anfang weiß nur allgemein um die Sündhaftigkeit. Die
Kyrie-Rufe, die sich insbesondere an Tagen ohne Gloria in excelsis zur
litaneiartigen Erweiterung im Sinne der Klage um Verlorenes, Versagen, Erbarmensbedürftigkeit anbieten (vgl. Beispiele bei Jordahn/
Mauder S. 22ff), können einstimmen in das, was der Kyrios Christus
an seiner Kirche jetzt tun will. Die Offene Schuld nach der Predigt
vermöchte eine zwar ritualisierte, aber eben durch die Predigt neu
verstehbare Zusammenfassung dessen zu werden, was Gesetzes- und
Evangeliumspredigt immer zum Thema haben.
Schließlich kann die fünfte Vaterunserbitte Ausdruck einer »Herzens-
beichte« und damit evangeliumsgemäßer Selbstprüfung vor dem
Kommunionempfang werden, zumal wenn sie ergänzt wird durch das
Gebet »Herr, ich bin nicht würdig...« Das alles aber muß aufruhen auf
dem Fundament des »vergessenen Gnadenmittels« der Beichte, von
ihm her interpretiert werden, zu ihm immer wieder hinführen.

4. Homiletische Besinnung

Wir leben »in einer Zeit zurückgehenden Schuldbewußtseins«
(Evangelischer Erwachsenenkatechismus S. 1195). Sünde wird weithin
als ein moralischer Defekt verstanden. So kommt es nach jahrhunderte-
langer Predigt der Rechtfertigung des Sünders allein aus Gnade zu dem

nicht selten anzutreffenden erschütternden Mißverständnis gerade evangelischer Christen, sie hätten keine Sünden begangen; sie wären ja anständige Menschen, die der Vergebung höchstens in einem ganz allgemeinen, persönlich nicht schmerzhaft eingreifenden Sinne bedürften. Wahrscheinlich ist es leichter, in Grenzsituationen das Grundstürzende, den Glauben in der Wurzel seiner Existenz Erschütternde von Gottes Gericht und Gnade zu erfahren und so den Schuldzusammenhang des Menschlichen überhaupt zu erkennen, um dann im Sündenbekenntnis wirkliche Befreiung zu empfangen. Und doch weiß jeder Mensch, der zur Reife gelangt, etwas von Versagen, Verfehlungen, Schuldigbleiben und Scheitern. Sünde als Schuld im Sinne der Trennung von Gott, der Entfremdung von der menschlichen Gemeinschaft und von sich selbst ins Bewußtsein zu heben, wäre die vordringliche Aufgabe der Predigt, deren Ziel ja die Verkündigung der Versöhnung und Vergebung durch Gott ist. Anzusetzen wäre also nicht primär beim Rüstakt der Liturgie als dem regelmäßigen, ritualisierten Sündenbekenntnis im Sinne der Vorbereitung auf den Gottesdienst, sondern eher bei der grundlegenden Vermittlung eines vertieften Sünden- und Schuldverständnisses jenseits moralisierender Verengungen. Der Ort solcher Predigt wäre darum sinnvollerweise primär der besondere Beichtgottesdienst, insbesondere am Aschermittwoch, an Buß- und Bettagen sowie am Karfreitag. Auch die in vielen Gemeinden noch regelmäßig gefeierten Passionsandachten während der Fastenzeit gäben eine gute Möglichkeit, hier einen Prozeß grundlegender Neubesinnung in Gang zu setzen. Die Vermittlung eines vertieften Sünden- und Schuldverständnisses im Horizont Gottes sollte einmünden in eine neu zu gewinnende Praxis der Beichte, sowohl als Allgemeine wie als Privat-Beichte. Ein solcher Weg bedarf der zeitlichen Entfaltung. Viele Phasen der Stille und Besinnung sind notwendig, um vertieft verstehen zu lernen, wo persönliche Sünde und Schuld vorliegt und wie Vergebung wirklich empfangen werden kann. Beichtspiegel, die nicht nur anhand der zehn Gebote, sondern beispielsweise nach den Seligpreisungen oder unter konkreten thematischen Überlegungen zusammengestellt sind (vgl. Gotteslob S. 118ff), könnten in eine vertiefte Gewissenserforschung führen. Dabei sollten immer wieder Freiräume persönlicher Betrachtung eröffnet werden.
Neue Symbolhandlungen könnten stärker erlebbar machen, worum es im Bekenntnis der Sünde und in der Zusage der vergebenden Gnade Gottes geht: Man kann die Gewissensbelastungen auf vorher verteilte

Zettel schreiben lassen, die von den einzelnen Gemeindegliedern an ein Holzkreuz geheftet werden; möglicherweise können die Zettel im Zusammenhang der Absolution vor den Augen der Versammelten verbrannt werden. Eine andere Form bestünde in einem flach auf den Boden gelegten Holzkreuz, auf das jeder der Teilnehmer nach ausführlicher Gewissenserforschung und gemeinsam vollzogener Beichte einen daneben bereitgehaltenen Stein legt, um so den Stein zu symbolisieren, der ihm von der Seele genommen ist, weil Christus alle Schuld ans Kreuz getragen hat.

Das besondere »Gnadenmittel« der Absolution sollte dadurch unterstrichen werden, daß die ausgesprochene Vergebung durch eine Handauflegung mit einem entsprechenden Votum, z.B. dem Votum postbaptismale bekräftigt wird, wie es die Revision der Beichte in Agende III vorsieht (Beichte S. 16.27.36).

Erst auf einem solchen wiedergewonnenen Hintergrund der Beichte könnte dann auch das regelmäßige Sündenbekenntnis im Bereitungsakt des Gottesdienstes neue Leuchtkraft gewinnen als Erinnerung an das grundlegende Geschehen von Beichte und Absolution. Hier könnte beispielsweise eine Predigt über die fünfte Vaterunserbitte im Normalgottesdienst dieses Stück der sonntäglichen Liturgie vertiefend interpretieren.

Weitere Möglichkeiten für eine thematische Predigt über das Sündenbekenntnis im Gottesdienst ergeben sich z.B. am:

5. Sonntag nach Trinitatis, Evangelium: Lk 5,1-11 (»Herr, geh weg von mir! Ich bin ein sündiger Mensch«).

11. Sonntag nach Trinitatis, Evangelium: Lk 18,9-14 (Pharisäer und Zöllner:»Gott, sei mir Sünder gnädig«).

3. Sonntag nach Epiphanias, Evangelium: Mt 8,5-13 (Hauptmann von Kapernaum: »Herr, ich bin nicht wert, daß du unter mein Dach gehst, sondern sprich nur ein Wort...«, mit Bezug auf das Gebet zur Kommunionvorbereitung).

3. Sonntag nach Trinitatis, Reihe III, Evangelium: Lk 15,1-3.11b-32 (Gleichnis vom verlorenen Sohn:»Vater, ich habe gesündigt gegen den Himmel und vor dir«).

Beim induktiven Vorgehen stünde das vertraute sonntägliche Sündenbekenntnis in seinem vertieften Verständnis am Schluß der Predigt. Denkbar ist ebenso eine Themapredigt über dieses Sündenbekenntnis anhand des Textes der jeweiligen Lesung. Anzusprechen wäre u.a. das magische Mißverständnis des Sündenbekenntnisses als »Reinigungsakt«, der die Vorbedingung der Feier des Gottesdienstes darstellte. Einzugehen ist auf den Unterschied zwischen Beichte und Rüstgebet. Leitgedanke müßte der ganzheitliche Aspekt der Liturgie im Sinne der Rechtfertigung des Sünders aus Gnade sein; im liturgischen Rüstakt wird lediglich ein bestimmter Aspekt des Gesamtgottesdienstes akzentuiert und ins Bewußtsein gehoben.

5. Zur Verkündigung

Für ein Predigtbeispiel schlage ich den Bußtagsgottesdienst vor als Verbindung der beiden Aspekte Beichte und allgemeines Sündenbekenntnis im Sonntagsgottesdienst.

Ausgehend von der Epistel Röm 2,1-11 möchte ich einsteigen bei der weitverbreiteten Floskel:»Ich entschuldige mich«. In dieser Wendung der täglichen Umgangssprache verrät sich unser latent ständig vorhandenes Bestreben, uns selbst zu rechtfertigen, uns selbst von Schuld freizusprechen.

Gerade der Bußtag erscheint darüber hinaus geeignet, das individualistische Mißverständnis von Schuld aufzubrechen. Wo Gott die Menschen anredet, ist sein Gegenüber immer sein Volk (Juden), aber zugleich auch die Menschheit (Heiden).

Die kirchenjahreszeitliche Einordnung des Buß- und Bettages zwischen dem Vorletzten Sonntag (Gerichtssonntag) und dem Ewigkeitssonntag läßt Raum für eine Sicht der Buße als Prozeß, als Weg der Umkehr aus Ich-Verhaftung und Welt-Verhaftung.

Diese Umkehr im Lichte Gottes könnte anhand der Zehn Gebote im Sinne eines Beichtspiegels bereits als Teil der Allgemeinen Beichte nahegebracht werden: Gottes Urteil über die Menschen. In der Hinwendung zu Gott erkennen wir seine Güte, Langmut und Geduld. In beidem ist Gott selbst immer schon am Werk: in Gericht und Gnade.

Der Weg zum Altar, zum Empfang der Absolution unter Handauflegung kann zum Interpretament für den Prozeß der Umkehr, der neuen Hinwendung, ja des Weges schlechthin werden.

Das Ziel ist der Gekreuzigte, auf dem alle Schuld liegt und der herab vom Kreuz sein lösendes Wort spricht: Dir sind deine Sünden vergeben.

Aus der Erkenntnis:»*Ich* entschuldige *mich*« ist keine christliche

Existenz möglich, aus der Erfahrung der Umkehr nach erfolgter Predigt des Gesetzes und nach dem Empfang der Absolution könnte in der Gemeinde das Bewußtsein wachsen, daß Vergebung durch den Gekreuzigten nicht nur ein einmaliger oder hin und wieder zu erneuernder Akt ist, sondern auch ein ständig uns umgebendes Geschehen, in das wir auf vielfältige Weise immer neu einstimmen können, um so in der Verbundenheit mit Gott und untereinander Gott zu dienen im Gottesdienst wie im Alltag. Von daher öffnet sich ein Weg zum sinnvollen Mitvollzug des sonntäglichen Sündenbekenntnisses im Rüstgebet, zum Beten der vorbereitenden Kommuniongebete, zum täglichen Gebet des Vaterunsers mit seiner Bitte um Schuldvergebung, zum Leben aus dem Glauben im Alltag.

Literatur:
J. Beckmann u.a. (Hgg.), Der Gottesdienst an Sonn- und Feiertagen. Untersuchungen zur Kirchenagende I,1, Gütersloh 1949. – Die Beichte. Entwurf der Agende für evangelisch-lutherische Kirchen und Gemeinden, Bd. III, Teil: Beichte, Hannover 1987. – W. Böhme, Zeichen der Versöhnung, Gütersloh 1969. – Evangelischer Erwachsenenkatechismus, hg. von W. Jentsch u.a., Gütersloh 1975. – Gotteslob. Katholisches Gebet- und Gesangbuch, Osnabrück 1975. – W. Herbst (Hg.), Quellen zur Geschichte des evangelischen Gottesdienstes von der Reformation bis zur Gegenwart, Göttingen 1968. – O. Jordahn, The Practice of Penance in the Lutheran Church, in: StLi 18, 1988, S. 103ff. – O. Jordahn/A. Mauder (Hgg.), Eröffnung und Anrufungen. Anregungen, Materialien, Texte, Hamburg 1978 (Feiernde Gemeinde 3). – B. Klaus, Die Rüstgebete, in: Leiturgia II, Kassel 1955, S. 523-567. – G. Kugler, Läßt sich die Beichte wiedergewinnen? In: ZGP 5, 1987, S. 22-27. – Messbuch. Für die Bistümer des deutschen Sprachgebietes, Kleinausgabe, Einsiedeln u.a. 1976. – G. Schmidtchen, Gottesdienst in einer rationalen Welt, Stuttgart u.a. 1973.

Ottfried Jordahn

II. Anrufung

1. Introitus

1. Zur Begegnung

Sieht man im Gottesdienst eine »gestreckte Handlung« (F. Schulz), dann verliert die Frage an Gewicht, mit welchem Stück der Gottesdienst beginnt. Mit dem Stillgebet? Mit dem Orgelvorspiel? Mit der Rüsthandlung (in der röm. Messe: mit dem Stufengebet)? Oder aber mit dem Introitus? Entscheidet man sich für letzteres, so wird das Vorangehende zum »Vorhof« (Jungmann S. 343), zur »Eingangspforte« (Mahrenholz S. 57), und »mit dem Introitus beginnt die eigentliche Messe« (Rietschel/Graff S. 304). Der Introitus ist der Psalmengesang des Chores beim Einzug der Amtsträger ins Gotteshaus. Übriggeblieben ist davon in den meisten Gemeinden nur das an die Stelle des Psalmengesangs getretene Eingangslied der Gemeinde und – wo üblich – ein vom Liturgen gesprochener Psalmvers mit dem Gloria patri. Das Eingangslied ist im Bewußtsein der Gemeinden oft nur (ästhetisch gesehen:) Rahmung – oder (psychologisch verstanden:) Einstimmung. Die Liedauswahl verrät nicht selten, daß auch Pfarrer und Kantor in dieser Meinung befangen sind. Gegen das Eingangslied, klassisch oder im neuen »sound«, ist nichts einzuwenden; es kann zum Psalmengesang des Chores hinzutreten oder, wo die Verhältnisse es nicht anders erlauben, diesen ersetzen. Daß Psalmen im Gottesdienst gebetet (d.h. aber: gesungen) werden, ist zu wünschen; wir sind darin mit der Gemeinde des Alten Bundes im Kontakt. Freilich: unsere Gemeinden sind dem weithin entfremdet und müßten dafür erst wieder Verständnis und Geschmack gewinnen. Wir wünschen uns zudem, daß viele Glieder der Gemeinde gottesdienstliche Funktionen übernehmen. So soll beim Introitus der (in diesem Falle einstimmige) Chor tätig werden. Dies verlangt aber auch, daß wir ein neues Verständnis dafür gewinnen, was sich in diesem Stück des Anrufungsteiles ereignet. Das soll nicht heißen, daß Gottesdienst nur in der klassischen Form gehalten werden muß; aber es sollte auch nicht dahin kommen, daß wir den klassischen Gottesdienst nur deshalb preisgeben, weil wir uns nicht um sein Verständnis bemüht haben. In jedem Falle sollte hinter allem das Wissen darum stehen, was sich nach des Herrn Willen und Stiftung im Gottesdienst seiner Gemeinde ereignen soll und darum auch formgebend wirken muß.

2. Historische Erklärung

Der Einzug ins Heiligtum ist schon im Alten Bund bewußt erlebt und kultisch begangen worden. »Tut mir auf die Tore der Gerechtigkeit, daß ich durch sie einziehe und dem Herrn danke« (Ps 118,19; vgl. Pss 42,5b; 95). Die »Torliturgie« leitete zur Selbstprüfung an (Pss 15; 24). Man wußte, was es heißt: vor Gottes Angesicht erscheinen.
Auffälligerweise hat es lange gedauert, bis in der Christenheit dieses Wissen wieder liturgischen Ausdruck gefunden hat. Soweit wir sehen, ist der Einzug erst vom 7. Jahrhundert an wieder gottesdienstlich begangen und ausgeformt worden. Wie war es damals? Wenn der Papst rundum in den repräsentativen Kirchen der Stadt Rom (Stationskirchen) die Messe zelebrierte, wurde bei seinem Einzug – mit Gefolge von Klerikern – im Chorraum ein Introitus gesungen. Diese päpstlichen Stationsgottesdienste, präzis geplant und ausgeformt, sind für die Ausgestaltung des Meßgottesdienstes überhaupt Modell geworden (Jungmann S. 85). Damals lag die Sakristei noch in der Nähe des Westportals, der Einzugsweg war lang. Der Einzugspsalm wurde auch dann beibehalten, als man die Sakristei an den Chorraum anbaute und der Einzug kurz wurde. Man konnte bei feierlichen Anlässen – nach einem Umweg – trotzdem durch den Mittelgang einziehen. So konnte die Psalmodie kurz oder lang sein, aber sie wurde in jedem Fall beibehalten, war sie doch mehr als ein akustisches Füllsel für den Prozessionsvorgang. Ja, sie wurde, auch bei Kürzung, noch angereichert: Dem Psalmengesang ging ein »Leitvers« oder »Rahmenvers«, die Antiphon, voraus; mit der Antiphon stimmte der Vorsänger den Introitus an. Dann kam der Psalm, beschlossen mit dem »kleinen Gloria« (Gloria patri...), worauf der Chor die Antiphon wiederholte. Noch reicher war die Ausführung, wenn die Antiphon noch einmal zwischen Psalm und Gloria eingeschaltet wurde. Ihre ersten Worte bezeichneten die Thematik oder den Charakter des ganzen Gottesdienstes (»Invocavit«, »Laetare«, »Rogate« ...). Ausführende waren in der Regel Kantor und Chor.

Luther hat den Introituspsalm (ohne Antiphon) in der »Deutschen Messe« (1526) beibehalten, und zwar (erstaunlicherweise) nicht gekürzt, sondern ganz. Er hat aber hinzugefügt, daß man statt dessen auch ein Gemeindelied singen könne. Dabei ist es im Laufe der Zeit mehr und mehr geblieben. Die lutherische Agende sieht heute den Introituspsalm als (additive) Möglichkeit vor, doch wird von dieser Möglichkeit selten Gebrauch gemacht. Nicht selten ist das Gloria patri in die letzte Strophe des gereimten Liedes aufgenommen. Ist dies nicht der Fall, folgt es in der agendarischen Form und wird von der Gemeinde kaum mehr als dem Introitus zugehörig empfunden, sondern als Teil der – nach gemeinem Verständnis sich nun anschließenden – »Liturgie«. Daran ist nicht alles falsch. Der Gebetsteil, der mit dem Introitus beginnt, spannt sich in großem Bogen bis zum Amen der Kollekte. Wir sollten in den Predigten über Teile des Gottesdienstes den Zusammenhang nicht übersehen, der diese zu einem Ganzen zusammenfügt: Einzug in geistlicher Bereitung / Kommen des Herrn zu seiner Gemeinde und Kommen der Gemeinde zu ihrem Herrn / das Kyrie als Huldigungsruf und Bitte um Erbarmen / die Gott preisende Heilsansage der Engel (Lk 2,14) und der Gemeinde im Gloria / (nun erst) der Gruß zwischen Liturg und Gemeinde und die gemeinsame Hinwendung zu Gott im »Sammelgebet« (Kollekte) – dies ist ein Zusammenhang, der gesehen, beachtet und geistlich wahrgenommen sein will.

Abgesehen von der Intonation des »Gloria in excelsis« sollte der Liturg vor dem Gruß nicht tätig werden. Daß in der Unionsagende die Psalmodie nicht nur zum »Eingangsspruch« geschrumpft, sondern auch dem Liturgen zugewiesen ist, nimmt dem Gottesdienst ein Stück von der charismatischen Vielfalt, auf die wir bedacht sein sollten.

Wir werden bei der heutigen Gestaltung den rechten Ort suchen müssen zwischen dem Wünschenswerten und dem Machbaren. In jedem Fall bedarf es der Freude am gottesdienstlichen Geschehen und, damit es dazu komme, des Verstehens und der inneren Annahme. Das gilt für dieses Stück des Gottesdienstes wie für alle anderen. Unverstanden ist alles leerläufig und langweilig. Sind wir jedoch innerlich bei der Sache, wird es uns mit den »schönen Gottesdiensten des Herrn« gehen wie dem Dichter des 27. Psalms (V. 4-6).

3. Theologische Erwägung

Sei es, daß der Introitus als Psalmengesang mit Antiphon ausgeführt wird oder (substitutiv) als Gemeindelied oder auch (additiv) auf beide Weisen: Es könnte sein, daß unser Fragen nach einem theologischen Sinn mehr aus diesem Stück herausholen will, als drinsteckt. Kam es zu diesem Gesang etwa einfach deshalb, weil beim Einzug der Amtsträger das akustische Vakuum gefüllt werden mußte, das vorhanden war, solange es noch keine Orgel gab? Und ferner: Könnte es sein, daß die »Ehrenbezeigungen« (Jungmann S. 87) durch Leuchter, Weihrauch u.a. ursprünglich antikem Hofzeremoniell angehören und dem Papst gegolten haben statt dem anwesenden bzw. einziehenden Herrn? Könnte also der historische Ursprung des Introitus uns eher kritisch machen statt zu tiefsinniger theologischer Deutung ermutigen? Wir werden im Auge behalten, was Jungmann (S. 336) als »Grundgedanken« des ganzen ersten Abschnitts der Messe herausstellt: »Wir kommen, um zu beten«. Alles im Introitus zielt auf das Gloria patri, mit dem dieser – außer in Buß- und Fastenzeiten – schließt. Je größer die Gefahr des Nicht- oder Mißverstehens, desto sorglicher müssen wir auf das Eigentliche bedacht sein. Dies wird sich z.B. bei der Auswahl des Eingangsliedes auswirken müssen, sofern dieses den Psalmengesang ersetzt oder ihm zugeordnet ist: der Aussagegehalt soll dem Sinn des Introitus gemäß sein.

Daß der historische Ursprung des Introitus beim Papstgottesdienst liegt, können und sollen wir vergessen. Der hier »einzieht«, ist der Herr selbst. Wir denken an die »Eishodoi« im Gottesdienst der Ostkirche: In der Prozession der Amtsträger – mit Evangelienbuch und Sakrament – vollzieht sich das Kommen des Herrn selbst. So ist auch bei unserm Introitus an das Kommen des Herrn zu denken – mag es sich nun in einem feierlichen Einzug der Amtsträger durch den Mittelgang darstellen oder – anderes Extrem – ohne äußere Gebärde. Es mag anmaßend erscheinen, daß der Amtsträger Christus repräsentiert. Aber er ist ja wirklich »Botschafter an Christi Statt« – nur nicht kraft seiner Person, sondern kraft seines Auftrags; nicht durch das, was er *ist*, sondern durch das, was er *bringt* (1.Kor 4,1). Wurden ursprünglich die (sieben) brennenden Leuchter erst in der Prozession in den Kirchenraum eingeführt und auf dem Altar aufgestellt, so zeigt dies an: Christus macht seine Verheißung wahr, jetzt »mitten unter ihnen« zu sein. Dies wird durch das Geschehen des Introitus leibhaft veranschaulicht.

Im landläufigen protestantischen Denken kommt das Leibhafte und –
im Zusammenhang damit – das Prozessuale (um nicht zu sagen: das
Dramatische) gottesdienstlichen Geschehens zu kurz. Wer denkt schon
daran, daß Christus beim Introitus (also meist bei unserm Eingangslied) *einzieht*? Es ist freilich wahr: Der dreieinige Gott ist all-gegen-
wärtig – zeitlich und räumlich –, und wir täten gut, mit seiner Präsenz
zu aller Zeit und an allen Orten zu rechnen. Von Gottes »Abwesen-
heit« zu reden (wie es zeitweilig Mode war) hat nur dann Sinn, wenn
man vom menschlichen Bewußtseinsraum spricht; anwesend ist Gott
aber auch dann, wenn keiner mehr etwas von ihm weiß oder wissen
will. Aber man sollte zugleich immer daran denken, daß wir nicht an
einen ruhenden, sozusagen »still-vor-sich-hin-seienden« Gott glauben,
sondern an einen tätigen, eben an den *kommenden* Gott. »Unser Gott
kommt und schweiget nicht« (Ps 50,3). Es ist nach Luther ein
Unterschied, ob er *da* ist, oder ob er *mir* da ist. Er ist um und in uns
nicht nur in der Nichtwahrnehmbarkeit und Unerreichbarkeit des
Jenseitigen, sondern er kommt auch auf uns zu im hörbaren Wort und
in der Leibhaftigkeit seiner Sakramente – er selbst, nicht nur etwas *von*
ihm. »Machet die Tore weit und die Türen in der Welt hoch, daß der
König der Ehren einziehe« (Ps 24,7). In seinen Gnadenmitteln kommt
er selbst und will sich von uns finden lassen. Wo sie angeboten und
ausgeteilt werden, da ist heiliger Raum. Die brennenden Kerzen zeigen
an: Er ist da (Offb 1,12f).
Aber wir feiern nicht nur Christi Introitus, sondern auch den unsern:
Wir, die Gemeinde, versammeln uns vor Gottes Angesicht. Das Wort
Introitus und der damit bezeichnete Vorgang hat also zweierlei
Bedeutung (Stählin S. 36f). »Gehet zu seinen Toren ein« (Ps 100,4).
Es geschieht nicht nur »Offenbarung« – senkrecht von oben –, sondern
auch das »Zugehen« von Menschen auf den ihnen entgegenkommenden
Gott. Das zweite nicht vor dem ersten, denn die Begegnung wird von
Gott initiiert; aber das erste auch nicht ohne das zweite, denn zur
Begegnung und zu der von Gott gnädig hergestellten Gemeinschaft
gehört eben auch das menschliche Gegenüber. Wir können Gott nicht
durch Frommsein herbeizwingen, aber er will durch seinen heiligen
Geist aus uns Menschen machen, die für ihn offen sind.
Daß wir zu Gott »Zugang« haben, versteht sich ja keineswegs von
selbst. Man muß wissen, wer wir sind und woher wir kommen. Was
in diesem Band unter B I, 3 (»Sündenbekenntnis«) gesagt worden ist,
muß im Blick bleiben. Nun sind wir gerecht geworden durch den

Glauben und haben durch Christus den Zugang im Glauben zu der Gnade, in der wir stehen (Röm 5,1f, vgl. Eph 2,18). Wir dürfen kommen! Hat der in Christus offenbare Gott das Zusammensein mit seiner Kirche eröffnet, so kann auch umgekehrt unser Zugehen auf ihn nur »in Christus« geschehen, in seinem »Namen«. Gottesdienstliches Versammeltsein der Gemeinde ist also von der Versammlung eines Vereins (Partei, Interessengemeinschaft usw.) grundverschieden – übrigens auch von anderen Versammlungen im Bereich der Kirche, in denen nicht Evangelium und Sakramente dargeboten und ausgeteilt werden (Arbeitsbesprechungen, Diskussionsveranstaltungen usw.). Es dient darum nicht der Klarheit und Deutlichkeit dessen, was im Gottesdienst geschehen soll, wenn Gestalt und Ablauf gottesdienstlichen Zusammenseins säkularen Gepflogenheiten angeglichen werden. (Man denke z.B. an die unter uns üblich gewordene »Begrüßung«, die dem liturgischen »Gruß« vor der Kollekte in unguter Weise vorgreift.) Es muß deutlich sein und bleiben, was uns ermächtigt und instandsetzt, als Volk Gottes zusammenzukommen. Wir sind nicht ein Verein zur Pflege von Religion. Daß es Kirche gibt, beruht auf dem Wunder der gnädigen Zuwendung Gottes zu verlorenen Menschen im Kommen Jesu Christi.

Wir »gehen hinein«, um vor dem Angesicht Gottes zu erscheinen. »Wann werde ich dahin kommen« – wörtlich: »hineingehen« –, »daß ich Gottes Angesicht schaue?« (Ps 42,3). Gottesdienst: das Erscheinen vor Gott (Jes 1,12). Der Introitus kann der Gemeinde dazu dienen, sich dies bewußt zu machen und in solchem Bewußtsein tatsächlich zu vollziehen. Das »Angesicht« Gottes ist seine uns zugekehrte Seite, man könnte sagen: Gott in seiner Zuwendung zu uns. Das Gebet ist die einzige angemessene Weise, in der die Gemeinde diese Zuwendung Gottes erleben und ernst nehmen kann. Psalm und/oder Eingangslied wollen in der inneren Ausrichtung auf Gott gehört und gesungen sein. So ist es sinnvoll, daß unser Zugehen auf Gott mit dem »kleinen Gloria« abgeschlossen wird. Die Anbetung gilt dem dreieinigen Gott. Damit wird der alttestamentliche Psalm von neutestamentlicher Gotteserfahrung her gedeutet und von der Gemeinde Jesu Christi in Besitz genommen, so jedoch, daß damit ihr Zusammenhang mit der Gemeinde des Alten Bundes deklariert und praktiziert ist. Auf die hermeneutischen Probleme, die sich hier ergeben, kann nur hingewiesen werden; sie können ja auch nicht Gegenstand einer Predigt sein. Der Gott, dem hier gehuldigt wird, hat sich zu erkennen gegeben,

»vielfach und auf vielerlei Weise« (Hebr 1,1), auch in den Psalmen. Er ist kein ersonnener, ausgedachter, konstruierter Gott. Als der Vater, der Sohn und der Heilige Geist hat er an seiner Gemeinde gewirkt und tut es immer wieder. Wir kennen den Gott, vor dem wir uns beugen (die Antiphon hat an bestimmtes Offenbarungsgeschehen erinnert, daran hält sich der Glaube). In dem »kleinen Gloria« kommt im lateinischen Text keine Kopula vor. Indem wir singen »sei«, deuten wir schon; es könnte auch »ist« gemeint sein. Der Satz hat in der Tat ein doppeltes Gesicht. Gott *hat* seine göttliche Doxa und Majestät, und er soll die Huldigung von der glaubenden Gemeinde *empfangen.* – Eine ausgeführte Trinitätslehre kann und soll natürlich weder von dieser Predigthilfe noch von der durch sie angeregten Predigt geboten werden. Der Lobpreis beruht auf der Predigt des gesamten Kirchenjahres und gewinnt von dessen einzelnen Inhalten her immer neue Färbung.

Der Passus »wie es war...« ist dem aus Antiochia stammenden Gloria von der abendländischen Kirche hinzugefügt worden. Er besagt einerseits, daß sich die Gemeinde als die *ecclesia perpetuo mansura* (CA VII) mit all denen verbunden und eins weiß, die in vergangenen Zeiten Gott die Ehre gegeben haben und in kommenden Zeiten sich vor ihm beugen werden. Der Lobpreis Gottes wird nicht verstummen, solange die Erde steht. Aber nicht nur dies; es heißt ja: »von Ewigkeit zu Ewigkeit«. Da ist über die Grenzen der irdischen Geschichte, ihrer Zeiten und Räume, hinausgedacht. Schon der »Anfang« meint mehr als den Beginn der Zeit; gemeint ist der »Ursprung«, die *arché* von 1.Mose 1,1 und Joh 1,1. »Wenn die christliche Gemeinde den Lobpreis des dreieinigen Gottes anstimmt, so stimmt sie ein in den Lobgesang der Frühe, da alle Morgensterne miteinander Gott lobten (Hiob 38,7) und bindet also den gegenwärtigen Augenblick an jenes *principium,* das jenseits aller unserer Prinzipien allem Geschehen der Zeit sein innerstes Gesetz einprägt; ... was ›von Ewigkeit zu Ewigkeit‹ geschieht, geschieht ... zugleich im Hinblick auf die letzte und endgültige Vollendung« (Stählin S. 43). Auf dieses Letzte hin versteht auch der Hebräerbrief die Versammlung der Gemeinde: »Ihr seid gekommen« – Introitus! – »zur Stadt des lebendigen Gottes, dem himmlischen Jerusalem ... und zur Versammlung der Gemeinde der Erstgeborenen und zu den Geistern der vollendeten Gerechten und zu dem Mittler des neuen Bundes, Jesus« (Hebr 12,22-24). Himmel und Erde vereinigen sich im Lobpreis des dreieinigen Gottes.

4. Homiletische Besinnung

Die eben angestellten theologischen Erwägungen sind in Duktus und Sprache dem, was bei einer Predigt herauskommen könnte, schon sehr nahe. Der im Gottesdienst zu uns kommende und in ihm realpräsente Gott – die von ihm gerufene und auf ihn zugehende, vor ihm erscheinende Gemeinde – der Lobpreis des dreieinigen Gottes, mit dem sie in das Gotteslob der gesamten Kreatur und der vollendeten Gerechten einstimmt: das sind drei thematische Komplexe, durch deren Behandlung nicht nur die Glaubenserkenntnis der Gemeinde bereichert, sondern dieser Gemeinde auch Zuspruch des Evangeliums zuteil wird. (Gerade auf das letztere wird es, wie in jeder Predigt, auch diesmal ankommen.) Wenn wir begriffen, was im Introitus alles beschlossen liegt – und wären es nur wenige Strophen eines in diesen Zusammenhängen gesehenen und so gesungenen Eingangsliedes –, wir würden keinen Gottesdienst versäumen mögen, denn wir würden glücklich sein, uns in dieses Geschehen zwischen Himmel und Erde eingeschlossen zu wissen. Die Predigt über den Introitus hat eine große und schöne Aufgabe darin, dieses alles liebevoll zu explizieren und zu veranschaulichen.

Der Prediger wird sich klar zu machen haben, daß in den Denk- und sogar in den frommen Lebensgewohnheiten der Gemeinde dem manches im Wege steht. Die Predigt sollte davon nicht zu viel aussprechen und dadurch womöglich die Hindernisse erst aufbauen. Sie sollte sie vielmehr abtragen und wegräumen, und dies geschieht am besten dadurch, daß das liturgische Geschehen verständlich gemacht wird. Wer im Gottesdienst der Gemeinde im wesentlichen nur Zurüstung für die christlichen Aktivitäten des Alltags, womöglich gar für die Umgestaltung und Verbesserung der Welt sieht, wird den Introitus und vieles andere in der Liturgie nur als aufhaltendes Beiwerk empfinden, als Ablenkung, Ausflucht, als kultisches Brimborium. In der Tat: Gott will Täter des Worts. Aber ohne ihn geht nichts, und es wäre eine irrige Folgerung aus Gottes Allgegenwart und Allwirksamkeit, wollte man sein und unser Kommen (»Eingehen«) für überflüssig halten. Gott ist verborgen allpräsent in seiner *Unterschiedenheit* von der Kreatur, aber er schenkt seine besondere offenbare Gegenwart im *Eingehen* ins Kreatürliche. Die unter uns gängige Leugnung des Unterschiedes zwischen dem Heiligen und dem Profanen beruht auf dem Verlust der Kategorie der Inkarnation. Gott gibt aber den Schatz im irdenen Gefäß, nicht anders. So ist sein Kommen in Wort und Sakrament Offenbarungsgeschehen, das wir nicht hoch genug bewerten können und dessen Bedeutung es zu begreifen und zu feiern gilt. Schon wahr: Gott ist immer da – aber in seiner Zuwendung zu uns »kommt« er.

Zugleich ist Gottesdienst unser Erscheinen vor ihm. Verbreitete Torheit: Gott muß sich bei uns noch bedanken, wenn wir so fromm sind, uns bei ihm einzufinden (wie oft im Jahr?). Aber es gilt zu begreifen, daß Leute wie wir alle eigentlich überhaupt kein Recht hätten, ihm unter die Augen zu treten. Wir sagen: aufgrund des Werkes Christi, also »durch ihn«, haben wir den Zugang zu Gott. Ja, wir sind sogar dringlich eingeladen. Gott will die Begegnung. Er versammelt uns vor seinem Thron – man denke an die Himmel und Erde um greifende Szenerie in Offb 4 und 5 –, er lädt uns an seinen Tisch. Man kann sehr zweifeln, ob uns die Abschaffung des Kniebeugens beim Eintritt ins Gotteshaus gut getan hat; es muß ja nicht gerade die Verehrung der Hostie intendiert sein. Jedenfalls sollten wir das an Gott gerichtete »Hier-bin-ich« bewußt vollziehen, und wir sollten wissen, wo wir uns einfinden.

Ehre, die Gott hat, indem er Gott ist – und Ehre, die wir ihm erweisen: dies wäre beinahe schon ein Predigtthema für sich. Unsere Anbetung macht Gott ja nicht erst zu dem, was er ist, immer war und sein wird. Nur: als seine Geschöpfe sind wir dazu bestimmt, »daß wir etwas seien zum Lobe seiner Herrlichkeit« (Eph 1,12). In seiner Schöpfergüte will Gott nicht ohne uns sein; als Gottes Ebenbild haben wir unsere höchste Bestimmung darin, sein Gegenüber zu sein in lobender, anbetender Zuwendung zu ihm. Wer darum weiß, wird das Gloria patri nicht gedankenlos ablaufen lassen. Indem die Kreatur Gott lobt, bekennt sie sich zu Gottes Gottheit und zugleich zu ihrer Zugehörigkeit zu diesem Gott, die in der gottesdienstlichen Begegnung im Geist und im ganzheitlichen (also auch leibhaften) Erscheinen begangen wird.

5. Zur Verkündigung

In der Einleitung der Predigt sollten wir der Gemeinde – wenn sie dessen bedarf – einiges über den Psalmengesang sagen (Kol 3,16), besonders auch über Eigenart und Sinn des – einstimmigen (Röm 15,6: »mit einem Munde«) – gregorianischen Gesanges in seiner engen

Verbindung von Wort und Ton und dem »schwebenden« Charakter der Kirchentonarten. Scheuen wir dies? Wenn das Fernsehen eine mittelalterliche Kirche zeigt, läßt es dazu nicht selten gregorianischen Gesang ertönen; die Fernsehleute meinen offensichtlich nicht, daß das Publikum in solchem Fall flugs abschaltet. Gern wird der Kantor den Introitus (diesmal) psalmodisch ausführen. Leitfrage der gesamten Predigt könnte etwa sein: Was ereignet sich im Gottesdienst beim »Eingang« (Introitus)? Die Antwort ergibt sich zwanglos aus dem bisher Bedachten: 1. Sein Kommen zu uns. 2. Unser Erscheinen vor ihm. 3. Das Lob der Schöpfung. Sicher wird der Prediger gern anders (besser) formulieren, aber in der Sache wird er kaum zu einer anderen Lösung kommen.

Hilfreich dürften bei der Ausführung die anschaulich-bildhaften Elemente des im Introitus sich ausformenden biblischen und liturgiegeschichtlichen Erbes sein. Es ist durchaus kein Zeichen reifer Glaubenserkenntnis, daß wir so gerne meinen, je abstrakter wir über Gott denken – das Absolute, das oberste Prinzip, das Woher unseres Umgetriebenseins, der Sog des Defizits in der Sozialgeschichte, die Tiefe (usw.) –, desto näher seien wir an der Wahrheit Gottes. Wohl wissen wir, daß wir nur menschlich von Gott denken und reden können; menschlich sind aber auch unsere Abstrakta. Wir tun gut, uns einfältig an die biblischen Vorstellungen zu halten, auch wenn sie nur »irdenes Gefäß« sind. Hat man dies der Gemeinde deutlich gemacht, wird sie nicht davor zurückschrecken, das leibhaft-anschauliche Reden ernst zu nehmen. Dann wird uns Gottesdienst nicht mehr ein theoretisierendes Reden-über ... sein, sondern reales Geschehen, in dem uns Gott immer wieder sein Gutes erweist.

Literatur:
J. Beckmann, Das Proprium Missae, in: Leiturgia II, Kassel 1955, S. 47-86. – J.A. Jungmann, Missarum sollemnia, Bd. I, Wien ²1949. – Kleines Kantionale I, Hannover 1958. – Ch. Mahrenholz, Kompendium der Liturgik, Kassel 1963. – G. Rietschel/P. Graff, Lehrbuch der Liturgik, Bd. I, Göttingen ²1951. – H.v. Schade/F. Schulz (Hgg.), Gottesdienst als Gestaltungsaufgabe (Strukturpapier). reihe gottesdienst 10, Hamburg 1979. – W. Stählin, Die Feier des Neuen Bundes, Kassel 1963.

Gottfried Voigt

2. Kyrie

1. Zur Begegnung

Das Kyrie folgt im Anrufungsteil des Gottesdienstes dem Introitus. Unsere Agenden kennen dabei verschiedene Ausführungsmöglichkeiten:

a. griechisch:
   Kyrie eleison.
   Christe eleison.
   Kyrie eleison. (Luther 1526)
b. deutsch:
   Herre Gott, erbarme dich.
   Christe, erbarme dich.
   Herre Gott, erbarme dich. (Luther 1526)
c. griechisch und deutsch:
   Kyrie eleison. Herr, erbarme dich!
   Christe eleison. Christe, erbarme dich!
   Kyrie eleison. Herr, erbarm dich über uns! (Straßburg 1525)
d. tropiert (mit zusätzlichen Bitten erweitert):
   O Vater, allmächtiger Gott, zu dir schreien wir in der Not:
   durch dein groß Barmherzigkeit erbarme dich über uns.
   Christe, wollst uns hören, für uns bist du geboren
   von Maria: erbarm dich über uns.
   Herr, vergib uns unsre Sünde, hilf uns in der letzten Stunde.
   Für uns bist du gestorben: erbarme dich über uns.
   (Spangenberg 1545)
e. Wechsel zwischen Chor (Kantor, Liturg) und Gemeinde
f. Gemeinde allein oder Chor allein
g. Kyrielied (EKG 130)

Es muß leider angenommen werden, daß der Gottesdienstgemeinde heute die Bedeutung des Kyrie in ihrer ganzen Tiefe nicht mehr bewußt ist. Daran ändert zunächst auch eine Hereinnahme neuer Kyriemelodien aus dem orthodoxen Raum oder aus Taizé wenig, wenn es nicht gelingt, ein neues Verständnis für die Bedeutung dieses Rufes zu erreichen. Vielfach wird das Kyrie als Sündenbekenntnis verstanden und damit seine weite Dimension nicht mehr erfaßt.

2. Historische Erklärung

Die Akklamation »Kyrie eleison« kennt bereits die vorchristliche Antike, und zwar als Huldigungsruf an einen Herrscher, die aufgehende Sonne oder an eine Gottheit. Kyrierufe sind also auf außerchristlichem Boden entstanden. Die Christen legen jedoch Jesus Christus den Ehrentitel »Kyrios« bei und verbinden damit das Bekenntnis zu seiner göttlichen Größe und Macht. Nun ist der Kyrios der Auferstandene, von dem »alle Zungen bekennen sollen, daß er der Herr ist, zur Ehre Gottes, des Vaters« (Phil 2,11). In 1.Kor 12,3 sagt Paulus: »Niemand kann Jesus den Herrn nennen außer durch den Heiligen Geist« und macht damit deutlich, daß dieses Bekenntnis ein Akt des durch den Geist geschenkten Glaubens ist. Dieses Bekenntnis bedeutet zugleich eine Absage an die göttliche Verehrung irdischer Machthaber, war mit ihm doch ausgesprochen, daß Christus »alle Gewalt im Himmel und auf Erden« (Mt 28,18) gegeben ist und er bei uns ist »alle Tage bis an der Welt Ende« (Mt 28,20). So übernehmen die Christen auch den Ruf »Kyrie eleison«, der ihnen aus der griechischen Übersetzung des AT geläufig war (z.B. Ps 25,16) und der sich, auf Jesus bezogen, auch im NT findet. Hier rufen Menschen Jesus aus der Not ihrer Krankheit heraus um Erbarmen an (Mt 9,27; 15,22; 17,15; Mk 9,22; Lk 17,13). Die Bitte um Erbarmen ist zugleich Huldigungsruf, der in der Erwartung, daß Jesus helfen kann, ausgesprochen wird. Den frühen Christen ist also der Gebetsruf »Kyrie eleison« einmal aus vorchristlicher Überlieferung, zum anderen aus den biblischen Büchern, vor allem aus den Psalmen in der griechischen Übersetzung der Septuaginta und aus dem NT begegnet. Dadurch hat der Kyrieruf schließlich in die christliche Liturgie Aufnahme gefunden. Im 4. Jahrhundert wird aus dem Gottesdienst in Jerusalem die Gewohnheit berichtet, daß in der die Vesper abschließenden Fürbitte des Diakons eine Reihe von Namen genannt werden, in die Kinder »Kyrie eleison« hineinrufen und damit die einzelnen Bitten beantworten. In dieser Form, also als wiederkehrende Wendung eines großen litaneiartigen Fürbittengebetes (Ektenie), gelangte das Kyrie zu großer

Bedeutung, ja erhielt selbst, vor allem im Mittelalter, die Bezeichnung
»*litania*«. Die Liturgie im achten Buch der Apostolischen Konstitutionen (4. Jh.), die Jakobusliturgie, die Basilius- und Chrysosto-
musliturgie und die Markusliturgie (5. Jh.) enthalten die eindrucksvoll-
sten Beispiele für diese Form des Kyrie. Im 5. Jahrhundert wird das
Kyrie auch im Westen heimisch und findet zunächst in Rom und
Mailand und im 6. Jahrhundert in Gallien Verwendung. 529 kommt es
zum Beschluß der gallischen Synode, nach dem Vorbild Roms und des
Ostens beim Morgen- und Abendlob und bei der Messe die Kyrie-
Litanei einzuführen. Es ist daher anzunehmen, daß dieser Brauch um
500 in Rom übernommen worden ist. Wahrscheinlich hat Papst
Gelasius I. (492-496) die griechische Kyrie-Litanei zu Beginn der
römischen Messe in lateinischer Übertragung eingeführt, denn von ihm
ist uns ein entsprechender Text (»Deprecatio Gelasii«) überliefert. Mit
dieser Einführung verbinden sich offensichtlich auch tiefgreifende Veränderungen und Umstellungen der Gebete in der römischen Messe, und
es dürfte das Allgemeine Kirchengebet am Ende des Wortgottesdienstes zugunsten der Kyrie-Litanei nach östlichem Vorbild am
Anfang aufgegeben worden sein. Bald kommt es auch zu einer
Kürzung der Kyrierufe. Papst Gregor I. (590-604) verzichtet auf die
vom Diakon vorgetragenen Gebetsanliegen dieser Litanei, so daß nur
die Kyrierufe übrig bleiben. Zu dem »Kyrie eleison« tritt der Ruf
»Christe eleison« und die einzelnen Rufe werden zahlenmäßig
festgelegt. Je dreimal ist das »Kyrie, Christe und Kyrie eleison« zu
singen. Zweifellos spielt hier der Gedanke der Trinität eine Rolle und
es dürfte in Vergessenheit geraten sein, daß der Kyrieruf ursprünglich
ein Christusruf war. Im Mittelalter erfolgt schließlich eine mannigfache
Erweiterung der Kyrierufe (sog. »Tropen«), die allerdings durch die
Tridentinische Reform der Messe wieder abgeschafft wird. Aus den
Kyrierufen, an denen die Gemeinde ja mitbeteiligt war, haben sich
auch die ältesten Formen des deutschen Liedes (die »Leisen«), die mit
»Kyrieleis« enden, entwickelt. Die Reformation übernimmt in ihren
Gottesdienstordnungen fast ausnahmslos das Kyrie, und zwar sowohl
als gregorianischen Choral wie auch als deutsches Kirchenlied. Dabei
erfolgt jedoch eine Beschränkung auf ein lediglich dreimaliges Kyrie.
Die Ausführung geschieht entweder durch den Chor oder im Wechsel
zwischen Chor und Gemeinde.
In der Aufklärung verschwindet das Kyrie wie die meisten anderen
liturgischen Stücke aus dem Gottesdienst. Die Preußische Agende von

1822 hat dann zwar das Kyrie zusammen mit dem Gloria wieder
eingeführt, allerdings teilen sich Liturg und Chor den Gesang. Die
gravierendste Veränderung jedoch geschieht dadurch, daß dem Kyrie
das »Confiteor« (Sündenbekenntnis) vorausgeht und ihm ein Gnadenspruch folgt. Dieser Ruf, der ursprünglich eine Fülle von Bitten
enthielt, wird somit eingeengt auf die Bitte um Vergebung der Schuld
und zu einer musikalischen Ausgestaltung und Fortführung des
Sündenbekenntnisses gemacht.

3. Theologische Erwägung

3.1 Das Kyrie als Bittruf

Gegen eine Verengung des Kyrie zu einem Sündenbekenntnis wendet
sich schon W. Löhe: »Das ›Kyrie eleison‹ ... zu einem Sündenbekenntnis und das ›Gloria in Excelsis‹ zu einer Absolution zu machen,
ist, scheint mir, eine rein genötigte Sache. So wenig der Bettler am
Wege mit seinem ›Seid so barmherzig‹ seine Sünde bekennen will, so
wenig die Kirche mit dem Kyrie. Nicht die Sünde, die Not wird
bekannt. Selbst, wo in den späteren Tropen des Kyrie der Sünde
Erwähnung geschieht, ist die Sünde doch nur als Not gefaßt. – Ganz
als Bettlerin, nicht als Sündenbekennerin rief auch schon das cananäi-
sche Weiblein Mt 15,22 ihr Kyrie eleison« (Löhe S. 30f). Dabei war
Löhe sicher nicht der Auffassung, daß das Bekenntnis der Schuld und
die Bitte um Vergebung im Kyrie nicht enthalten sein dürfe. Er war
lediglich der Meinung, daß der Kyrieruf mehr und Weitergehendes
enthält als ein Bekenntnis der Schuld und dies wieder bewußt gemacht
werden sollte.
Zunächst und ursprünglich ist das Kyrie kein Sündenbekenntnis,
sondern ein Gebetsruf, der aus der Tiefe unserer menschlichen Not in
ihrer umfassenden und bedrängenden Vielgestaltigkeit hervordringt.
Alle Ohnmacht und Armut, Hilfsbedürftigkeit und Lebenslast wird in
ihm zur Sprache gebracht. Alle Anliegen und Bedrängnisse menschlicher Existenz werden hier genannt. Diese können mein eigenes
Menschsein betreffen, sie betreffen aber auf jeden Fall meinen
Nächsten und die Not dieser Erde. Geht es im Sündenbekenntnis um
das Bekenntnis meiner eigenen persönlichen Schuld vor Gott, so hat
das Kyrie eine viel weitere Dimension. »Das Kyrie umfaßt ohne

Ausnahme alle Lasten und Leiden dieser Welt und befiehlt sie Gottes
Erbarmen« (Müller S. 22). Hier wird von der zum Gottesdienst
versammelten Gemeinde nicht nur das persönliche Leid des einzelnen,
sondern alle Not dieser Welt vor Gott ausgebreitet. Diese Gemeinde
erinnert sich daran, daß im NT Kranke und Behinderte Jesus um
Erbarmen anrufen, und dieser Jesus die Mühseligen und Beladenen zu
sich einlädt (Mt 11,28). Wir bekennen uns zur Gemeinschaft mit allen
von den Lasten des Lebens Angeschlagenen und Angefochtenen und
nehmen ihre Not auf unser Herz und unsere Lippen.

Ist das Kyrie zwar ursprünglich eine Anrufung Christi, so kann der
dreimalige und auf die Trinität hinweisende Ruf doch auch besondere
Aspekte verdeutlichen: wir rufen den Kyrios an als Schöpfer, als
Erlöser und Spender des neuen Lebens.»In der Hinwendung des Kyrie
zu Gott dem Vater, dem Sohn und dem Heiligen Geist als dem Schöpfer, Erlöser und Spender des neuen Lebens wird das Kyrie zum umfassenden Erbarmungsruf der gesamten Schöpfung, der immer wieder neu
aus der Tiefe emporsteigt, die gänzliche Verlorenheit dieser Welt
bekennt und dabei bereits um die Erlösung weiß« (Müller S. 22). Nie
wird die Kirche hier auf Erden ohne diesen Bittruf auskommen können. Das»Kyrie eleison« begleitet die gesamte Existenz der Gemeinde
Christi.»Das Kyrie ist der unaufhörliche Bittruf der Kirche. Es ist das
auf dieser Erde nie verstummende Pilgerlied der Christen. Ohne den
Kyrieruf ist das Leben des Christen nicht zu denken« (Müller S. 22).

3.2. Das Kyrie als Bekenntnis und Lobgesang

Im Kyrie bittet die Gemeinde nicht nur um Erbarmen, sondern sie
bringt durch die Bezeichnung dessen, den sie anruft, als»Kyrios«
zugleich zum Ausdruck, um wen es sich beim Adressaten ihres Bittens
handelt.»Wenn nun die Christen den Titel ›Kyrios‹ ihrem Herrn
beilegten, so bekannten sie damit: ›Jesus Christus imperator mundi‹,
d.h. ›Jesus Christus ist der Beherrscher der Welt‹ … Der ganze
Nimbus des politischen Zeremoniells kam unter diesem ›Kyrie‹ der
christlichen Liturgie ins Wanken. So bedeutet unser ›Kyrie‹ in erster
Linie einen Huldigungsruf des Volkes Gottes an seinen unter ihm
lebendig gegenwärtigen ›König aller Könige‹ (1.Tim 6,15). Indem man
dem Herrn ›Eleison‹ (›Erbarme dich‹) zuruft, *ehrt* man ihn; denn diese
Bitte enthüllt das uneingeschränkte Vertrauen auf den, dessen Macht
keine Grenzen hat« (Dietz S. 51f).

Der von den Christen Angerufene ist der Kyrios, und dieses Faktum
hat Konsequenzen für ihr Verhältnis zu den Herrschaftsstrukturen
dieser Welt. Diese bekommen durch den Kyrios ein neues Gesicht. Der
Absolutheitsanspruch dieses Kyrios erlaubt es nicht mehr, irgend einer
irdischen Macht und Größe Absolutheitsanspruch zuzubilligen.

4. Homiletische Besinnung

»Man muß das Kyrie mit seiner ganzen unausschöpflichen Kontrapunktik im Herzen tragen, und man muß dabei den ganzen Reichtum
der Musik im Ohre haben, der von der schlichten Kyrieweise der
Deutschen Messe Luthers bis zum Kyrie der h-moll-Messe von Bach
aufklingt! Dann wird das Kyrie für den Christen zu dem innigsten und
zugleich erhabendsten Lied seines Lebens« (Müller S. 22). Diese
Kontrapunktik soll der heutigen Gemeinde bewußt gemacht werden. Es
soll ihr deutlich werden, warum das Kyrie ihr innigstes und zugleich
erhabendstes Lied ist.
»Wir sind Bettler, das ist wahr« war bekanntlich Luthers letztes Wort
auf seinem Sterbebett. Das Kyrie läßt uns unsere Bettlerexistenz vor
Gott erkennen. Wir sind und bleiben unser Leben lang auf ihn
Angewiesene, angewiesen auf das Erbarmen des Kyrios. Was wir sind,
sind wir nicht aus uns selbst. Die Selbstsicherheit und ins Maßlose
gehende Einbildung des heutigen Menschen, der von der totalen
Machbarkeit und Beherrschbarkeit aller Dinge überzeugt ist, wird
durch das Kyrie als Unmöglichkeit entlarvt. Was ist unser Leben wert,
wenn sich nicht der Kyrios täglich neu dieses Lebens erbarmt? »Es ist
doch unser Tun umsonst, auch in dem besten Leben« (EKG 195,2).
Niemand hat Grund, sich vor Gott zu rühmen. So verhilft das Kyrie,
in jedem Gottesdienst neu angestimmt, zur rechten Einstellung Gott
gegenüber.
Aber es wurde bereits erwähnt, daß das Kyrie nicht so sehr »privaten«
Charakter trägt, nur mein persönliches Verhältnis zu Gott bestimmend.
Die ganze Not der Welt, in ihrer bedrückenden Vielfalt und Schwere
wird im Kyrie ausgesprochen. Vielleicht wird, ermöglicht durch Zei-
tung, Rundfunk und Fernsehen, diese Not keiner Zeit deutlicher auf
das Herz gelegt als unserer. Nachrichten über Erdbebenopfer, Terror-
anschläge, kriegerische Vergeltungsmaßnahmen und Hungertote er-

reichen uns binnen kurzem. Zu allem menschlichen Elend kommt das
»Seufzen« der ganzen Schöpfung (Röm 8,22), das Sterben der Wälder,
die Vergiftung der Flüsse und Meere, die Verschmutzung der Luft.
Auch hier sollte Christen längst aufgegangen sein, wozu wir Menschen
fähig sind. Wir sind im Begriff, Gottes gute Schöpfung zu zerstören.
Im Kyrie leihen wir dem »Seufzen« der Schöpfung unsere Stimme. So
wird das Kyrie zum umfassenden Erbarmungsruf der ganzen Schöpfung. In diesem Bittruf ereignet sich das Hereinnehmen der geschundenen Menschen und der geschundenen Schöpfung in den Raum des
Gottesdienstes. Gerade so wird schon an seinem Beginn deutlich, daß
es in ihm nicht um eine Privatveranstaltung zwischen mir und
»meinem« Gott geht, sondern die gesamte Dimension der Welt in ihm
»zur Sprache« kommt. Damit dies der Gemeinde deutlich wird, sollte
immer wieder darüber gepredigt werden, aber auch das Kyrie selbst
dann und wann eine »Tropierung«, also eine Erweiterung erfahren, in
der eine inhaltliche Konkretion erfolgt.
Nun muß aber die Gemeinde Christi den Kyrieruf nicht nur immer neu
erklingen lassen, sondern sie darf es auch. Sie darf angewiesen bleiben
auf den, von dem allein Hilfe zu erwarten ist. Indem sie ihn bittet,
bekennt sie sich zugleich zu ihm als dem Kyrios. Daß die ersten
Christen den für irdische Herrscher verwendeten Huldigungsruf auf
Christus übertragen haben, ist in unserer Zeit neu zu bedenken. Mit
dem Kyrie bringen wir zum Ausdruck, daß keine anderen Kyrioi, die
auf uns Anspruch erheben möchten, uns in Beschlag nehmen können.
»Woran du dein Herz hängst, das ist dein Gott«, mit diesem Wort aus
der Erklärung des ersten Gebotes im Großen Katechismus hat Luther
deutlich gemacht, daß uns alles zum Gott werden kann, wenn wir
unser Herz daran hängen, aber wir sind aufgefordert, durch immer
neues Bekennen unser Herz für den Kyrios Christus zu festigen. Indem
wir dies tun, erwarten wir von ihm Orientierung und Zukunft.
Freilich, dieser Kyrios ist kein Herrscher im herkömmlichen Sinn und
mit herkömmlichen Methoden. »Der Menschensohn ist nicht gekommen, daß er sich dienen lasse, sondern daß er diene und gebe sein
Leben zu einer Erlösung für viele« (Mt 20,28). Er »entäußerte sich
selbst und nahm Knechtsgestalt an« (Phil 2,7). »Er wird ein Knecht
und ich ein Herr, das mag ein Wechsel sein« (EKG 21,5). Der Kyrios
wird zum Geschöpf, seine Überlegenheit macht er zur Unterlegenheit,
indem er sich den Menschen ausliefert. Unser Kyrios ist der, der auf
einem Esel reitet und sich ans Kreuz schlagen läßt.

Er ist aber auch der, den Gott auferweckt und zum »Herrn aller Herren« (1.Tim 6,15) gemacht hat. Auch wenn es noch nicht vor aller Augen sichtbar ist, die Welt gehört schon heute keinem anderen Herrn als dem, der für sie gestorben und auferstanden ist. So schwingt auch die eschatologische Dimension in dem Kyrieruf mit, und die Gemeinde Christi kann bitten: »Amen, ja, komm, Herr Jesus!« (Offb 22,20). Weil dieser wiederkommende Kyrios unsere Zuversicht und Hoffnung ist, wird letztlich jeder Ruf zu ihm zu einem Lobpreis und einem Ruf der Anbetung. Dieser Ruf begleitet uns nicht nur Sonntag für Sonntag durch das Kirchenjahr, er begleitet das Leben der Christen und die Existenz der Kirche, die sich nach ihrem Herrn (*kyriakē*) nennt. »Mit dem Kyrie eleison beginnen wir den Gottesdienst. Mit dem Kyrie eleison loben wir in den Liedern den geborenen Heiland, den gekreuzigten und auferstandenen Herrn. Mit dem Kyrie eleison feiern wir Weihnachten, Karfreitag, Ostern und Pfingsten. Mit dem Kyrie eleison singen wir uns durch unser Leben, und mit dem Kyrie treten wir schließlich vor Gottes Thron. Nur mit dem Kyrie im Herzen und auf den Lippen begleitet uns Gottes Barmherzigkeit« (Müller S. 22).

5. Zur Verkündigung

Eine Predigt über das Kyrie könnte die Geschichte von der kanaanäischen Frau (Mt 15,21-28) oder den Christushymnus (Phil 2,5-11) zur Grundlage nehmen. Zu Mt 15,21-28 meint G. Voigt in seiner »Homiletischen Auslegung der Predigttexte«: »Szenen wie die unsere ... sind entweder die Quelle dieser liturgischen Akklamation oder doch mindestens ihre der Gemeinde geläufige Veranschaulichung und inhaltliche Füllung; wir sollten nicht versäumen, der heutigen Gemeinde dieses Stück Liturgie von daher verständlich zu machen.« (Voigt 1978, S. 418) Er schlägt dafür folgende Gliederung vor: Der Glaube, durch den Jesus sich überwinden läßt: 1. ohne Recht auf Hilfe hoffen, 2. gegen Gott an Gott glauben. Hier könnte also im ersten Teil das Kyrie als Bittruf und im zweiten Teil das Kyrie als Bekenntnis des Glaubens entfaltet werden. Wir haben keinen Anspruch, an das Erbarmen des Kyrios zu appellieren, und doch hoffen wir als »unnütze Knechte« auf seine Hilfe. Unsere Lebenswirklichkeit scheint in tausend Fällen die Existenz und den Einfluß Gottes zu widerlegen. Aber wir dürfen Gott beim Wort nehmen. Der Glaube läßt ihn nicht los. Er

weiß, daß er kein Recht geltend machen kann, aber er darf hoffen, daß
von der grundlosen Güte »etwas« für ihn »abfällt«. In allen Heilungs-
geschichten ist der Glaube, auch wenn dies nicht ausdrücklich gesagt
wird, Glaube an die Macht Jesu. Sicher, der Glaube ist immer auch
angefochtener Glaube. Jeder gerät in Situationen, in denen er fragt:
»Woher kommt mir Hilfe?« (Ps 121,1) Hört Christus mich nicht? Gilt
seine Zusage nicht mehr? Die Frau aber läßt sich nicht abweisen. Sie
wagt es, durchzuhalten. Sie gibt nicht auf. Wiederholt bittet sie.
Vielleicht sind unsere Bittgebete oft deshalb so kraftlos, weil wir uns
unter Gott jemanden vorstellen, »der seine Welt nach einem ewigen
Globalplan steuert und dirigiert, wie von einem zentralen Schaltpult
aus, ohne unmittelbaren Kontakt mit uns Menschen« (Voigt S. 419).
Der Text in Mt 15 zeigt ihn jedoch anders: Jesus begegnet der Frau
und wird für sie zum Kyrios, er läßt sich gleichsam von ihr »fest-
nageln« und überwinden. Nichts hat diese heidnische Frau ihm zu
bringen als ihre Not und das Vertrauen, daß er helfen wird. Aber eben
das macht den Glauben aus. Darin, daß wir uns als Bettler vor ihm
wissen und seine Hilfe suchen und annehmen, kommt der Kyrios bei
uns zu seinem Recht.
Kann auf der Grundlage von Mt 15,21-28 stärker das Kyrie als Bittruf
entfaltet werden, so kann beim Christushymnus Phil 2,5-11 ein
größeres Gewicht auf das Bekenntnishafte, Hymnische und Lobpreisende des Kyrie gelegt werden. Es kann dargestellt werden, wie
dieser Kyrios seine Herrschaft auf Erden und im Himmel ausübt:
nämlich 1. in seinem Verzicht, 2. in seinem Gehorsam, 3. in seiner
Hoheit (Voigt 1979, S. 188). Der Kyrios gibt seine ihm von Gott
verliehene Macht preis, geht den Weg eines sein ganzes Leben
einsetzenden Gehorsams und bekommt eben darin den Namen über alle
Namen. Dabei ist nicht zu übersehen, daß der Christushymnus in eine
Paränese eingebettet ist. So wie Christus gesinnt war, sollen auch wir
gesinnt sein. Unser Kyrieruf und damit unser verbales Bekenntnis zum
Kyrios Christus muß Folgen haben: »ich kann mich dann nicht mehr
selbst verteidigen und sichern, ich kann mich nicht mehr selbst
erhöhen, Erster sein wollen, mein Leben um jeden Preis erhalten
wollen, für mich selbst da sein wollen« (Voigt 1979, S. 189). Unter
dem Kyrios gewinnt mein Leben eine neue Gestalt. Mein Verhältnis
zu den angeblichen Herren und »Herrlein« dieser Welt verändert mich
ebenso wie mein Verhalten meinen Mitmenschen gegenüber.
Wenn über das Kyrie gepredigt wird, sollte der Kyrieruf im Gottes-

dienst eine besondere Entfaltung erfahren und mit Gebetsanliegen erweitert werden. Es gibt zu denken, daß das Wort »Litanei« als intensives, wiederholtes Bitten im protestantischen Raum den Geschmack des langweiligen, monoton gesprochenen, geleierten Gebetes bekommen hat. Hat hier die Mahnung Jesu, daß wir beim Beten nicht viele Worte machen sollen, mitgespielt oder auch zunehmende Unsicherheit dem intensiven Gebet gegenüber? In der alten Kirche wurde zu Beginn des Gottesdienstes für Verfolgte und Benachteiligte gebetet. Diese Bitten sind inzwischen an einen anderen Platz gerückt, aber daß auch an sie im Kyrie zu denken ist, darf nicht vergessen werden.

Literatur:
A. Adam, Grundriß Liturgie, Freiburg 1985. – A. Adam/R. Berger, Pastoralliturgisches Handlexikon, Freiburg [3]1980, S. 295f. – O. Dietz, Unser Gottesdienst, München [2]1983, S. 51-54. – Zu EKG 130: Handbuch zum Evangelischen Kirchengesangbuch, Bd. III, 1 (Liederkunde), Göttingen 1970, S. 464-466. – E. Hertzsch, Die neue Ordnung der evangelischen Eucharistiefeier, in: Theologia scientia eminens practica, hg. von H.-Ch. Schmidt-Lauber, Freiburg 1979, S. 101ff. – F. Kalb, Grundriß der Liturgik, München [2]1982, S. 118-120. – Artikel »Kyrie eleison« in: RGG[3] 1960, 4. Bd, S. 192. – G. Kittel (Hg.), Artikel »Kyrios« in: ThWNT, Bd. III, Stuttgart 1938ff, S. 1038ff. – W. Löhe, Agende für christliche Gemeinden des lutherischen Bekenntnisses, 1853. – A. Mauder, Feiernde Gemeinde, Heft 3 (Eröffnung und Anrufungen), Hannover 1978. – K.F. Müller, Das Ordinarium Missae, in: Leiturgia II, Kassel 1955, S. 14ff. – W. Nagel, Geschichte des christlichen Gottesdienstes, Berlin 1962. – H.v. Schade/F. Schulz, Gottesdienst als Gestaltungsaufgabe (Strukturpapier), Hamburg 1979. – J. Stalmann, Tagesordnungspunkt Gottesdienst, Hannover [2]1984, S. 101-103. – G. Voigt, Das heilige Volk, Göttingen 1979, [2]1984. – Ders., Der schmale Weg, Göttingen 1978, [2]1984.

Werner Horn

3. Gloria in excelsis

1. Zur Begegnung

Das Gloria begegnet uns im Hauptgottesdienst im unmittelbaren Anschluß an das Kyrie. Es beginnt mit den aus der Weihnachtsgeschichte nach Lukas vertrauten Worten »Ehre sei Gott in der Höhe...« (Lk 2,14). Die deutsche Textfassung stimmt nicht wörtlich mit der Fassung der Lutherbibel überein, da sie als Straßburger Fassung nach Text und Weise bereits 1525 entstanden ist. (Das weniger bekannte Nürnberger Gloria von 1525 folgt dem Wortlaut der Lutherbibel.) Der Liturg (oder der Chor) intoniert den Anfang. Die Gemeinde setzt ein bei den Worten »und auf Erden Fried...«. Das Gloria hat seine Bezeichnung von den ersten Worten der lateinischen Textfassung (*Gloria in excelsis Deo*). Es könnte mit einem anderen Stück des Gottesdienstes, das ebenfalls mit dem Stichwort »Gloria« beginnt, verwechselt werden, nämlich mit der einen Psalm (z.B. Introituspsalm) abschließenden trinitarischen Doxologie (»Ehr sei dem Vater...«). Deshalb empfiehlt sich zur Unterscheidung bei beiden Stücken das jeweils folgende Wort (bzw. die folgenden Worte) »patri« und »in excelsis« anzufügen.

In der gottesdienstlichen Praxis begegnet das Gloria in excelsis in einer Kurz- und in einer Langfassung. Die Kurzfassung besteht aus dem gesungenen Text von Lk 2,14, an die sich die erste Strophe des Liedes 131 anschließt. Bei der Langfassung wird an Lk 2,14 ein altkirchlicher Hymnus »Wir loben dich...« angefügt. Die Langfassung begegnet im evangelischen Gottesdienst nur an Festtagen oder bei besonderen Anlässen. Im kirchlichen Sprachgebrauch wird der Zusatz der Langfassung oft »das Große Gloria« genannt, so daß der Eindruck entsteht, mit einem »Kleinen Gloria« könnte die Kurzfassung gemeint sein. Doch bezieht sich die Bezeichnung »Großes Gloria« ursprünglich auf das gesamte Gloria in excelsis, das als »große Doxologie« der »kleinen Doxologie« des Gloria patri gegenüberstand. Man nennt es mit Bezug auf die Weihnachtsgeschichte auch »Hymnus angelicus«. Das Gloria ist, soweit man das beurteilen kann, gerade in der Kurzfassung ein von der Gemeinde gern gesungenes Stück. Wie auch immer der Gottesdienst begonnen haben mag, das Gloria schlägt den Ton der Freude, des Dankes und des Lobes an, der in jedem Gottesdienst unerläßlich ist.

2. Historische Erklärung

Das Gloria ist bereits im 4. Jahrhundert nach Christus in griechischer Sprache, wenn auch in einer arianisch überarbeiteten Fassung bezeugt. Die älteste athanasianische Textgestalt findet sich im Codex Alexandrinus des 5. Jahrhunderts. Man sang diesen Hymnus zunächst in den Stundengebeten der Ostkirche (im Morgengebet), noch bevor die Psalmen zum offiziellen Gebetbuch der Christenheit wurden. Als die selbstgemachten Hymnen im 4. Jahrhundert zugunsten der biblischen Psalmen und Hymnen verboten wurden, hat sich das Gloria wegen seines hohen Ansehens doch behaupten können. Die jetzt gebräuchliche lateinische Textfassung wurde erst im 9. Jahrhundert festgelegt. Dann wurde es auch in die Messe eingeführt, wo es zwischen dem Kyrie und dem Kollektengebet (Tagesgebet) seinen Platz fand. Zunächst blieb es als besonders festlicher Akzent den päpstlichen Gottesdiensten vorbehalten, wobei die Intonation vom Papst ausgeführt wurde. Doch ging es allmählich auch in von Bischöfen geleitete Gottesdienste über, in denen die Intonation nur dem Bischof zukam, bis es schließlich in Gemeindegottesdiensten auch von jedem Priester angestimmt werden konnte (zunächst auch nur an Ostern und bei der Priesterweihe). In der Feier der römisch-katholischen Gemeindemesse wird es nicht an Werktagen, sondern nur an Sonn- und Festtagen gesungen. Es unterbleibt aber an den Sonntagen der Advents- und Fastenzeit. Seit dem Vaticanum II kann das Gloria von der Gemeinde auch gemeinsam gesprochen oder in Form eines Glorialiedes gesungen werden. Die reformatorischen Gottesdienstordnungen übernahmen mit der Meßordnung auch das Gloria. Daß es in Luthers Deutscher Messe nicht genannt wird, kann daran liegen, daß das Gottesdienstformular für den 1. Advent konzipiert war, an dem das Gloria ohnehin entfiel, aber auch daran, daß das Gloria (als sekundärer Meßgesang) beim Hinweis auf das Kyrie mitgemeint war. Neben den deutschgregorianischen Fassungen entstanden deutsche Glorialieder: »Allein Gott in der Höh sei Ehr« (EKG 131) und das zuweilen Luther zugeschriebene »All Ehr

und Preis soll Gottes sein«. Für die Festtage gab es an manchen Orten
festlich angereicherte (tropierte) Fassungen (Gloria summum). Wurde
das Glorialied gesungen, so legte man doch auf die Intonation in
herkömmlicher Weise (in lateinischer oder deutscher Sprache) Wert.
Das Gloria in excelsis gehört (neben Kyrie, Credo, Sanctus und Agnus
Dei) auch in der reformatorischen Tradition zu den Ordinariums-
gesängen, die als »Missa« in lateinischer Sprache für Chor und
Instrumente komponiert wurden. (Besonders bekannt die »Hohe Messe
h-Moll« von Johann Sebastian Bach.)
Im evangelischen Bereich begegnen wir auch den Kompositionen einer
Missa brevis (nur aus Kyrie und Gloria bestehend). In den Zeiten der
Auflösung der alten gottesdienstlichen Formen und dem Absterben des
gregorianischen Gesanges verschwand auch das Gloria. Bestenfalls
wurde es durch ein allgemeines Lob- und Danklied ersetzt.
In den Gottesdienstordnungen des 19. Jahrhunderts, die vereinzelt noch
bis in die Gegenwart hinein praktiziert werden, war dem Kyrie ein
Bußgebet und dem Gloria eine Gnadenverkündigung vorangestellt.
Dadurch erschien das Gloria als Danksagung für die zugesagte
Erlösung. Durch die Kurzfassung wird dieses Verständnis des Gloria
verstärkt (»und Dank für seine Gnade...«). Der Gottesdienst begegnete
in dieser Phase als eine logische Abfolge. Als seit der Agendenreform
(1954) gemäß altkirchlichem und ökumenischem Vorbild Kyrie und
Gloria wieder unverbunden nebeneinander zu stehen kamen, entstanden
bei vielen Gottesdienstteilnehmern Schwierigkeiten, dies nachzuvoll-
ziehen. In der Originalgestalt des Gloria wird aber deutlich, daß dieser
Hymnus nicht soteriologisch eingeengt werden darf. Er enthält übrigens
erneut die Bitte um Sündenvergebung.
Wie beim Vaterunser und beim Credo hat die Arbeitsgemeinschaft
liturgischer Texte eine ökumenische Fassung der Ordinariumstexte und
dabei auch eine des Gloria erarbeitet, die in der römisch-katholischen
Kirche konsequent übernommen wurde, sich in der evangelischen
Kirche aber wegen der Textbindung an die eingeführten Weisen noch
nicht einbürgern konnte. Die ökumenische Fassung ist im »Gotteslob«
(Nr. 354) zu finden. Sie weicht mehrfach von den uns geläufigen
Wendungen ab. Sie ersetzt zum Beispiel den Ausdruck »Wohlgefallen«
durch »Gnade« und versetzt dieses Wort gemäß dem Urtext in den
Genitiv: »Friede... den Menschen seiner Gnade!« Der Ausdruck
»benedeien« ist durch »preisen« ersetzt. Die Relativsätze »der du
hinnimmst« und »der du sitzest« sind in Hauptsätze umgewandelt.

3. Theologische Erwägung

»Es hat seine tiefe innere Berechtigung, daß das Gloria dem Kyrie unmittelbar ohne psychologische Vermittlung zugeordnet ist, was sowohl im liturgischen Vollzug als auch hinsichtlich der musikalischen Weisen zum Ausdruck kommt. Kyrie und Gloria stehen wie zwei erratische Blöcke nebeneinander, die das geheimnisvolle Ereignis der Rechtfertigung widerspiegeln ohne jeglichen Versuch, das Geheimnis im Sinne eines Sündenbekenntnisses mit nachfolgender Gnadenverkündigung rationalisieren zu wollen. Das Kyrie und Gloria sind Gesänge der Anbetung, mit denen der Mensch immer als Sünder und Gerechtfertigter zugleich vor Gott steht.« (Müller S. 28) Mit dieser Feststellung ist schon eine wesentliche theologische Aussage gemacht. Das Gloria stellt uns vor die Frage, ob das zweckfreie Lob Gottes im evangelischen Gottesdienst voll zu seinem Recht kommt. Das Gebet wird oft auf Dank (für Empfangenes) und auf Bitte (für Benötigtes und Erwünschtes) eingeschränkt. Dadurch kann das Gebet unmerklich anthropozentrisch werden. Deshalb ist den liturgischen Elementen mit doxologischem Gepräge besondere Aufmerksamkeit zuzuwenden. (Das gilt übrigens auch für das Credo, das Sanctus und das Eucharistische Gebet.)
Der biblische Lobgesang von Lk 2,14 hat im Alten wie im Neuen Testament zahlreiche Entsprechungen: z.B. 5.Mose 32,3b: »Gebt unserm Gott (allein) die Ehre!« (Das »allein« ist abweichend vom Urtext in Luthers Übersetzung eingefügt. Es begegnet auch dreimal zum Schluß des Gloriahymnus. Vgl. den Lobruf »Soli Deo Gloria« und den Liedanfang »Allein Gott in der Höh' sei Ehr«). Jes 6,3: »Heilig, heilig, heilig ist der Herr Zebaoth, alle Lande sind seiner Ehre voll.« Offb 4,8-11; 5,11-14; 11,15. Auch der den biblischen Lobgesang fortsetzende Hymnus ist voll biblischer Anspielungen. Ps 95,6 (Kommt, laßt uns anbeten), Mt 4,10 (Du sollst anbeten Gott, deinen Herrn, und ihm allein dienen), Eph 2,13-17 (Er ist unser Friede), Eph 2,5 (Hinweise auf die Gnade, das »Wohlgefallen« Gottes), Joh 1,14 und Kol 1,15ff (Christus als der eingeborene Sohn Gottes), Joh 1,29 (Christus als das Lamm Gottes; hier schwingt auch das Agnus Dei mit). Ps 22,25 (in der Fassung der Vulgata) bringt das die lateinische Fassung kennzeichnende Stichwort »deprecationem« (Nimm an unser Gebet).
Das Gloria ist deutlich dreigegliedert: Auf den Lobgesang der Engel

folgt der von den Menschen ausgehende Lobpreis Gottes. Er geht über in die Anbetung Jesu Christi, die in einen kurzen trinitarischen Schluß mündet. Die Exegeten sind sich einig, daß im Lobgesang der Engel ein Indikativ und nicht ein Optativ vorliegt. (Der griechische Urtext kennt an dieser Stelle kein Hilfszeitwort.) Also:»Ehre ist Gott in der Höhe…!« Die starke Gewöhnung an den überlieferten Text im katholischen wie im evangelischen Bereich ließ aber die Arbeitsgemeinschaft liturgischer Texte vorläufig an der vertrauten Fassung »sei« festhalten.

Die Lutherbibel hatte an dieser Stelle die dreigliedrige Form der orientalisch-griechischen Liturgie zum Vorbild (Ehre sei Gott… Friede auf Erden… den Menschen ein Wohlgefallen). Inzwischen ist man zur zweigliedrigen Form des neutestamentlichen Urtextes zurückgekehrt, wobei »eudokia« als »bona voluntas« sich als »Gnade« auf Gott bezieht und nicht mit dem »guten Willen« der Menschen in eins gesetzt werden darf.

In der dem biblischen Text folgenden Preisung Gottes rollen wie in Meereswogen die Rühmungen Gottes heran. In fünf wechselnden Wendungen (loben, benedeien, anbeten, preisen, danksagen) findet die Glorificatio Gottes durch uns Menschen ihren sprachlichen Ausdruck. Gott wird gerühmt als der, der er ist, als Gott und Vater, König und Herrscher in Allmacht und Herrlichkeit. (Das »Deus omnipotens« erinnert an das Apostolicum.) Von Gott kann nicht theoretisch und in kühler Sachlichkeit gesprochen werden, sondern nur im hymnischen Überschwang; denn dieser maßt sich nicht an, Gott zu beschreiben oder zu begreifen, sondern bringt ein staunendes Überwältigtsein zum Ausdruck.

Für den Beter kaum merklich geht der Lobgesang in die Anbetung Jesu Christi, des »eingeborenen« Sohnes, über. (Das »Unigenite« erinnert an den zweiten Artikel des Nicaenum.) In diesem Abschnitt finden sich einige neutestamentliche Hoheitstitel Christi. Daneben wird aber auch mit Berufung auf den Opfertod des Gotteslammes (vgl. das Agnus Dei) und auf sein »Sitzen zur Rechten des Vaters« (Röm 8,34) die Bitte um Erbarmen und Annahme des Gebetes ausgesprochen.

Im byzantinischen Stundengebet war zwischen dem zweiten und dritten Teil nach der Anrede Jesu Christi einst auch die Anrufung des Heiligen Geistes eingefügt worden:»Wir sagen dir Dank, Herr Gott, … Herr, eingeborener Sohn, Jesu Christe, … und dir, du Heiliger Geist«. Diese Fassung findet sich z.B. im Evangelischen Kirchengesangbuch, Ausgabe Bayern, im Zusammenhang mit der »Bisherigen Ordnung des Hauptgottesdienstes« (1854). Der spätere Einschub ist in der ökumenischen Fassung wieder getilgt. An ihm wird die Tendenz zur trinitarischen Vervollständigung des Lobpreises sichtbar.

Der Abschluß des Gloria war von Anfang an trinitarisch geprägt: »Du bist allein der Höchst, Jesu Christe, mit dem Heiligen Geist in der Herrlichkeit Gott des Vaters.« Bemerkenswert ist dabei auch, daß das den Hymnus einleitende Stichwort »Ehre« bzw. »Herrlichkeit« (Gloria) zum Schluß wiederkehrt.

Alexander Völker urteilt über das Gloria: »Ein solcher Hymnus ist in sich bereits ein ganzer Gottesdienst, ein vollständiges Glaubensbekenntnis, eine große Eucharistie (griechisch = Danksagung). Er bedarf immer wieder neuer Interpretation. Aus vielerlei Gründen sind die hymnischen Stücke des Gottesdienstes dem heutigen Menschen unverständlich, ja unzugänglich geworden. Doch geschieht nichts anderes in ihnen als in den Lob- und Dankliedern, die die Gemeinde zuweilen auch recht unbesehen anstimmt. Wie das Glaubensbekenntnis bezeugen auch diese Lobgesänge, daß der Glaube an Gott nicht aus dem Menschen selbst begründet, sondern von jenseits seiner selbst, aus Gottes Wirklichkeit geschenkt ist.« (S. 27)

In diesem Sinn ist das Gloria als Steigerung und Entfaltung des Kyrie zurecht eng mit ihm verbunden: »Als Dankgesang und Bittgesang ist das Gloria der Triumphgesang der Erlösung, der die Herrlichkeit des dreieinigen Gottes anbetend vor Gott bezeugt. Der Kern ist die Danksagung und der Lobpreis für die in Jesus Christus geschehene Gnade Gottes. In diesem Lobpreis begegnet die irdische Gemeinde als communio sanctorum der himmlischen Gemeinde. Die Friedensbotschaft der Engel soll in der glaubensvollen Hingabe der lobsingenden Gemeinde ihre Erfüllung finden. Unter dem Gesang des Kyrie und Gloria in excelsis ist Christus als der Kommende gegenwärtig. Unter Kyrie und Gloria ist er heilbringend am Werk.« (Müller S. 29)

4. Homiletische Besinnung

Was die Größe und Schönheit dieses Hymnus ausmacht, ist zugleich seine Grenze: Er steht wie ein monumentaler Dom vor uns, den zu betreten uns eine heilige Scheu zurückhalten kann. Die Personen der Dreieinigkeit, zumal Gottvater und der Kyrios Christus, begegnen uns in archaischer Erhabenheit, vergleichbar den Darstellungen auf ostkirchlichen Ikonen. Wir aber verlangen nach der »Freundlichkeit und Leutseligkeit Gottes, unseres Heilandes« (Tit 3,4). Mit diesem Stichwort aus einer weihnachtlichen Epistel wird angezeigt, daß gerade im Umfeld der weihnachtlichen Verkündigung dieser Hymnus homiletisch gut erschlossen werden kann. »Du wirst klein, du großer Gott« (EKG 31,2); das wäre ein Ansatzpunkt, der sich auch in zahlreichen anderen Weihnachtsliedern findet: EKG 15 (besonders Strophe 3); 16,9.10; 20; 21; 24,1.3.6; 28,3.4; 33,3; 34,5 und öfter. Natürlich ist weder dieser Hymnus noch eine Predigt über ihn ans Christfest gebunden. Er kann das ganze Jahr hindurch ausgelegt werden. Dann müßten die Beziehungen zu Passion, Ostern, Himmelfahrt und Trinitatisfest stärker herausgestellt werden. Der Gloriahymnus ist ein notwendiges Gegengewicht gegen die oft überzogene Vermenschlichung Gottes, die Gott darin aufgehen läßt, daß er ganz für uns da ist. Das Gloria kann helfen die »Gottheit Gottes« (Let God be God) wieder in Erinnerung zu rufen. Gott ist nicht nur der Barmherzige, sondern auch der Heilige. Friede und Erlösung sind daran gebunden, daß Gott die Ehre gegeben wird. Dabei brauchen Gottes heilige Souveränität und seine suchende Liebe nicht auseinandergerissen oder gar gegeneinander ausgespielt zu werden. Der, den wir in Jesu Namen als »Vater unser« anreden dürfen, bleibt dennoch der, dessen Name zu heiligen ist, dessen Reich im Kommen ist.

Man kann anstelle des Bezugs zum Kirchenjahr diesen Lobgesang auch in einer Beziehung zum ersten Gebot sehen. Daß sich »andere Ereignisse und Mächte, Gestalten und Wahrheiten« (Barmer Theologische Erklärung 1) rivalisierend neben Gott oder gegen Gott zur Geltung bringen wollen, ist eine Versuchung, die in jedem Zeitalter aufbricht und nicht nur in der römischen Kaiserzeit des dritten Jahrhunderts oder in der Zeit der nationalsozialistischen Herrschaft aktuell war.

»Du bist allein der Herr; du bist allein der Höchst«. Das ist die Mahnung, nicht das eigene Ich oder die autonome Vernunft zum Mittel- oder Höhepunkt des Denkens zu machen. Das Gloria in excelsis zeigt den Gott auf, von dem Augustinus sagt: »Gott, du hast uns zu dir geschaffen, und unser Herz ist unruhig, bis daß es Ruhe findet in dir!«

Der verkündigenden Erschließung des Gloria könnte dienlich sein, es mit den Strophen des Liedes 131 »Allein Gott in der Höh' sei Ehr« zu verbinden. Doch müßte darauf geachtet werden, daß das Lied nicht zuviel Eigengewicht bekommt, da es sich in mancher Hinsicht durch andere Akzentsetzungen von der Vorlage entfernt. Der Verfasser hat die Vorlage kräftig »paulinisiert«. (Siehe dazu das »Handbuch zum EKG« III,1.) Keinesfalls wird man diesen Hymnus Wort für Wort oder Zeile für Zeile »erklären« dürfen. Er lädt zum betrachtenden Verweilen, zum anbetenden Nachdenken und zum einstimmenden Mitvollzug ein. Das Gloria sollte mindestens einmal vor, während oder nach der Predigt gesungen werden. Auch eine motettische Ausführung des Gloria durch den Chor könnte zur Predigt gesungen werden. Da die meisten Gloria-Kompositionen vom lateinischen Ordinariumstext ausgehen, müßte der Gemeinde der lateinische Text wie die deutsche Übersetzung an die Hand gegeben werden.

5. Zur Verkündigung

Zum Ablauf des Gottesdienstes: Man könnte nach entsprechendem Hinweis das Gloria an der vorgesehenen Stelle ausfallen und es anstelle des Credo vor der Predigt sprechen lassen. Die Gemeinde hätte dann den »Text der Predigt« vor Augen und könnte mit geöffnetem Gesangbuch der Predigt folgen. Als Lesungen bieten sich weihnachtliche Perikopen an. Als Epistel: Kol 2,3-10; 1.Tim 3,16; Offb 7,9-12; als Evangelium: Joh 3,31-36; Joh 12,44-50; Joh 1,15-18. Zur Hinführung: Im Gloria begegnet das aktuelle Stichwort »Friede auf Erden«. Diese Zusage ist aber untrennbar verbunden damit, daß Gott in der Höhe die Ehre dargebracht wird, die solchen Frieden erst ermöglicht.

1. Der weihnachtliche Lobgesang:
Was Luther als Wunsch übersetzt hat, ist eigentlich eine Feststellung. Ehre ist Gott, Friede ist da. Es ist etwas geschehen, was diesen kühnen Lobgesang rechtfertigt: »Christ, der Retter ist da.« Menschen dürfen sich seiner Liebe getrösten. Sie leben von nun an von seiner Vergebung. Sie dürfen um seinetwillen auf endgültige Erlösung hoffen. Gott hat Frieden gemacht (Eph 2,14-18). Der Mensch, der Gottes Friedensangebot annimmt, gibt Gott die Ehre, die ihm gebührt. Der Mensch, der im Unfrieden bleibt, bleibt Gott die Ehre schuldig. Wir sind eingeladen, miteinzustimmen in den Lobgesang, der Gottes Herrlichkeit rühmt und preist.

2. Wir preisen Gott den Vater:
Unser Gebet beschränkt sich oft nur auf Dank und Bitte. Gott aber
wird die Ehre gegeben, wenn wir ihn als den ansprechen, der er ist.
Liebende bringen ihre Liebe dadurch zum Ausdruck, daß sie in immer
neuen Wendungen aussagen, was der andere für sie ist. Wir wollen im
Lobgesang dem Nachdenken über Gott, dem Staunen über ihn, dem
Versuch, die Fülle seines Wesens in Worte zu fassen, Raum geben. So
wie am Schluß des Vaterunsers Gott in mehreren Anläufen verherrlicht
wird (vgl. auch Jes 11,2; Offb 5,12), so können auch wir nur mit allen
verfügbaren Worten des Lobens, Preisens, Dankens, Anbetens,
Rühmens Gott zum Ausdruck bringen, daß wir ihn über alle Dinge
fürchten, lieben und ihm vertrauen. Das Gotteslob war zu allen Zeiten
von »Redundanz«, von überfließender Fülle geprägt. Wenn wir schon
in irdischen Zusammenhängen die Redundanz anwenden, um Aussagen
zu verstärken, so darf gerade auch unser Beten und Singen zu Gottes
Lob vom Überschwang geprägt sein. (Vgl. EKG 346,10b)

3. Wir beten zu Christus, dem Sohn Gottes:
Nicht als Fortsetzung oder Ergänzung, sondern sozusagen im gleichen
Atemzug erfolgt die Anrede Jesu Christi. Denn er und der Vater sind
eins. Viele der ihm beigelegten Attribute könnten auch von Gottvater
(du Allerhöchster, der Herr) ausgesagt sein. Und doch: Wie im Sanctus
der Schritt vom AT zum NT erkennbar wird, so wird auch im Gloria
an das Kommen Gottes in die Welt erinnert. Der Allerhöchste ist auch
das Lamm Gottes, das unsere Sünde trägt. Mit Berufung darauf wird
gebetet: »Erbarm dich unser!« Das »Lob aus der Höhe« und das »Lob
aus der Tiefe« klingen hier wundersam ineinander.
Zum Schluß: Der Hymnus mündet in einen trinitarischen Lobpreis.
Was an Friedenswünschen, -sehnsüchten und -bemühungen auf Erden
unter Menschen aufbricht, will bezogen sein auf den Gott, der
»Gedanken des Friedens über uns« hat (Jer 29,11) und der in Christus
und in der Kraft des Heiligen Geistes den Frieden gestiftet hat.

Literatur:
O. Dietz, Unser Gottesdienst, München ²1983. – Ch. Mahrenholz/O. Söhn-
gen/O. Schlißke (Hgg.), Handbuch zum Evangelischen Kirchengesangbuch,
Göttingen 1953ff. – F. Kalb, Grundriß der Liturgik, München ³1985. – K.F.
Müller, Das Ordinarium Missiae: in: Leiturgia II, Kassel 1955, S. 1-45. – Ch.

Mahrenholz, Kompendium der Liturgik des Hauptgottesdienstes, Kassel 1963.
– J. Stalmann, Tagesordnungspunkt Gottesdienst, Hannover [4]1989. – A.
Völker, Lebendige Liturgie. Zum Gottesdienst in überlieferter und in
besonderer Gestalt. Materialien für den Dienst in der Evangelischen Kirche
von Westfalen, Heft 3, Bielefeld 1975.

Friedrich Kalb

4. Kollektengebet

1. Zur Begegnung

Das Kollektengebet ist (nach dem nicht überall vorhandenen und sonn- und festtäglich wechselnden Eingangspsalm) das erste uns in der Liturgie des (Haupt-) Gottesdienstes begegnende Propriumsstück. Es kehrt zum Beschluß der Tagzeitengebete wieder. Weitere Kollekten finden sich zum Abschluß bestimmter Teile des Gottesdienstes – und übernehmen dann auch überleitende Funktion –, ganz am Schluß (Postcommunio) sowie in Reihungen, wie sie die *orationes sollemnes* des Karfreitags schon sehr früh aufweisen und noch heute vor allem in der diakonischen Form des Fürbittengebets in Brauch sind. In jedem Fall setzt die Kollekte das voraufgehende Beten der einzelnen Gemeindeglieder oder einen – meist dialogisch gestalteten – Gebetsakt der Gemeinde voraus und schließt beides in konzentrierter Zusammenfassung ab. Die Kollekte hat darum eine sehr knappe und geprägte Form, die sich im Abendland unter dem Einfluß der lateinischen Sprache und ihrer Formgesetze entwickelt hat:

– [Einladung zum Gebet (oremus pro, in der Eingangskollekte »zusammen geschrumpft« zu oremus, Schulz 1970, S. 43f)
– Gebetsstille]
– Anrede (zumeist des Vaters)
– Prädikation (lateinisch Relativsatz mit »qui«, deutsch heute durchweg Hauptsatz)
– Bitte
– Konklusion (christologische Mittlerformel, oft mit einer trinitarischen Doxologie verbunden)
– Gemeindeakklamation: Amen

Man unterscheidet seit Rheinfelder den einfachen Kollektentyp (ohne relativische Prädikation) von dem erweiterten (mit derselben). Die Kollekte gehört – wie das Gebet zur Gabenbereitung, das Eucharistiegebet, das Schlußgebet und gelegentlich auch das Fürbittengebet in bestimmten Formen bzw. dessen Abschluß – zu den gottesdienstlichen Präsidialgebeten, die nur vom Vorsteher gesprochen oder gesungen werden. Sie verbindet wie kaum ein anderer liturgischer Text gegenwärtiges Beten mit der viele Jahrhunderte zurückreichenden und immer neu kreativen Gebetserfahrung der ganzen Kirche.

2. Historische Erklärung

Ursprünglich wurden die Präsidialgebete extemporiert. Doch schon im 4. Jahrhundert findet sich eine Bestimmung, nach der nur von »Instruktoren-Brüdern« geprüfte Gebetstexte verwendet werden dürfen (Synode von Hippo 393 can. 21). Möglicherweise ist das kurze Gebet vor den Lesungen, mit denen der Gottesdienst ursprünglich begann, zunächst feststehend gewesen, vergleichbar den heute manchenorts üblichen Kanzelgebeten vor der Predigt. So findet es sich in der ägyptischen Tradition, deren Einfluß auf die Entwicklung der römischen Liturgie bekannt ist. Mit den sonntäglich wechselnden Lesungen wird dann auch die wechselnde Kollekte verständlich. Bald nach dem Übergang von der griechischen zur lateinischen Gottesdienstsprache dürften die römischen Orationen geschaffen worden sein, deren Grundstock um 600 vorliegt. Unter fränkischem Einfluß vermehrten sie sich bis zur Höchstzahl von sieben, das Meßbuch Pauls VI. (1970) führt dann wieder zur Einzahl zurück. Aus der gallischen Liturgie kommt die Christusanrede, die den römischen Meßgebeten des ersten Jahrtausends noch unbekannt war (vgl. Jungmann S. 478f u. 486ff; Schulz 1970, S. 54). Obwohl sich auch im Osten kurze Gebete des Liturgen finden, die vorausgehendes Beten abschließen und in ihrer Binnenstruktur sogar der Kollekte gleichen, bleibt diese doch charakteristisch für die abendländische Liturgie. Der Einfluß der kultischen und literarischen Traditionen Roms erklärt Kürze, Prägnanz, geschliffene Formulierung und Wortspiel. Mit dem Rhythmus des Cursus, einer geregelten Abfolge betonter und unbetonter Silben am Satzende, sind die Kollekten lateinische Kunstprosa (Hug S. 22). Die vom Zweiten Vaticanum initiierte Liturgiereform hat für die Kollektengebete der lateinischen editio typica oft über das tridentinische Meßbuch hinaus auf die alten Sakramentare zurückgegriffen, während die landessprachlichen Ausgaben viele Neuschöpfungen enthalten.

In der Reformationszeit wurde ein Großteil der lateinischen Kollekten
– vor allem von Luther, Johann Spangenberg und Michael Coelius –
übertragen und durch einige neue Gebete ergänzt. Sie erschienen
bezeichnenderweise zuerst in Gesangbüchern. Die herkömmliche
geprägte Form wurde dabei »mit den Erfordernissen des deutschen
Sprachgeistes« so glücklich verbunden, daß diese Kollekten »kraft ihrer
gültigen Sprachgestalt als Einprägtexte für die Gemeinde« dienen
konnten, »die dann im Gottesdienst ihr Beten im vertrauten Wortlaut
ausgedrückt fand, etwa so, wie heute das Vaterunser als sammelnder
Gebetstext für alle gilt« (Schulz 1970, S. 47). So wurden die evangelischen Kollekten »das sprachliche Gefäß , in dem sich der reformatorische Glaube betend aussprechen konnte« (Schulz 1984, S. 75). In der
Aufklärung und auch in der Älteren Liturgischen Bewegung ging das
Verständnis für Form und vor allem Funktion der Kollekte verloren.
Man ersetzte es durch Rückgriff auf das auf die Wortverkündigung
ausgerichtete Eingangsgebet der oberdeutschen Tradition, das nicht
mehr voraufgehendes Beten und damit die Aktivität der Gemeinde
respektiert, sondern – nun sich oftmals langatmig ausweitend –
abholen, einstimmen, belehren und auch thematisieren zu müssen
meint.
Mit der Jüngeren Liturgischen Bewegung, deren Vorläufer auch schon
bis weit ins 19. Jahrhundert zurückgehen, und den Bemühungen um
die Agende I (1955/59) gelang es, das Kollektengebet zurückzugewin-
nen und geschichtliches Erbe aus der Alten Kirche, der Reformation
und den nachfolgenden Jahrhunderten mit neuen Angeboten unserer
Zeit zu verbinden. Allerdings setzte sogleich Kritik ein an der
geprägten und sprachlich strengen Form der Kollekte (vgl. dazu Schulz
1970, S. 41f). Dem sucht die jüngste Agendenreform Rechnung zu
tragen durch einen stärkeren Pluralismus: In die Erneuerte Agende
(Vorentwurf 1990) sind nach Sichtung der umfangreichen zeitgenössischen Gebetsliteratur für jeden Tag in der Regel drei überarbeitete
Kollekten aufgenommen worden, jeweils eine aus der Tradition, ein
neues Gebet in der klassischen Kollektenform und auch ein knapp-
gefaßtes Eingangsgebet. Es kann und muß jetzt ausgewählt werden.
Die in diesem Abschnitt in ihrer geschichtlichen Entfaltung skizzierte
Kollekte hat nun in der Praxis verschiedene Bezeichnungen erhalten,
die auf unterschiedliche Funktionen und damit auf ein differenziertes
Verständnis hinweisen und deshalb zu unseren theologischen Überlegungen hinüberleiten können:

1. *Oratio* (in der Antike: Rede, Diskurs, Stilform im Unterschied zu *preces* = Bitte) ist die älteste Bezeichnung, die sich schon in den altrömischen Sakramentaren findet. Von hier aus übersetzt J. Emminghaus »Gebetsrede« (S. 187), obwohl oratio im 3./4. Jahrhundert bereits auch für Bittgebete gebraucht wird, z.B. *oratio dominica* (vgl. Hug S. 20f u. 24f).

2. *Collecta* findet sich in den gallischen Liturgiebüchern und bedeutet »zusammenfassendes Gebet«, so deutet auch die Allgemeine Einführung zum neuen Meßbuch (n. 32). Der Wittenberger Reformation ist dieser Begriff, mit dem das Meßbuch Pauls VI. *oratio* ersetzt, vertraut. – Eine andere Auslegung folgt der zweiten Bedeutung von *colligere* »versammeln« und verweist auf das Zusammenkommen der römischen Gemeinde in einer Ausgangskirche (*ecclesia collecta*) vor der Prozession zum Gottesdienst in der Stationskirche. So wird Collecta nahezu gleichbedeutend mit Wortgottesdienst (Gamber S. 83; dagegen Schulz 1970, S. 40, Anm. 1).

3. *Tagesgebet* heißt die Kollekte im deutschen Meßbuch von 1975, nachdem die voraufgehenden Ausgewählten Studientexte (Heft 6) auch »Eröffnungsgebet« gebraucht hatten. Dieser Ausdruck ist einerseits plausibel, da es sich um das spezielle Gebet dieses Tages handelt. Andererseits ist die davon abgeleitete Deutung auf eine Zusammenfassung der Tagesanliegen (Martimort S. 362) oder Prägung durch die diesem Gebet erst folgenden Lesungen aber problematisch, weil die Texte diese Erwartung nur in seltenen Fällen erfüllen. Mit der Erneuerten Agende kann allenfalls gesagt werden: Die Kollekte ist »Abschluß des Eröffnungs- und Anrufungsteils. Hier führt (sie) zugleich zu den folgenden Lesungen hin, die den Gottesdienst inhaltlich prägen« (Vorentwurf 1990, S. 489).

3. Theologische Erwägung

Die Grundform des Gebets ist nach dem Neuen Testament – wie das Vaterunser erweist – die Bitte, nicht die Danksagung, die man eher als das Ziel des Glaubens bezeichnen könnte. Dies gilt nun im besonderen Maße für den Eröffnungs- und Anrufungsteil des Gottesdienstes: »Die Kirche tritt vor Gott hin mit jener Bedürftigkeit, die von ihrer irdischen Pilgerschaft nie zu trennen ist. Manche Formeln nennen (darum) überhaupt kein bestimmtes Anliegen, sondern bitten nur um Erhörung – für

all die Anliegen in den Herzen der versammelten Beter« (Jungmann S.
485). Die »schlichte Wahrheit totaler Bedürftigkeit« wird im Kollektengebet in einzigartiger Klarheit und Prägnanz dargestellt:»So hat die
Kollekte etwas von der Ursprache des Gebets, das aus der Gotteskind-
schaft heraus in Einfalt und Vertrauen mit wenig Worten Größtes im
Namen Christi bittend erheischt« (Kulp 1955, S. 387f).
Zu dieser Bitte tritt nun in vielen Kollektengebeten eine Preisung/
Prädikation, die an die Gottesanrede anschließt. Sie kann die Form
einer Apposition erhalten, z.b.:»Gott, du Beschützer aller, die auf dich
hoffen« (15. Sonntag nach Trinitatis, Erneuerte Agende 1990 Nr. 180
= Sacr. Greg./Coelius/MR 1570/1970). Häufiger ist die Prädikation in
einem lateinischen Relativsatz oder deutschen Hauptsatz, z.B.:»Herr
Gott, lieber Vater, du hast an diesem Tage die Herzen deiner Gläubigen durch den Heiligen Geist erleuchtet« (Pfingstsonntag, Erneuerte
Agende 1990 Nr. 128 = Sacr. Greg./Luther GB 1533/MR 1570). Die
relativische Preisung ist semitisch-orientalischen Ursprungs und findet
sich vor allem in den Psalmen (Rheinfelder).
Mit diesen Prädikationen beruft sich die Gemeinde auf Gottes
Zuwendung in der Vergangenheit, auf erfüllte Verheißung und
erfahrenes Heil, sie erinnert Gott. Zugleich erinnern die Prädikationen
»die betende Gemeinde daran, daß sie nicht ins Ungewisse betet,
sondern zu dem Gott, der Anfang und Ende und so auch die Hilfsbedürftigkeit der Gegenwart wirksam umgreift« (Schulz 1970, S. 51).
Die Prädikation verbindet das Gebet mit dem machtvollen hebräisch-
urchristlichen *zakar/anamnesis*-Geschehen, in dem vergangenes und
auch zukünftiges Heilshandeln Gottes in der Gegenwart wirkkräftig
wird und das dann vor allem das Eucharistiegebet prägt (vgl. den
Abschnitt S. 206f).
Damit legt sich auch eine elementare Beziehung des danksagenden
Gotteslobs zum Bittgebet, dem Grundcharakter der Kollekte, nahe. Ist
die Prädikation ihrem Wesen nach doch nichts anderes als der das
ganze jüdische Leben durchziehende Lobspruch, die *beraka* zur
Mahlzeit, zu den Gebeten und zu vielen anderen Gelegenheiten des
Alltags. Im Schemone Esre, dem jüdischen Hauptgebet, sind die 18
(19) Benediktionen verwoben mit Bitten, – in der vierten findet sich
sogar der Aufbau der späteren christlichen Kollekte präfiguriert. In der
Pesach-Haggada des Seder-Mahles ist die Danksagung für Gottes
Befreiungsstat, die die feiernde Tischrunde als gegenwärtiges Geschehen
miterlebt, verbunden mit der Bitte um Wiederaufrichtung Jerusalems

und des Tempels. In Gebetstexten des Neuen Testaments findet sich diese Verbindung von Prädikation und Bitte wieder (vgl. Apg 1,24f; 4,24ff; Gal 1,3ff). Auch im Vaterunser lassen sich die Verbindung von beidem und darüber hinaus Strukturmerkmale der Kollekte erkennen. Ja, Anton Baumstark hat geradezu das Besondere des Betens der Christen in der Verbindung der jüdischen *beraka* mit der konkreten Bitte gefunden und dabei den Einfluß des zunächst noch dem persönlich-privaten Bereich vorbehaltenen Vaterunsers am Werke gesehen. »Das Gebet der Christen ist also nicht nur Aussprechen der Not – das tun auch die Heiden –, sondern Aussprechen der Not vor Gott, und das heißt Bewältigung der Not im Glauben an die erfüllte Verheißung und die verheißene Erfüllung« (Schulz 1970, S. 51f). Umgekehrt ist die Dankkollekte, etwa die Postcommunio, auch nicht ohne Bitte.

Wenn Geoffrey Wainwright eine ganze Dogmatik »Doxology« überschreiben kann und damit den alten Grundsatz des Prosper Aquitanus *lex credendi lex supplicandi* (DS 246) aktualisiert, dann wird man auch das Kollektengebet als »gebetetes Dogma« in nuce bezeichnen können: In ihm bringen Prädikationen und Konklusionen das Einzigartige und zugleich Ganze des christlichen Glaubens zum Ausdruck, und zwar immer so konkret, daß die Situation der Gemeinde mit ihren Nöten Raum, Geborgenheit und Hoffnung gewinnt. Die konkrete Bitte, die in jedem Gottesdienst einen anderen Inhalt haben kann, wird umschlossen von dem Lobpreis, der in der Prädikation ebenso konkret eine Erfahrung der Zuwendung Gottes aus der Fülle seiner Gnadenerweise herausgreift und der in der Konklusion den Weg aufweist, der der sich im Gebet in ihrem Glauben übenden Gemeinde eröffnet ist: Durch Christus im Heiligen Geist zum Vater. Daß dieses Gebet stets in der 1. Person Plural gebetet wird, schließt die Gemeinde mit ihrem Vorsteher innigst zusammen – wie auch das dem Präsidialgebet notwendigerweise vorausgehende Beten der Gemeinde wie wenige andere Teile der Liturgie bezeugt, daß Gottesdienst *actio ecclesiae* ist.

4. Homiletische Besinnung

Das Gebet ist, allen pessimistischen Situationsbeurteilungen (vgl. Müller S. 85) zum Trotz, einer der stabilsten Vorgänge im menschlichen Leben. Eine Spiegel-Umfrage aus dem Jahre 1967 brachte das überraschende Ergebnis: 68% der befragten Westdeutschen erklärten, daß sie an Gott glauben, aber weit mehr, nämlich 86% gaben zu, daß sie beten (Harenberg S. 61f). Das Verhältnis wird sich seitdem nicht grundlegend geändert haben: In einer neuen Umfrage, die allerdings über die Gebetspraxis keinen Aufschluß gibt, erklärten 1990 91% der Westdeutschen ihre Zugehörigkeit zu einer der beiden großen Kirchen und 61% bezeugten ihren Glauben, daß es Gott gibt – bei 26% Unentschiedenen. In den östlichen Bundesländern schlägt sich der vierzigjährige staatliche Atheismus in 30% Kirchenzugehörigkeit und 21% Bejahung der genannten Frage nieder – bei 29% Unentschiedenen (Der Spiegel 46/1990, S. 123).

Da nun davon ausgegangen werden kann, daß die Gottesdienstbesucher ein positives Verhältnis zum Gebet haben, wird sich eine generelle Thematisierung des Gebets nicht empfehlen, am wenigsten in apologetischer Absicht: Der Prediger kann ganz konkret von der das Gebet der einzelnen Gemeindeglieder und den Eröffnungs- und Anrufungsteil zusammenfassenden wie auch abschließenden Funktion des Kollektengebets und von der Notwendigkeit der Bestätigung durch das Amen der Gemeinde ausgehen.

Schwieriger ist der Zugang heutiger Menschen zu der strengen Form und inhaltlichen Ausrichtung der Kollekte, die oft als blaß und abstrakt empfunden wird. Die umfangreiche Produktion von Gebetsliteratur zeigt neben der allgemeinen Weitschweifigkeit eine deutliche Tendenz zur Reflexion vorhandener Wirklichkeit und zum Apellativen, ganz abgesehen von der verbreiteten Verwechselung des Genus des Gebets mit dem der Verkündigung und der Vermahnung. So berechtigt und in der Geschichte des Betens von den Psalmen an belegt die Klage vor Gott ist und so notwendig die Bitte um Erneuerung und Kraft zum Tun des Guten, der Adressat des Gebets bleibt Gott. Von ihm kam Hilfe, und von ihm kommt Hilfe.

Gerade die Konzentration der Kollekte auf eine kurze Bitte, die Elementarisierung der gemeinsamen Hinwendung zu Gott kann in dieser Situation von dem Druck, alles selbst tun zu müssen, befreien und damit die Kraft des Evangeliums zur neuen Erfahrung werden lassen. In dieser Sicht ist die Kollekte dem Stoßgebet in großer Not verwandt, das nicht viele Worte macht, sondern sich an den erinnert, der allein helfen kann, und sich auf seine Ermächtigung zur Bitte »wie die lieben Kinder ihren lieben Vater« beruft.

Der letzte Vergleich führt uns zur Anfechtung des Glaubens, die gerade im Gebet erfahren wird und auch nur im Gebet überwunden werden kann. Wenn wir Großes von Gott erbitten – wird er es tun? Die Anfechtung führt in letzte Abgründe und läßt nicht nur an der Gnade Gottes, sondern an Gott selbst zweifeln. An dieser Stelle wird man den wesensgemäßen Zusammenhang zwischen dem Beten der einzelnen Gemeindeglieder und der dieses abschließenden Kollekte bedenken müssen: Es gibt einen Zusammenhang zwischen meinem Gebet und dem der Schwestern und Brüder, dessen Bedeutung gerade in der Zurückhaltung des Vorstehergebets unterstrichen wird. Und dieser Zusammenhang bedeutet auch Stellvertretung, Beistehen und Mittragen. Auf meinem Weg zu Gott – wir befinden uns mit der Kollekte in der Phase der Eröffnung und Anrufung – bin ich nicht allein.

Mit der Prädikation zeigt die Kollekte nun aber, daß jede Gottessuche, jeder Weg auf Gott zu auch schon Antwort ist auf zuteil gewordene Gottesbegegnung. Das um der Rechtfertigungslehre willen dogmatisch durchzuhaltende Nacheinander von Wort und Antwort, von Gottes Handeln und unserem Handeln, scheint in der gottesdienstlichen Wirklichkeit zunächst geradezu umgekehrt zu werden: Wir bitten Gott um sein gutes Wort, unser Kommen zum Gottesdienst ist die Voraussetzung dafür, daß er in der Versammlung der Gemeinde redet. Doch ist unser Kommen zum Gottesdienst immer auch Antwort auf einen zuvor empfangenen Ruf. So wird man das Wort/Antwort-Schema besser als ein faktisches Ineinander verstehen, dessen Grundlage Gottes allem zuvorkommendes Gnadenwort bleibt.

5. Zur Verkündigung

Für die Predigt eröffnen sich aus dem Kontext der Kollekte im Rahmen des Eröffnungs- und Anrufungsteils sowie aus ihrem theologisch reflektierten Aufbau mehrere Wege, wobei sich der Prediger für einen entscheiden sollte, um die Gemeinde nicht mit zu vielen Informationen zu überfordern:

1. Die Kollekte als Schule des Gebets. Neben dem Vaterunser und von ihm geprägt gibt es für jeden Sonntag/jede Woche und jedes Fest ein kurzes besonderes Gebet, das unser persönliches Beten und das gemeinsame Beten abschließen, aber auch vertiefen will.

a. Die Bedeutung des persönlichen Gebets, auch des ganz unbeholfenen, für den Gottesdienst (Gottesdienst als actio ecclesiae)
b. Das Gebet der Gemeinde als Zusammenfassung, aber auch Hilfe für den einzelnen (Stellvertretung, »Glaube der Kirche«)
c. Unser Weg von geschenkter Gotteserfahrung zu neuer Gottesbegegnung (Prädikation und Bitte)

2. Die Kollekte als »Ursprache des Gebets« (Kulp) und »Gebetetes Dogma« (Wainwright; Schulz 1970, S. 51). In jeder noch so partikular/ speziell erscheinenden Kollekte äußert sich der Glaube als ganzer. Während die ostkirchliche Liturgietradition immer das ganze Heilsgeschehen umkreisend-meditativ zusammenzuschauen bestrebt ist, tendiert die westliche zur Hervorhebung jeweils einer Station oder eines Aspektes. Bei dieser Thematik bestimmt der Aufbau des Kollektengebets die Gliederung, wobei auch jeder Teil in einer eigenen Predigt thematisiert werden könnte:
a. Die Ermächtigung der Kinder Gottes zur Anrufung des Vaters durch den Sohn im Heiligen Geist (Anrede und Konklusion)
b. Das Vorrecht zur Bitte (Mut zur Konkretion im Spannungsfeld zwischen Heilsgeschichte und Situation der Gemeinde)
c. Das Gotteslob als Begründung des Bittens (Berufung auf erfahrenes Heil und erwartete Erfüllung der Verheißungen)
[d. Das Amen als Beglaubigung (Das liturgische Amt der Gemeinde)]

3. Eine weitere Möglichkeit bietet sich an in der Auslegung der aktuellen Kollekte, wobei auf das hier dargestellte Wesen der Kollekte im Rahmen der Liturgie Bezug genommen wird.

Literatur:
H. Büsse, Das »Tagesgebet« als integrierendes Element der Eröffnung, in: Th. Maas-Ewerd/K. Richter (Hgg.), Gemeinde im Herrenmahl [FS E. Lengeling], Einsiedeln/ Freiburg ²1976, S. 222ff. – J. Emminghaus, Die Messe, Klosterneuburg, ²1976. – Erneuerte Agende. Vorentwurf, Hannover/Bielefeld 1990. – K. Gamber, Collecta, RQ 62 (1967). – W. Harenberg, Was glauben die Deutschen? München/Mainz 1968. – E. Hug, Reden zu Gott. Überlegungen zur deutschen liturgischen Gebetssprache, Zürich u.a. 1985. – J.A. Jungmann, Missarum sollemnia. Eine genetische Erklärung der römischen Messe, Freiburg (1948) ⁵1962, I, S. 462ff. – H.-L. Kulp, Das Gemeindegebet im christlichen

Gottesdienst, Leiturgia II (1955), S. 356ff u. 382ff. – Ders., Die Kollektenge-
bete, in: J. Beckmann u.a. (Hg.), Der Gottesdienst an Sonn- und Feiertagen.
Untersuchungen zur Kirchenagende I,1, Gütersloh 1949, S. 283ff. – K.
Küppers, Beten aus dem Geist heutiger Sprache, LJ 34 (1984), S. 145ff. –
A.-G. Martimort, Handbuch der Liturgiewissenschaft Bd. 1, Freiburg 1963. –
G. Müller, Art. Gebet VIII, TRE 12 (1984), S. 84-94. – H. Rheinfelder, Zum
Stil der lateinischen Orationen, JLW 11 (1931), S. 24ff. – P. Schorlemmer, Die
Kollektengebete, Gütersloh 1928. – F. Schulz, Art. Gebet VII. Im deutsch-
sprachigen evangelischen Gottesdienst, TRE 12 (1984) S. 75ff. – Ders., Das
Kollektengebet. Seine Frühgeschichte, die theologische Bedeutung seiner
Gestalt und die Probleme seiner Rezeption in der Gegenwart, in: W.
Blankenburg u.a. (Hg.), Kerygma und Melos [FS Ch. Mahrenholz], Berlin/
Hamburg 1970 (Lit.!). – G. Wainwright, Doxology, Oxford 1980.

Hans-Christoph Schmidt-Lauber

III. Verkündigung und Bekenntnis

1. Lesungen

1. Zur Begegnung

»...von Ewigkeit zu Ewigkeit«: Der Liturg, dem Altar zugewandt, singt die Schlußwendung des Kollektengebets. Die Orgel fällt ein, fordert mich auf, das »Amen« zu singen, »Ja« zu dem zu sagen, was da einer vor mir und für mich formuliert, gesungen, gebetet hat. Zugleich ein deutliches Signal: Ich richte mich auf, löse die ineinander verschränkten Hände, blicke nach vorn. Der Liturg hat den Altarplatz verlassen, sitzt jetzt vor mir in der ersten Reihe. Ein anderer geht die Stufen hoch, tritt zum Lesepult. Ein Augenblick Schweigen, ein Einschnitt: Etwas Neues beginnt. »Die Epistel am 4. Sonntag nach Trinitatis steht im Brief des Apostels Paulus an die Römer im 14. Kapitel...«. In der Regel kenne ich das, was nun folgt. Die Worte, Gedanken sind mir vertraut; sie kehren in jährlichem Wechsel wieder. Ich erinnere mich an Predigten, die ich über diesen Text gehört oder selbst gehalten habe... Meist nehme ich nur einige Begriffe, Sätze, Bilder wahr, bleibe an der einen oder anderen Wendung hängen. Kürzer sind sie geworden, die Episteln, nach der letzten Perikopenreform, stelle ich fest... Dann wieder die Orgel: Halleluja. Das Wochenlied. Und ein neues Signal: »Das Evangelium ...«. Ich stehe auf. Stehend hört sich's anders als im Sitzen ... Und auch das, was nun kommt, ist meist von anderer Art: eine Geschichte vielleicht, die mich mitnimmt wie ein Schiff, das ein Strom davonträgt oder ein Bild, das sich vor meinen Augen formt... oder auch schwere, kreisende Sprach- und Denkbewegungen, die mir zugemutet werden: Johannes... Da steht der Liturg auf der Kanzel, schlüpft in eine neue Rolle. Eine dritte Lesung, manchmal nur ein Wort, ein Spruch »Der Predigttext, der uns für den heutigen Sonntag...«. Was wird er daraus machen? Wieder höre ich anders; neugieriger, will mir scheinen; mehr mit dem Kopf. Und manchmal ist mir das alles zu viel – zu viel Vor-Gelesenes; zu viele schwere, alte, unerklärte Worte. Eine Lesung, ein Abschnitt würde genügen, denke ich... Und ich sehe das Paar auf der Bank neben mir; offenbar seltene Gäste. Was hören sie, wenn gelesen wird: »Die Epistel...«? Was vernehmen sie, wenn der Lektor beginnt: »Das Evangelium...«? Eine heilsame Botschaft – eine für sie wichtige, lebensnotwendige Information? Oder hören sie nur – heiliges Geräusch? Rezitation tradierter, unantastbarer Texte – ein Ritus, durch sich selbst wirksam und wichtig, der Inhalt der Worte von sekundärer Bedeutung? Doch halt: Wer sagt mir denn, daß sich das ausschließt? Kenne ich, brauche ich nicht beides: den vertrauten Brauch, den Ritus, das Geräusch, den Strom, der mich mitnimmt – und die klaren, fremden, immer wieder neuen Worte, die mich unerwartet treffen?

2. Historische Erklärung

Der Christenglaube ist keine Buchreligion. Am Anfang seines Weges steht nicht die feierliche Verlesung heiliger Schriften, sondern die mündliche Überlieferung, die Erzählung, die Predigt der großen Taten Gottes in Jesus Christus. Noch in 1. Kor 14, wo Paulus einen frühchristlichen Wortgottesdienst schildert, wird weder auf eine Schriftlesung noch auf das Amt eines Vorlesers Bezug genommen. Der Herr selber ist in seinem Geist in der Versammlung gegenwärtig und kommt in geisterfüllter, prophetischer Rede zu Wort. Und doch muß es in diesen frühen Versammlungen auch das gelesene, verlesene Wort gegeben haben: Vieles spricht dafür, daß die Apostelbriefe hier vorgelesen wurden. Und auch andere Teile des Neuen Testaments – so die Passionsgeschichten als Kernbestandteile und Kristallisationspunkte der späteren Evangelien – empfingen ihre Gestalt vermutlich im gottesdienstlichen Gebrauch.

»An dem nach der Sonne genannten Tage findet eine Zusammenkunft aller, die in Stadt und Land weilen, an einem bestimmten Orte statt, und es werden die Denkwürdigkeiten der Apostel oder die Schriften der Propheten vorgelesen, solange die Zeit reicht...«: Nach dem Bericht des Märtyrers Justin beginnt um 150 n. Chr. der Gottesdienst unmittelbar mit den Schriftlesungen. »Denkwürdigkeiten der Apostel«: Das meint wohl das im Entstehen begriffene Neue Testament. Ob mit den »Schriften der Propheten« auf das Alte Testament Bezug genommen wird, ist möglich, aber nicht ganz sicher; schließlich gab es – siehe oben – in jener frühen Zeit auch christliche Prophetie. Noch in der sog. Klementinischen Liturgie der Apostolischen Konstitutionen vom Ausgang des 4. Jahrhunderts eröffnen die Schriftlesungen – vier sind es jetzt im ganzen – den Gottesdienst: »Nach der Verlesung des Gesetzes und der Propheten und unserer Briefe, der Akten (der Apostel) und der Evangelien begrüßt der Bischof die Versammlung...«. Anderenorts – so in Rom – kannte man in der Frühzeit vermutlich drei Lesungen: eine aus dem Alten Testament, eine aus dem epistolischen Schrifttum des Neuen Testaments und eine aus den vier Evangelien, durch Zwischengesänge responsorialen Charakters, meist aus dem Psalter, voneinander getrennt. Später ging – von Ausnahmen abgesehen – die alttestamentliche Lesung verloren. Die Dreizahl der Lesungen wurde in der römisch-katholischen Kirche erst im Zuge der nachkonziliaren Reform wieder erneuert. Auch die 1978 erschienene revidierte Ausgabe des Lutherischen Lektionars bietet als jeweils erste Lesung eine Perikope aus dem Alten Testament an.

Die christliche Kirche hat den Brauch, Abschnitte aus der Heiligen Schrift im Gottesdienst vorzulesen und auszulegen, nicht erfunden. Im Rahmen einer kultischen Begehung heilige Texte zu verlesen, ist eine religionsgeschichtlich weit verbreitete Übung. Seit dem 3. Jh. v. Chr. ist für den synagogalen Gottesdienst der Brauch bezeugt, Lesungen aus der *Thora*, dem »Gesetz« (den fünf Mose-Büchern), vorzutragen. Man folgte dabei dem Prinzip der *lectio continua*, der fortlaufenden Lesung ganzer biblischer Bücher; die einzelnen Lese-Abschnitte wurden *Paraschen* genannt. Etwas später (etwa um den Beginn unserer Zeitrechnung) wurde es üblich, auch aus den Schriften der Propheten zu lesen (vgl. Lk 4,17; Apg 13,15). Die jeweiligen Lesetexte – *Haftaren* genannt – wurden dabei aus dem biblischen Zusammenhang gleichsam »herausgeschnitten«, *perikopiert* (schon Justin spricht von Perikopen, um solche Textausschnitte zu bezeichnen). Eine feste Ordnung für die Thora-Lesung gab es im synagogalen Gottesdienst spätestens seit dem Ende des 2. Jh. n. Chr. Überliefert ist ein dreijähriger palästinensischer und ein einjähriger babylonischer Zyklus. Wegen »Bedenklichkeiten« bzw. mangelnder Ergiebigkeit konnten freilich einzelne Teile übergangen werden. So entwickelten sich Ansätze einer *lectio semicontinua*, einer »Bahnlesung«, die zwar dem Fortgang der biblischen Bücher folgt, dabei aber größere oder kleinere Passagen ausläßt. Die Leseordnung für die Abschnitte aus den Propheten, die *Haftaren*, war flexibler; Kriterium für die Auswahl war hier ein innerer Zusammenhang mit der vorausgegangenen *Parasche*. Inwieweit sich die frühen christlichen Gemeinden bei der Gestaltung ihrer Wortgottesdienste – bzw. des Wortteils ihrer Mahlversammlungen – am synagogalen Gottesdienst orientiert haben, ist umstritten. Die oben zitierten Belege aus Justin und der Klementinischen Liturgie lassen jedoch erkennen, daß man in gewisser Weise dem Vorbild der synagogalen Lesepraxis folgte: Den Lesungen aus dem Gesetz und den Propheten wurden solche aus den Episteln und Evangelien des Neuen Testaments zur Seite gestellt. Offensichtlich übernahm man dabei zunächst auch das Prinzip der Bahnlesung, das recht flexibel gehandhabt wurde;»wenn es genug war« (Justin, Apologie I 67,3), gab der Vorsteher dem Vorleser ein entsprechendes Zeichen. Schon bald wird man begonnen haben, die zu verlesenden Abschnitte in den biblischen Büchern selbst zu kennzeichnen, zu»perikopieren«. Erste Perikopenlisten begegnen im 5. Jahrhundert. Aus dieser Zeit stammt auch das *Armenische Lektionar* von Jerusalem, das den ältesten Lesezyklus des christlichen Ostens überliefert. Die ältesten römischen Epistel- und Evangelienlisten stammen aus dem 7. Jahrhundert. Auf sie geht auch die sogenannte»altkirchliche Perikopenordnung« zurück, die bis zum 2. Vatikanischen Konzil gemeinsames Erbe der römisch-katholischen, lutherischen und anglikanischen Kirche war (mit einigen Verschiebungen, verursacht durch eine von Pius V. im Missale Romanum von 1570 vorgenommene Revision). Diese ökumenische Gemeinsamkeit wurde erst mit dem neuen *Ordo lectionum missae* von 1969 aufgegeben. Hier hat man jetzt einen dreijährigen Lesezyklus mit jeweils drei Lesungen für die Meßfeiern an Sonn- und Feiertagen, mit verstärktem Continua-Charakter: Den Sonntagen im Jahreskreis (außerhalb des Oster- und Weihnachtsfestkreises) wird jeweils eine Bahnlesung aus den synoptischen Evangelien verordnet; auch die Auswahl der zweiten (epistolischen) Lesung folgt diesem Prinzip. Die Auswahl der ersten (alttestamentlichen) Lesung hingegen wird in der Regel durch das Evangelium bestimmt.

Das Evangelium als *rector* des Sonntags und eine hiervon abgeleitete *Konsonanz* der Sonntagslesungen – dieses Prinzip war bei der Reform der Lese- und Predigtperikopenordnung im evangelisch-deutschsprachigen Bereich (Abschluß 1978) leitend. Im Unterschied zu den nordamerikanischen Lutheranern konnte man sich hier nicht entschließen, die römische Ordnung zu übernehmen, sondern hielt am einjährigen Zyklus für die Leseperikopen fest, ergänzt freilich durch einen – die Leseperikopen einschließenden – sechsjährigen Zyklus der Predigtperikopen.

3. Theologische Erwägung

3.1. Geschriebenes und gesprochenes Wort

Dogmatiker unterscheiden zwischen *verbum Dei incarnatum* (dem in Christus fleischgewordenen Wort Gottes), *verbum Dei scriptum* (dem schriftlich überlieferten Wort) und *verbum Dei praedicatum* (dem mündlichen, gepredigten Wort). Dabei ist deutlich: Auch als *verbum Dei scriptum* ist dieses Wort nichts anderes als Niederschlag und Zeugnis ursprünglich mündlicher Verkündigung und Überlieferung, schriftlich fixiertes *verbum Dei praedicatum*. Daß der Christenglaube in seinem Ursprung keine Buchreligion ist, sondern auf mündlicher Kommunikation, mündlicher Weitergabe – in Gestalt von Predigt, Erzählung, Gespräch, Lied usw. – beruht, ist nicht nur eine Erkenntnis neuerer Exegese. Kein anderer als Martin Luther hat immer wieder jenen – gewiß nötigen, unvermeidlichen – Schritt vom »mündlichen« zum »schriftlichen« Evangelium bedauert und darauf bestanden, daß die Botschaft vom Christusheil erst dort wieder sie selbst wird, wo sie mündlich kommuniziert, gepredigt, ausgerichtet wird: *viva vox evangelii* (vgl. Vajta S. 134-141).

Freilich: Nur in schriftlicher Gestalt, als *verbum Dei scriptum*, ist das Wort überlieferungsfähig, kann es als Quelle und Norm aller seiner aktuellen Bezeugungen fungieren. In allen Schriftkulturen eignet dem geschriebenen und solchermaßen gespeicherten Wort die Mit-Bedeutung des Gültigen, Bleibenden, Normativen. Der Umgang mit dem Buch im Gottesdienst, die gottesdienstliche Lesepraxis hat an diesen kulturellen Wertungen teil: Solange wir noch in einer Schriftkultur leben, übermittelt das Buch auf dem Altar oder auf dem Lesepult, übermittelt die Lesepraxis selber auch diese Mit-Bedeutungen des Bleibenden, Gültigen, Verbindenden, Verläßlichen – abgesehen von allem, was da an Worten, Sätzen, Texten jeweils konkret vorgelesen wird. So ist der Ritus der Schriftlesungen eben auch Zeichen und Garant für die Kontinuität des Gottesdienstes und des sich in ihm vergegenwärtigenden Gottesbundes.

Nun kommt in der Regel aber dieses Wort im Gottesdienst nicht als geschriebenes, sondern als verlesenes Wort zur Sprache: Schriftzeichen gewinnen wieder Laut und Stimme, verleiblichen sich in einem Klangleib, verwandeln sich aus geschriebenem in gesprochenes Wort. Indem der Vorlesende ihm seine Stimme leiht, gewinnt das Schriftwort

seine ursprüngliche Mündlichkeit zurück. Jede Verlesung des Schrift-
worts – in einer dem Zeitgenossen verständlichen Sprache – impliziert
darum schon ein Stück Auslegung, Aktualisierung: Der Vorlesende
spricht dieses Wort immer auf seine Weise in eine konkrete Situation
hinein, die über die Rezeption, das Verständnis, die Wirkung des
verlesenen Wortes aktuell mitbestimmt. Die Grenzen zum gepredigten
Wort werden hier fließend. Freilich: Der Prediger leiht dem Schriftwort
nicht nur seine Stimme, sondern in einem eigentlichen Sinne seine
Sprache und mit ihr all jene Erfahrungen, die in diese Sprache
eingegangen, ihm in dieser Sprache gegenwärtig sind und ihn als
Person in seiner konkreten Existenz begründen und bestimmen.

3.2. Wort und Antwort

In seinem Sprachgestus, in seinen verbalen und nichtverbalen Elementen gibt christlicher Gottesdienst, recht gefeiert, sein eigenes Selbstverständnis deutlich zu erkennen: Er versteht und gestaltet sich als
symbolischer Dialog zwischen Gott und der hier versammelten
Gemeinde, als ein Dialog, in dem Gott Menschen in seinem Wort
anspricht, sich ihnen mitteilt und sie so zu glaubender Antwort
befähigt. Solche Beschreibung christlichen Gottesdienstes als Wort-
Antwort-Geschehen hat ihren klassischen Ausdruck gefunden in der
berühmten Definition Luthers aus der Torgauer Kirchweihpredigt von
1544, nach der im Gottesdienst nichts anderes geschehen kann, »denn
das unser lieber Herr selbs mit uns rede durch sein heiliges Wort, und
wir widerumb mit jm reden durch Gebet und Lobgesang« (WA 49, S.
588, 15-18). Neuere katholische Bestimmungen der dialogischen
Struktur des Gottesdienstes stimmen mit dieser Definition Luthers in
bemerkenswerter Weise überein; so die Liturgiekonstitution des 2.
Vatikanischen Konzils, wo es in Art. 33 (zunächst mit Blick auf den
Wortgottesdienst) heißt:»Denn in der Liturgie spricht Gott zu seinem
Volk; in ihr verkündet Christus noch immer die Frohe Botschaft. Das
Volk aber antwortet mit Gesang und Gebet.«
Beide Bestimmungen konvergieren auch darin, daß Gott in solchem
Dialog die Initiative zukommt: Indem er sich in seinem rettenden,
heilswirksamen Wort der Gemeinde zuwendet, ruft er überhaupt erst
die Möglichkeit glaubender Antwort hervor; das Wort ist auf eine
Antwort aus, die es eben als Wort erst hervorbringt. Man unterscheidet
in diesem Zusammenhang zwei Aspekte, zwei Richtungen des Dialogs:

Er zeigt und vollzieht sich in einer heilshaft-katabatischen, »absteigenden«, und kultisch-anabatischen, »aufsteigenden« Weise. Doch gilt, daß
beide Aspekte – so bedeutsam auch ihre Unterscheidung bleibt – sich
im konkreten gottesdienstlichen Handeln wechselseitig durchdringen.
Gottes Heil wird für uns ja gar nicht anders gegenwärtig als im Reden
und Tun von Menschen, genauer: im Handeln der Gemeinde, die in
Wort und Sakrament die Großtaten Gottes preist und feiert und sie
gerade in solchem lobpreisenden, danksagenden Gedenken verkündet.
An solcher wechselseitigen Durchdringung haben alle gottesdienstlichen Elemente, wenn auch in unterschiedlichem Maße, teil. Das gilt
auch für die Schriftlesungen im Gottesdienst. Freilich zeigt sich im
verlesenen Wort – wie wohl kaum in einem anderen liturgischen Tun
– die *katabatische* Seite des gottesdienstlichen Geschehens: Gott
wendet sich in seinem Wort uns zu. Christus spricht zu uns, wenn die
Schrift verlesen wird. So hat es seinen guten Sinn, wenn in der frühen
Kirche der Gottesdienst mit den Schriftlesungen beginnt: Wenn
Christen zusammenkommen, hat Gott das erste Wort. Und wenn dann
im Laufe der Zeit allerhand Anrufungen und eröffnende Riten den
Lesungen vorgeschaltet werden, zeigt dies einen deutlichen Wandel im
Gottesbild und im Gottesdienstverständnis an. Und doch hat auch das
verlesene Wort immer schon an der *Anabasis*, der Antwortseite des
Dialogs, teil: Es ist auch Anruf, Lobpreis, Danksagung – eine Weise
der Verherrlichung Gottes, des Gotteslobes, und nicht nur Zuspruch
und Inanspruchnahme, Zusage und Weisung. In der Art und Weise des
Vortrags der Lesungen (etwa im feierlichen Gesang des Evangeliums),
im besonderen Ort, der ihnen im liturgischen Raum zugewiesen wird
(Ambo bzw. Lesepult), in eröffnenden, begleitenden und beschließenden Riten (Akklamationen, Kerzen, Weihrauch, Prozessionen u.ä.)
kommt besonders solche *anabatische* Seite zur Darstellung. Wo freilich
solche »Verfeierlichung« der Lesepraxis dazu führt, daß die Lesungen
gar nicht mehr als Anrede, in ihrem Wort-Charakter wahrgenommen
werden können (zum Beispiel infolge mangelnder oder fehlender Verständlichkeit), ist das Gleichgewicht zwischen beiden Aspekten und
damit der Dialog als Wort-Antwort-Geschehen selber gefährdet.

4. Homiletische Besinnung

Wir sind gewohnt, daß in unseren Gottesdiensten über Lesungen aus der Heiligen Schrift gepredigt wird. Ganz und gar ungewöhnlich ist es jedoch, die gottesdienstliche Lesepraxis selber zum Gegenstand einer Predigt zu machen. Bei anderen liturgischen Stücken (Kyrie, Gloria) kann der Prediger so verfahren, wie er dies auch bei der Predigt über sonstige Texte (Bibeltexte, Lieder, Katechismusstücke) tut. Will er über die Lesepraxis als solche predigen, hat er keinen Text, sondern eine Handlung, einen liturgischen Brauch (wir sagen: einen Ritus bzw. eine rituelle Praxis) zum Thema. Er muß als erstes ein Gespür dafür entwickeln, daß auch solche Vorgänge, Handlungen, Riten den Charakter von *Texten* haben – das heißt, daß sie (ganz abgesehen von ihren konkreten, wechselnden Inhalten) Träger von Bedeutungen, Übermittler von Botschaften sein können. »Lesehilfen« sind nötig, um solche – meist nichtverbal verschlüsselten – Botschaften zu entziffern:

a. Welche Stellung nimmt die betreffende Handlung (hier: die Schriftlesung) im Gesamtzusammenhang des Gottesdienstes ein? Welcher Satz wird damit in den Text des Gottesdienstes hineingeschrieben? Was würde sich ändern, wenn er fehlte? In welcher Weise nimmt er Einfluß auf das, was folgt? Wie qualifiziert er das, was vorher war?
b. Welcher Ort wird der Handlung im liturgischen Raum zugewiesen? Welche Bedeutungen werden durch solche räumlichen Festlegungen (Altar? Lesepult? Kanzel?) dargestellt?
c. Wie ist die Handlung den verschiedenen liturgischen Rollen zugeordnet? Liest der Liturg, der Prediger? Oder ein Lektor, ein Diakon? Welche Botschaft wird durch die Rollenverteilung übermittelt?
d. Von welchen rituellen Elementen – verbaler und nichtverbaler Art – ist die Handlung umgeben, getragen? Welcher Sinn wird ihr etwa durch einleitende und beschließende Akklamationen zugeschrieben? Welche Rolle spielen Handlungselemente und Gegenstände? Wie wird mit dem Buch (Bibel? Lektionar? Oder »Zettel«?) umgegangen, aus dem gelesen wird?

Ein eindrückliches Beispiel dafür, wie ein solcher Text rituell formuliert werden kann, ist der »kleine Einzug« (auch »Evangeliumseinzug«) ostkirchlicher Liturgien: Vor den Lesungen wird das Evangelienbuch in Prozession durch den Gläubigenraum zum Altar-

raum getragen. Wo (wie in einigen Liturgien) die Prozession erst
unmittelbar vor der Evangelienlesung stattfindet, kommt der Sinn der
Handlung noch deutlicher zum Ausdruck:»jubelnde Begrüßung Christi,
Hintreten zum Herrn, der in der Versammlung gegenwärtig ist, um uns
zum Vater zu führen« (Adam/Berger S. 117).
Freilich: Der Prediger, der über Elemente des Gottesdienstes predigt,
wird kaum von solchen »fremden Texten« ausgehen können und
dürfen. Sein Text ist die Handlung, die Gestalt der Lesepraxis, wie sie
der Gemeinde, zu der er redet, vertraut ist. Von diesem Text ausgehend, sind eine Reihe von Predigtansätzen denkbar:

5. Zur Verkündigung

1. Wie ist die Botschaft von Jesus Christus auf uns gekommen? Nicht
Worte, Sätze, Texte standen am Beginn dieses Überlieferungsprozes-
ses, sondern ein lebendiger Mensch: Jesus Christus als das eine,
fleischgewordene, geschichtliche Wort Gottes, der uns in seinem Leben
und Leiden, Reden und Tun die Liebe Gottes und die Nähe seines
Reiches verkündet. Worte und Taten Jesu: Von denen, die dabei waren,
gehört und gesehen, weitererzählt, in Sprache, in Geschichten, in Texte
verwandelt – und schon beim ersten Weitersagen verbunden mit
Worten *über* Jesus, mit dem Bekenntnis zu ihm, mit Glaubensworten,
mit dem Versuch, ihn und seine Geschichte zu begreifen, auszulegen,
in die Geschichte Gottes mit den Menschen einzuordnen. Später dann
aufgeschrieben, in Büchern festgehalten, auf uns gekommen: Wenn das
Evangelium im Gottesdienst gelesen wird, hören wir viele Stimmen
zugleich. Zu uns sprechen die, die das Buch der Bücher in unsere
Sprache übersetzten: Martin Luther und all die anderen, die sich –
revidierend, neuübersetzend – an den Texten versuchten. Zu uns
spricht der Verfasser des Evangeliums, der uns mit der Geschichte Jesu
zugleich seine Sicht dieser Geschichte, seine Interpretation, ein Stück
seines Glaubens übermittelt. Zu uns sprechen all die unbekannten
Christen, die die Worte und Taten Jesu sammelten, weitererzählten,
ihnen eine feste, überlieferungsfähige Gestalt gaben: Auch ihr Glaube,
ihr Bekenntnis, ihre Erfahrung ist in den Texten gegenwärtig. Zu uns
spricht der Vorleser, der Lektor, der den geschriebenen Worten seine
Stimme leiht und damit zugleich ein Stück seines Lebens, seines
Glaubens in die Texte hineingibt. Und durch *sie alle* hindurch spricht

zu uns Jesus Christus: Keine Gestalt einer fernen Vergangenheit, deren
Worte man erst mühsam vom Schutt der Geschichte, vom Schutt der
Deutungen (und Fehldeutungen) befreien müßte, sondern der lebendige
Herr, in seinem Geist gegenwärtig in der Gemeinde, damals und heute;
nicht nur Überlieferter, menschlichen Deutungen Ausgelieferter,
sondern selber immer wieder Deuter, Ausleger, Überlieferer seiner
Geschichte. Ihn grüßen wir, wenn wir uns zur Lesung des Evangeliums
erheben...

2. Gottesdienste sind Stationen des Volkes Gottes auf seinem Weg
durch Zeit und Raum. Am Rande dieses Weges ist ein Zelt aufge-
schlagen, darin ein Tisch, gedeckt mit Brot und Wein; und ein Tisch,
gedeckt mit dem Brot des Wortes. Brot des Lebens – in doppelter
Gestalt (Joh 6,35). Man kommt herein, hält inne, atmet auf, reicht
einander das Brot und das Wort. Brot des Lebens: Das schafft
Gemeinschaft nicht nur unter denen, die jetzt auf dem Weg sind,
schweren Schritts noch, Staub an den Füßen. Es schafft Gemeinschaft
auch mit denen, die vorher auf dem Weg waren, die ihn vollendet
haben, das Brot und das Wort weitergereicht haben an uns: Das Volk
des alten Bundes auf seinem Weg durch das Meer, durch die Wüste in
das gute Land. Die Männer und Frauen, die dem Mann aus Nazareth
zuerst nachfolgten auf den noch ungewissen, gefährdeten Weg. Die
Glieder der frühen Gemeinden, voll ungeduldiger Erwartung des
Gottesreiches... Sie kommen zu Wort, wenn das Volk Gottes innehält
im Zelt, am Tisch, mit ihren Worten, ihrem Glauben, ihrer Hoffnung:
David singt seine Psalmen. Jesaja schaut das Friedensreich, in dem
Schwerter zu Pflugscharen, Spieße zu Sicheln geschmiedet werden und
die Wölfe bei den Lämmern wohnen. Lukas berichtet, was er von den
Worten und Taten Jesu und seiner Apostel in Erfahrung bringen
konnte. Paulus diktiert einen Brief an die Gemeinde in Korinth... Die
Lesungen aus der Heiligen Schrift im Gottesdienst: Sie vergegenwärtigen die »Wolke der Zeugen«, von der der Hebräerbrief spricht
(12,1). Sie verschaffen der Stimme der Mütter und Väter im Glauben
Gehör. Sie lassen die zu Wort kommen, die vor uns auf dem Weg
waren, im Zelt und am Tisch einkehrten. Sie halten dem Volk auf dem
Weg seinen Ursprung, seine Geschichte vor Augen... Jesaja und Lukas
und Paulus sprechen auf ihre Weise zu den Menschen ihrer Zeit und
reden doch zu uns, ganz unmittelbar: Wir sind auf dem gleichen Weg
wie sie. Halten Rast am gleichen Tisch. Sind verbunden im Glauben

an den gleichen Herrn, von dem wir herkommen und zu dem wir allesamt unterwegs sind...

3. Gottesdienst als Gespräch. Vom Raum, von der Teilnehmerzahl, von anderen äußeren und inneren Voraussetzungen wird es abhängen, ob und wie wir im Gottesdienst wirklich miteinander »ins Gespräch« kommen können. Doch auch dort, wo eine feste Ordnung uns unser Verhalten, unsere Worte vorschreibt, bleiben wir »im Gespräch«, und dies gleich auf mehrfache Weise: Das Lied, das wir gemeinsam singen, bringt uns ins Gespräch mit dem, der es einst gedichtet, komponiert hat... Die Lesungen: Worte erreichen uns, in unserer Sprache zwar, doch aus einer fernen, fremden Zeit – wollen mit uns ins Gespräch kommen; wollen, daß wir auf sie hören; wollen, daß wir antworten. Aufmerksam, lernbereit zuhören können, neugierig zuhören können: Das ist eine wichtige Voraussetzung für jedes Gespräch. Zuhören kann man lernen: Sich öffnen, äußerlich (eine offene, zugleich gespannte Haltung gehört dazu) und innerlich. Verstehen wollen. Barrieren abbauen... Dann kann es geschehen, daß wir neu auf die fremd-vertrauten Worte hören. Daß sie uns unerwartet treffen. Daß sie uns Neues sagen. Daß wir unter all den Stimmen, die uns erreichen, noch eine andere Stimme hören: Gott, der mit uns ins Gespräch kommen will auf seine leise, unaufdringliche Art...

Literatur:
A. Adam/R. Berger, Pastoralliturgisches Handlexikon, Leipzig 1982. – Gestalt des Gottesdienstes. (Gottesdienst der Kirche, Bd. 3), Regensburg 1987. – G. Kunze, Die Lesungen, in: Leiturgia II, Kassel 1955, S. 87-180. – Lektionar für evangelisch-lutherische Kirchen und Gemeinden. Neue Ausgabe, Hamburg 1978. – Ordo lectionum missae, 1969, [2]1981. – V. Vajta, Die Theologie des Gottesdienstes bei Luther, Berlin 1958.

Karl-Heinrich Bieritz

2. Credo

1. Zur Begegnung

Das Glaubensbekenntnis ist – abgesehen von seinem Gebrauch bei Taufen und Konfirmationen – in allen Sonn- und Festtagsgottesdiensten deutschsprachiger evangelischer Kirchengemeinden als ein unveränderliches Stück der Gemeindeliturgie anzutreffen. Nach aller Erfahrung, gemäß agendarischer Vorschrift und nach landläufigem Verständnis steht es dort am Ende der Eingangsliturgie, genauer gesagt, nach der (den) Schriftlesung(en) und vor der Predigt. Damit folgt das Glaubensbekenntnis häufig der Evangelienperikope des jeweiligen Tages unmittelbar, während zur Predigt zumeist ein Lied die Brücke bildet. Von Bedeutung ist sicherlich, daß das Glaubensbekenntnis an dieser Stelle, umgeben von Stücken, die Einzelne (Lektoren, Prediger) vortragen, eine gemeinschaftliche Aktion aller ist. Daran ist allen Gottesdienstordnungen ohne Unterschied gelegen: wie das Vaterunser spricht die Gemeinde das Glaubensbekenntnis gemeinsam, wozu sie sich auch von den Plätzen erhebt.

Als unveränderlich muß schon die Wahl des Glaubensbekenntnisses bezeichnet werden: das Apostolische Glaubensbekenntnis ist weithin *das* gottesdienstliche »Normalbekenntnis« evangelischer Gemeinden. Nur eine Minderheit von Gemeinden folgt der (luth./uniert.) Agendenempfehlung und örtlichem Brauch, an Festtagen und bei Gottesdiensten mit Feier des heiligen Abendmahls das Nicaeno-Konstantinopolitanische Bekenntnis zu gebrauchen (luth.: auch Tedeum EKG 137; in Gottesdiensten ref. Gemeinden spielt das Nicänum keine Rolle, wohl aber die Verbindung des Credo mit einem Lehrstück aus dem Heidelberger Katechismus o.a.). Selten ist das Glaubensbekenntnis in Liedform anzutreffen (R.A. Schröders Glaubenslied EKG 133 noch häufiger als Luthers »Wir glauben all an einen Gott« EKG 132). Nur vereinzelt begegnen statt des (der) altkirchlichen Bekenntnisse(s) z.T. von den Landeskirchen zum Gebrauch freigegebene zeitgenössische Glaubenszeugnisse (G. Ruhbach), dann und wann eher in Verbindung mit einer biblischen Textdarbietung bzw. mit der Predigt als mit dem

Apostolikum. – Nahezu ausnahmslos durchgesetzt hat sich die seit ca.
15 Jahren in den Kirchen eingeführte gemeinsame Textfassung der
beiden altkirchlichen Glaubensbekenntnisse (W. Beinert u.a.; A.
Völker) mit der bekannten innerevangelischen Differenz (Apostolikum,
luth./uniert: christliche, ref.: allgemeine christliche Kirche; Nicänum,
luth./uniert: christliche ..., ref.: allgemeine ... Kirche).
Für das Verständnis des Credo ist auch sein angestammter liturgischer
Ort von Bedeutung. Weil das Glaubensbekenntnis eigentümlich
unvermittelt auf die Schriftlesung(en) folgt, wird wiederholt eine
verbindende Einleitung gebraucht, etwa »Laßt uns Gott loben mit dem
Bekenntnis unseres Glaubens«, oder »Laßt uns mit der ganzen
Christenheit auf Erden unseren Glauben bekennen«. Vom landläufigen
Verständnis her (das Pastoren und Gemeinden bekunden) muß gesagt
werden: am Ende und auf einem gewissen Höhepunkt der verhältnis-
mäßig langen Eingangsliturgie vereinigen sich alle Anwesenden in
einer gemeinschaftlichen Kundgabe des Glaubens. Wenn nach dem
heute anzutreffenden Verständnis des Glaubensbekenntnisses gefragt
wird, muß von dem gemeinkirchlichen Bewußtsein die Rede sein: Es
handelt sich beim Credo – an gewissermaßen exponierter Stelle des
Gottesdienstganzen und spürbar isoliert von allen Einzelvollzügen
dieses Geschehens – um ein in seiner Weise unumgängliches, mit
anderen nicht vergleichbares, auf jeden Fall singuläres Liturgiestück.
Die Gemeinde bekennt ihren Glauben – vor sich selbst, vor anderen
Christen, vor der Welt und vor Gott. In dieser Aktion fließen recht
unterschiedliche Sinngebungen zusammen: Einstimmen in den Glauben
der Christen, »Antwort« auf die Verkündigung des Wortes Gottes,
Erinnertwerden an den Konfirmandenunterricht usw. Durch das
Medium des gemeinsamen rhythmischen Vortrags des einen Textes in
hymnischer Diktion geben sie diesem Einzelvollzug (und damit dem
ganzen Gottesdienst) eine Art von sakramentaler Weihe.

2. Historische Erklärung

Für die Christenheit beginnt die Geschichte des Glaubensbekenntnisses
mit dem Glauben Israels, mit dem Weg Jesu Christi und mit den
frühen Zeugnissen der ersten Gemeinden (vgl. zum Folgenden
Lanczkowski u.a., Abschn. II-VIII). Auf die Selbstkundgabe Gottes
antwortet Israel mit dem Bekenntnis »Jahwe ist unser Gott« (2.Mose

20,1), das die Einzigartigkeit Gottes und seine Heilstat für das von ihm erwählte Volk proklamiert und zugleich Zeichen liebender Hinwendung zu ihm ist. Das Sch'ma Israel (5.Mose 6,4f), sowohl Kernstück des Synagogengottesdienstes wie tägliches Gebet jedes Juden, wird das Gottesdienstbekenntnis Jesu (Mk 12,29), das er in letzter Konsequenz am Kreuz an sich vollstrecken ließ. Das eine Credo Israels zu dem einen Gott entfaltet sich nun in die Vielzahl der Bekenntnisse zu Jesus als dem Herrn, den Gott von den Toten auferweckt hat (zentral Röm 10,9-13): Bekennen (*homologia*) und den Namen des Herrn anrufen (*epiklesis*) sind Formen des rettenden Glaubens.

Über die zahlreichen ein- und mehrgliedrigen Credoformeln im Neuen Testament und den frühkirchlichen Gemeinden führt der Weg zum altrömischen *Taufsymbol*, das die Wurzel des Apostolikums (Vokes u.a., Abschn. I) darstellt. Auch das nach den Konzilsorten des 4. Jahrhunderts sogenannte Nicaeno-Konstantinopolitanum, in seinen Vorformen möglicherweise auch auf ein Taufcredo zurückgehend, begegnet um die Wende vom 5. zum 6. Jahrhundert in Konstantinopel als Glaubensbekenntnis innerhalb der eucharistischen Liturgie. Seither hat das Symbolon seinen festen Platz in der Chrysostomus-Liturgie der orthodoxen Kirchen unmittelbar vor der Anaphora (eucharist. Gebet) und nach dem sogenannten Großen Einzug, der Fürbittenektenie und dem Friedenskuß.»Das Credo bedeutet in diesem Zusammenhang den *redditus ad baptismum*, zugleich die Bezeugung der Rechtgläubigkeit gegenüber aller Irrlehre und damit die Würdigkeit, am Sakrament teilnehmen zu können« (Mahrenholz 1960, S. 474): Es wird vom Gemeindevorsteher oder Lektor vorgetragen, von Klerus und Laien leise mitgebetet. Ende des 8. Jahrhunderts erst gelangt das Credo (durch spanische und gallische Einflüsse) in den fränkischen Gottesdienst (Aachener Pfalzkapelle), hier *dem Evangelium nachgestellt* (und gesungen).»Als Kaiser Heinrich II. 1014 nach Rom kam, war er erstaunt, daß hier in der Messe das Credo fehlte. Die römischen Kleriker erklärten ihm, die römische Kirche, die niemals vom Irrtum berührt worden ist, habe es nicht nötig, so oft den Glauben zu bekennen. Dennoch gab Papst Benedikt VIII. dem Drängen des Kaisers nach« (Jungmann, S. 601). Nach dieser endgültigen Aufnahme in die Sonn- und Festtagsliturgie blieb das *Nicänum*, auch gerade in seinen choralen (gregorianischen) Ausformungen, *das Meßcredo* des Westens, während das *Apostolikum* im Mittelalter außer zur Taufe im Stundengebet (mit dem Vaterunser zusammen) und im von der Kanzel aus gehaltenen Predigtgottesdienst rezitiert wurde – verbunden mit der Erklärung des Symbols ein klarer katechetisch-seelsorgerlicher Akzent. »Nach dem Euangelio singt die gantze kirche den glauben zu deutsch/ Wir glauben all an eynen Gott. Darnach gehet die predigt von Euāgelio des sonntags oder fests« (Deutsche Messe 1526). Kongenial zu den diversen Überlieferungen erneuert Luther das Bekenntnis durch das deutschsprachige *Glaubenslied*, das zum (zunächst noch lateinischen) Nicänum hinzutritt oder es ersetzt und bis weit in das 18. Jahrhundert hinein gebraucht wurde (die Bezeichnung »Das deutsche Patrem« im 16. Jahrhundert erinnert daran, daß dem Gemeindegesang die Intonation des Liturgen voranging). Erst in der 2. und 3. Generation der lutherischen Reformation sind chorale Fassungen des deutschen Nicänums belegt. Daß Zwingli das Apostolikum satzweise wechselnd von Männern und Frauen in seiner Abendmahlsordnung (1525) hat sprechen lassen wollen und bei Calvin das gesungene Apostolikum zwischen dem Vaterunser und den Einsetzungsworten steht (1542), hat sich nur bis in die frühen reformierten Kirchenordnungen (z.B. Kurpfalz 1563) gehalten: hier wird es als gemeinchristliches öffentliches Glaubenszeugnis der Gemeinde verstanden. Nach Köln/Straßburger Tradition steht das Credo nach der Predigt im Abendmahlskontext und gewinnt den Sinn des »sich Christo ergeben« (Bucer), während nach den lutherischen Ordnungen das Nicänum bzw. Glaubenslied seinen Platz nach dem Evangelium vor der Predigt hatte.

Nach der Aufklärung, die beim Credo Ansätze zum Ersatz der altkirchlichen Form durch zeitgemäßere (private) Bekenntnisse und zu verstärktem Liedgebrauch zeigt, hat die Agende der Hof- und Domkirche Berlin 1822 das *Apostolikum* nach dem Evangelium dem Geistlichen zugewiesen, worauf der Chor das Amen wiederholt, ein biblischer »Spruch nach dem Glauben«, Präfation/Sanctus, Fürbitten/ Vaterunser vor der Predigt folgt. Diese Reform hat sich auf sämtliche Gottesdienstordnungen sehr nachhaltig bis in die Gegenwart ausgewirkt. Daß Pfarrer und Gemeinden in der Kirchenkampfbedrängnis (1934) das Credo neu »entdeckten« und es fortan im Sonntagsgottesdienst miteinander sprachen, hat sich in der Praxis stärker als die Bemühungen der liturgischen Bewegung und der Agendenneuordnung nach 1950 erwiesen (luth: Nicänum oder Glaubenslied gesungen, Apostolikum gesungen oder gesprochen mit Lobpreislied EKG 134/Amenstrophe der Gemeinde; uniert: Apostolisches oder Nicänisches Credo oder EKG 133; ref.: dasselbe ohne Glaubenslied). Dabei

wurde der Charakter des Credo als *Antwort* auf das zuvor gehörte Wort
aus der Heiligen Schrift, zuweilen auch intensiver als *hymnischer
Lobpreis* hervorgehoben (Mahrenholz, Kalb, Dietz, Stalmann u.a.). In
vieler Hinsicht entgegengesetzt wirkten die »Glaubensbekenntnisse für
unsere Zeit« (Ruhbach) der letzten Jahrzehnte, die die Aufmerksamkeit
auf das aktuelle Bekennen und seinen Zusammenhang mit dem Credo
der Überlieferung lenkten. Die kommende Erneuerte Agende ermöglicht das Glaubensbekenntnis *nach der Predigt*, um die Zusammengehörigkeit von Lesung(en) und Predigt nicht zu unterbrechen und
plädiert für eine größere Variationsbreite von Ausführungsmöglichkeiten (Bieritz).

3. Theologische Erwägung

Was der Gottesdienst und das Leben der Christen im Ganzen ist,
nämlich Bekennen, wird im Glaubensbekennntnis als einem formelhaften, erlern- und wiederholbaren Text manifest. Nächst der Heiligen
Schrift ist das Glaubensbekenntnis ein fundamentaler und erstrangiger
Text der Kirche, und dies in theologisch-dogmatischer, katechetischer
und liturgischer Hinsicht. Bei der den Symbolen eigenen Dichte und
Konzentration ist eine Antwort auf die Frage, was das Credo theologisch aussagt und für den Glauben bedeutet, nur in sehr knapper Form
möglich.
Glauben und Bekennen gehören zusammen, bedingen einander (2.Kor
4,13 nach Ps 116,10); hier wie auch in der klassischen Darlegung Röm
10, 9-17 ist der Glaube das, was er ist, nicht aus sich selbst, sondern
aus dem, was er als Gabe empfängt (Röm 10,17 : »So kommt der
Glaube aus der Predigt / aus dem Hören der Botschaft…«) und was er
als einmalige Heilstat bekennt. Das *Erkennen* der Heilstat Gottes, die
durch das Evangelium verkündigt wird und geschieht, fordert das Ja zu
dieser Heilstat. Ist Gottes Liebe zu uns gekommen in seinem Wort, so
haben wir nun zu antworten im Wort der Gegenliebe: »Wer die
Antwort verweigern würde, würde alsbald den Glauben selbst
verlieren.«
So führt das Erkennen zum *Bekennen*. Sowohl das »Glauben mit dem
Herzen« wie das »Bekennen mit dem Mund« (Röm 10,7) sind von
dem, dem geglaubt wird und der bekannt wird, gewirkt: Glauben und
Bekennen sind Gaben des Geistes Jesu Christi (1.Kor 12,3).

Als zentrale Antwort der Kirche auf das Heilshandeln Gottes ist das
Bekenntnis gewissermaßen das *Herzstück des Glaubens*; in ihm sind
alle anderen Antworten des Glaubens – Gebet, Lobpreis, Zeugnis und
Lehre – in besonderer Weise konzentriert. Weil das Credo inmitten
einer (auch und gerade gottesdienstlichen) Mehrzahl von Glaubens-
aussagen steht, hat es in eigentümlicher Weise teil an den Strukturen
von Gebet, Doxologie, Zeugnis und Lehre: das Credo spricht in der
3. Person von Gott und Jesus Christus – nicht wie das Gebet mit
»Du«, und doch anerkennt es Gott und unterstellt sich im Akt des
Bekennens der Herrschaft Christi. »Ich glaube« heißt hier »Ich gelobe
mich an«. Außer dem bedeutsamen Anfang »Ich glaube« (bzw. im
Nicänum: »Wir glauben«) ist von dem Menschen, der bekennt, im
Bekenntnis selbst keine Rede. Lediglich das Nicänum sagt an
bezeichnender Stelle »Für uns Menschen und zu unserm Heil ist er
vom Himmel gekommen … Er wurde für uns gekreuzigt…« Das
knappe, karge Apostolikum ist darin dem Lobpreis noch näher, in dem
Gott alles in allem ist und der Glaubende/Bekennende ganz zurücktritt.
Dies bestätigen auch die aus der Frühzeit bezeugten, akklamations-
artigen Bekenntnisrufe wie »Jesus ist der Herr«. In die beiden
altkirchlichen Glaubensformeln sind sie insbesondere durch die
Hoheitstitel *Christus, Sohn Gottes* und *Herr* aufgenommen. Wiewohl
das Herrsein Jesu und was Gott durch ihn getan hat, vor der Gemeinde, ja öffentlich vor der Welt bekannt wird, die sich diesem Gott
und seiner Liebe entzieht, kommt die für die Lehre/Unterweisung wie
für das Zeugnis (Predigt/Evangelisation) kennzeichnende Anrede im
Credo selbst nicht vor. Nur im *Miteinander* aller Formen des Glaubens,
unter denen das Bekenntnis freilich eine hervorragende Zentralstellung
einnimmt, lebt eine Gemeinde aus der Fülle des ihr anvertrauten
Evangeliums; darum haben alle Äußerungen des Glaubens, von der
Predigt, dem Gebet, der Taufe und dem Abendmahl bis zur Alltags-
existenz des einzelnen Christen *Anteil an der Bekenntnisqualität*, die
dem Credo eigen ist, sie werden selbst Bekenntnis. Im Wort *Credo* –
»Ich glaube« – ist wie in einem Vorzeichen in der Mathematik der
theologische Schlüssel zum Ganzen enthalten. Das Apostolikum kann
als Musterbeispiel dafür dienen, wie der Glaube an Gott den Schöpfer,
an Jesus, den Christus, den Sohn Gottes, unsern Herrn, und an den
Heiligen Geist in einer *Kurzformel des Glaubens* konzentriert ausgesagt
ist: alle Credo-Inhalte sind abhängig vom Grundwort »Ich glaube«,
verdeutlicht durch die Einsparung ganzer Satzteile mittels der

Partizipienreihung im 2. Artikel (deren Ende freilich die Wiederholung von »ich glaube« im 3. Artikel notwendig macht) – eine Strenge, Kürze und Monumentalität, die zeitgenössische Glaubensdeklarationen so nicht aufweisen können. Auch von daher hat sich das Apostolische Glaubensbekenntnis als *Taufcredo* bewährt, indem es bekennend entfaltet, was Gottes Heil in Jesus Christus für die Taufenden und die Getauften ist. Darum eignet sich das Apostolikum als *Mittel zum Taufgedächtnis*. Bleibt nachzutragen, daß das Credo immer auch ein Confiteor impliziert: die Sündenerkenntnis und das Sündenbekenntnis des Getauften, der seinem Herrn nur zusagen kann, wenn er anderem absagt. Erstaunlich bleibt der Reichtum, den beide Glaubenssymbole bei aller Kürze aufweisen (hier können nur Beispiele angedeutet werden): wie in beiden Texten der Universalhoheitstitel »den Allmächtigen« (*pantokrator*) neben dem so persönlich-intimen »Vater« zu stehen kommt; daß das Nicänum für alles Geschaffene zwei Doppelausdrücke bereithält; wie das zeitbedingte, aus den christologischen Glaubenskämpfen hervorgegangene »eines Wesens mit dem Vater« sich in die Gesamtaussage des 2. Artikels fügt usw. In viel stärkerem Maß gilt dies von der »Mitte des Credo«, der Darlegung der Gottheit und Menschheit Jesu Christi, wie von der trinitarischen Grundanlage des Bekenntnistextes, der *in der Struktur des Bekennens verbleibt* (und nicht, wie das Symbolum *quicumque vult*, das sog. Athanasianische Glaubensbekenntnis, in die Gestalt der Lehre hinüberwechselt). Wie sehr Apostolikum und Nicänum vom Wort der Heiligen Schrift gesättigt, erfüllt und durchdrungen sind, wird jeder erfahren, der sich näher auch nur mit einer Zeile der Credotexte befaßt. Sie sind zu Recht *Summe der Schrift, regula fidei* und *norma normata* genannt worden. In ihrer Diktion gebrauchen beide altkirchlichen Credotexte die Begrifflichkeit *ihrer* Zeit – wie dies jedes Bekenntnis tut –, sie sind darum in hohem Maße *der Interpretation bedürftig*, und in der Kontingenz ihrer Wortwahl und Sprachgestalt als geschichtliche Zeugnisse bekennenden Glaubens sowohl ergänzungsbedürftig wie ergänzungsfähig, jedoch *unüberholbar gültig*.

4. Homiletische Besinnung

Eine Predigt über das Glaubensbekenntnis – wo mag das Motiv dafür liegen? Gewiß nicht allein in der betrüblichen Erfahrung der »Beziehungslosigkeit« der Predigt und Verkündigung zum Gottesdienst, der sie umgibt und trägt. Die *Botschaft des Evangeliums selbst*, wie sie in den Gestalten des Credo konzentriert erscheint, will von der Gemeinde stets neu *im Glauben angeeignet und gelebt werden.* So kann die Credopredigt die Fülle des biblischen Zeugnisses vertreten und zugleich für das glaubende Verstehen öffnen, damit auch die Botschaft aktualisieren und *zu neuem Bekennen in Wort und Tat ermutigen.* Wichtige Motive dieser Verkündigung können sein: die Einzigartigkeit und Andersartigkeit Gottes – und daß die Welt mit allem vorfindlich Geschaffenem nicht Gott ist, daß die Erfahrung sichtbarer und (oft noch spürbarer) unsichtbarer Mächte und Gewalten von der Allmacht und Güte des Schöpfers in Christus umgriffen ist; daß aufgrund des *leibhaft* Geborenwerdens, Sterbens und Auferstehens der Erhöhte»den ganzen Menschen satt und heil« machen will; daß sich die Bedeutung Jesu nicht in seiner Nähe und Solidarität zu den Armen, Entrechteten und Randgruppen der Gesellschaft erschöpft; daß wir dem lebendigmachenden Geist Jesu zutrauen, daß er *jedem* vollen Anteil an Gottes Heil gibt; daß die *eine* Kirche, die wir bekennen (und zu der wir gehören) eine»christliche« (= catholicam) ist, der das Ganze des Heils in Jesus Christus für alle Menschen und diese Welt anvertraut ist; daß es sich bei den Schlußaussagen des 2. und 3. Artikels (*iterum venturus est*) nicht um religiöse Spekulationen handelt, sondern unser Leben seit der Taufe in der endzeitlichen Dimension des Reiches Gotte steht. Nicht nur die großen Credo-Kommentare und Auslegungen von K. Barth, H. Thielicke, W. Pannenberg, J. Ratzinger, sondern viele Einzelinterpretationen zum Credo, die in den letzten drei Jahrzehnten erschienen, können zur Predigt über das Glaubensbekenntnis herangezogen werden. Im Blick auf die Credotexte bleiben für die heutige Gemeinde folgende Punkte zu klären: die Namen, die beide Bekenntnisse tragen (daß das Apostolikum nicht von den Aposteln stammt und doch als apostolisch bezeichnet werden darf); wie das Credo die Schöpfung und den Schöpfer nennt und welche Erkenntnis- und Glaubensbedeutung der 2. Artikel in Bezug auf den 1. hat (»durch ihn ist alles geschaffen«, Nicaenum); was unter dem »eingeborenen« Sohn zu verstehen ist (ebenso:»aus dem Vater geboren ...«); wie die Menschwerdung des *logos* im Credo bezeugt wird; warum es im Apostolikum »gelitten unter Pontius Pilatus«, nicht »gelitten, unter Pontius Pilatus gekreuzigt...« heißt; warum die »gute, alte Hölle« im Apostolikum durch das »Reich des Todes« ersetzt wurde; inwiefern es im 3. Artikel heißt »Ich

glaube an den Heiligen Geist«, doch dann fortgefahren wird »die ...
Kirche« – ist sie »Gegenstand« des Glaubens wie Gott? Was bedeutet
»Gemeinschaft der Heiligen« heute für uns?

5. Zur Verkündigung

Aus vielen Gründen ist die unseren Kirchen seit der Reformation
eigene Tradition der *Katechismuspredigten* abgebrochen und unter
völlig veränderten Lebensverhältnissen am Ende dieses Jahrhunderts
mit gutem Grund für den Gottesdienst der Gemeinde wieder entdeckt
worden (Nitschke). Gegenüber der sonst geläufigen Predigt über einen
biblischen Text mag die Credopredigt die Verbindung (und Zusammengehörigkeit) von Verkündigung und Liturgie, von dem, was dieser oder
jener Prediger in relativer Zufälligkeit aufgreift und ausspricht, mit
dem, was die Christen aller Zeiten und aller Orte bekannt haben und
nun bekennen, sichtbar und erfahrbar machen.

1. Vor der Konzeption einer Credopredigt sollte für den Prediger und
auch für seine Hörer deutlich sein: das Glaubensbekenntnis sagt mehr
als einer »mit dem Herzen glauben« und »mit dem Mund bekennen«
kann, es überschreitet die Glaubenseinsicht und das Bekenntnisver-
mögen des einzelnen und vieler Christen. Seine rituelle Wiederholung
und Rezitation Sonntag für Sonntag ist kein der Gemeinde auferlegtes
»Soll des Glaubens«: die Predigt zum Credo bietet die Chance
gemeinsamen Erkennens im Glauben auch der Erkenntnis, daß *in
einem* Satz das Ganze des Evangeliums enthalten sein kann.

2. Darum sollte sich eine Predigt über das Glaubensbekenntnis
beschränken. Hierfür bieten die Kirchenjahreszeiten, die Festtage und
die Sonntage mit den ihnen zugeordneten Perikopen hervorragende
Anknüpfungspunkte. Eine Predigtreihe über das ganze Nicaenum hat
sich nach meiner Erfahrung vom Osterfest bis zum Erntedanktag (jeden
Sonntag *eine* Credozeile) erstreckt. Wie sich im Zeitraum der Woche
das Werk des Schöpfers (Sechstagewerk) abbilden kann, eignen sich
der Weihnachts- und Osterfestkreis für die Predigt über den 2. Artikel,
die (festlose) Trinitatiszeit für Ausschnitte aus dem Bekenntnis (1. und
3. Artikel) oder für das Ganze. Kann der Prediger nicht Vorschläge aus
der Gemeinde, ihren Gruppen und Kreisen berücksichtigen? Bei

entsprechender Themenbegrenzung und entsprechender Vorbereitung ist im Anschluß an eine Kurzpredigt (oder nach Abschnitten unterbrechend) das Gespräch möglich.

3. Auf ein Zusammenstimmen der übrigen Gottesdienststücke mit der Credopredigt sollte geachtet werden: die sog. Ordinariumstücke der lutherischen Grundform des Gottesdienstes (Kyrie, Gloria in excelsis mit Laudamus te, Sanctus und Agnus dei) sind Ausfaltungen des Credo je an ihrem liturgischen Ort. Eine entsprechende Lesungsauswahl legt sich nahe, auch die Lieder sind Teil des Gemeindebekenntnisses: Warum kann nicht ein Lied wie »Nun freut euch, lieben Christen gmein« (EKG 239), über den Gottesdienst verteilt, das Credo vertreten? Die innere Verwandtschaft des gottesdienstlichen Credo mit der eucharistischen Danksagung ist häufig nicht erkannt (im auch heute noch überwiegend abendmahlslosen Sonntagsgottesdienst »vertritt« das Glaubensbekenntnis die *gratiarum actio* aller beim Abendmahl mit einer gewissen sakramentalen Dignität, vgl. oben S. 117f).

4. Das Apostolikum wie das Nicaenum sind kein »Biblicum«: sie reihen nicht, wie manche Predigtgottesdienste und Predigten, ein Bibelwort an das andere, sondern versuchen jenseits des Kanons biblischer Sprache Glauben auszusagen. Dem Wagnis und Risiko, die Credosätze verstehend aufzunehmen und in anderer Wortgestalt zur Sprache zu bringen, sollte sich die Predigt über das Credo nicht entziehen. Ein Überblick über geschichtliche und zeitgenössische Bekenntnisse und Glaubenszeugnisse (Steubing, Bunners) kann dazu hilfreich sein. Moderne Texte sollten nicht uninterpretiert übernommen und in der Gemeinde genutzt werden; dies gilt erst recht, wenn unterschiedliche Frömmigkeitsprägungen in einer Gemeinde zu gemeinsamem Bekennen zusammenzuführen sind (vgl. Ruhbach, Bekenntnis).

5. Die Predigt über das Glaubensbekenntnis kann verschiedene Gestalten annehmen: sie kann *praedicatio* der Heilstat Gottes in Kreuz und Auferstehung oder eine Taufanamnese oder »Tischrede« zur bevorstehenden Abendmahlsfeier oder Hinführung auf das gemeinsame Bekennen aller oder strenge Textauslegung einer Credozeile sein – immer geht sie von der *Vielfalt* der Bekenntnisgestalten aus und führt zu ihnen hin. Das Programm des Ökumenischen Rates der Kirchen

»Auf dem Weg zu einem gemeinsamen Ausdruck des apostolischen Glaubens heute« (Nairobi 1975; Link) braucht die Mithilfe aller Christen an der Basis: Darum ist insbesondere das wenig bekannte Nicäno-Konstantinopolitanum, das einzige ökumenische Credo – neben zeitgenössischen Glaubenszeugnissen von Brüdern und Schwestern, von Bruder- und Schwesterkirchen – unseren Gemeinden nahezubringen, damit wir alle im Glauben sprach- und bekenntnisfähig werden.

Literatur:
W. Beinert/K. Hoffmann/H. v. Schade, Glaubensbekenntnis und Gotteslob der Kirche, Freiburg u. Wien 1971. – Bekenntnis und Bekennen im Gottesdienst. 1978. – K.-H. Bieritz, Im Blickpunkt: Gottesdienst, Berlin 1983. – Ch. Bunners/T. Vogel, Im Blickpunkt: Bekenntnis und Bekennen, Berlin 1987. – O. Dietz, Unser Gottesdienst, München [2]1983. – J.A. Jungmann, Missarum Sollemnia I/II, Wien [5]1962. – F. Kalb, Lehrbuch der Liturgik, München [3]1985. – Leiturgia I-V, Kassel 1954ff. – G. Lanczkowski u.a., Glaubensbekenntnis(se), in: TRE 13, S. 384-446 (Lit.!). – H.-G. Link (Hg.), Gemeinsam glauben und bekennen, Neukirchen-Vluyn 1987. – Ch. Mahrenholz, Die Stellung des Credo im Hauptgottesdienst, in: K. F. Müller (Hg.), Musicologica et Liturgica, Kassel 1960, S. 472-479. – Ders., Kompendium der Liturgik, Kassel 1963. – H. Nitschke (Hg.), Predigten zum Glaubensbekenntnis, Gütersloh 1986. – G. Ruhbach, Glaubensbekenntnisse für unsere Zeit, Gütersloh 1971. – Ders. (Hg.), Bekenntnis in Bewegung, Göttingen 1969. – H. Schröer, Unser Glaubensbekenntnis, Hamburg 1971. – J. Stalmann, Tagesordnungspunkt Gottesdienst, Hannover [4]1989. – H. Steubing, Bekenntnisse der Kirche, Wuppertal 1970. – F.E. Vokes u.a., Apostolisches Glaubensbekenntnis, in: TRE 3, 528-571 (Lit.!). – A. Völker, Gemeinsames Glaubensbekenntnis, Gütersloh 1974.

Alexander Völker

3. Die Predigt als Stück der Liturgie

1. Zur Begegnung

Auf die Predigt braucht der Gottesdienstbesucher nicht eigens hingewiesen zu werden. Er erlebt sie bewußt, schon um des Zeitraumes willen, den sie einnimmt, wohl auch als persönlich-kreative Leistung des Predigers. Es gibt unter den sonntäglich Versammelten solche, die die Predigt sogar als den einzig wesentlichen Inhalt des Gottesdienstes ansehen, während sie auf das liturgische »Beiwerk«, vielleicht gar auf das Sakrament, gern verzichten würden. Dies gilt vor allem dann, wenn der Predigthörer sich nicht so sehr als Glied der Gemeinde versteht, sondern als der Einzelne, der Trost sucht, Stärkung, Hilfe zur Lösung seiner Probleme, Ermutigung; vielleicht ist es ihm wirklich nur um die geistige Leistung des Predigers zu tun. (Zum Glück gibt es auch andere Gottesdienstbesucher.) Wie aber, wenn die Predigt enttäuscht? Ihre isolierte Hochschätzung wird ihr Verhängnis. Sie steht und fällt dann mit der geistigen und geistlichen Kraft des Predigers. Der nicht auf seine Kosten gekommene Hörer wendet sich ab. Gewiß: es muß den Prediger unruhig machen, wenn dies geschieht: Was ist mein Versagen? Andererseits, kommt es denn wirklich auf des Predigers persönliche geistige und geistliche Qualitäten an, so daß er unter Leistungsdruck geraten muß (denn »ich bin paulisch, kephisch, apollisch«)? Der Schade sitzt woanders. Falsch ist nicht nur die isolierte Hochschätzung der Predigt, falsch ist offensichtlich die Meinung darüber, was Predigt ist und soll und was man von ihr zu erwarten hat. Bleibt das Wort ohne Antwort – in dem Amen des Bekennens, in Gebet und Lobpreis – , dann ist es gar nicht als Anrede und Zuspruch verstanden worden, ja es besteht der Verdacht, daß der Prediger selbst nicht eine Predigt, sondern – wie oft kommt das vor! – ein Referat gehalten hat. Eine Predigt über die Predigt könnte hier nicht nur ein neues Verstehen bewirken, sondern eine neue Erwartung, einen anderen Umgang mit den Dingen, nämlich ein engagiertes Anteilnehmen am Ganzen des gottesdienstlichen Geschehens, zu dem auch die leibhafte Begegnung mit dem im Sakrament gegenwärtigen

Herrn gehört. Die Predigt würde etwas anderes werden als vordem. Die Gemeinde hat ein Recht darauf, zu erfahren, wovon sie lebt und was in ihrer Mitte geschieht.

2. Historische Erklärung

Eine Geschichte der Predigt und ihrer Einbindung in die Liturgie kann hier nicht geboten werden. Nur wenige Punkte seien anvisiert. Das NT enthält keine »Agende«. Es »predigt«, aber enthält kaum Predigten. Die Reden der Apostelgeschichte, von Lukas formuliert, wenn auch wohl im Sinne der homiletischen Gepflogenheiten seiner Zeit, sind Missionspredigten, meist unter freiem Himmel, für unser Thema untypisch. Der Hebräerbrief könnte eine Predigt sein, nur der Schluß hat Briefgestalt, jedoch wird gerade da der gottesdienstliche Gebrauch an liturgischen Elementen deutlich (13,8: »et in saecula saeculorum«; 13,18: oratio; 13,20.25: benedictio; 13,18: oblatio). Der Gottesdienst der Urkirche (wie Lukas ihn kennt) enthält nach Apg 2,42 »Lehre der Apostel« (vgl. 6,2.4), »Gemeinschaft« (vgl. 4,34f), »Brotbrechen« und »Gebet«; Wort und Sakrament gehören zusammen (20,7). Man sieht dies letztere auch schön am Gesamtverlauf von Joh 6. Auch den Gottesdienst in Korinth darf man nicht einseitig – nach Kap 12 und 14 – als (charismatischen) Wortgottesdienst verstehen (14,26), sondern muß zugleich an die Sakramentsfeier denken (1.Kor 11,20ff) und an die generative (4,15) und normierende Bedeutung apostolischer Überlieferung und Verkündigung (15,3ff). Alle Paulusbriefe beginnen mit dem (geprägten) »Kanzelgruß« (Röm 1,7b u.a.). Im übrigen ist das NT voll von liturgischen Formen und Formeln (Stählin S. 12). Das Wort weckt die Antwort, das Responsorium. Umgekehrt: Gebet und Gotteslob sind nicht Äußerungen einer im Menschen von Haus aus vorhandenen Religiosität, sondern eben: Antwort auf das Wort. »Was hast du, das du nicht empfangen hast?« (1.Kor 4,7) Charismatisches Leben konnte nur entstehen, weil zuvor die Predigt da war (Röm 10,8-17).

Wir machen einen Sprung. Warum ist, was wir in der Urkirche finden, nicht Gemeinbesitz unserer evangelischen Gemeinden? Stählin urteilt: »Die Reformation hat liturgisch den Anschluß an die alte Kirche, den sie suchte, nicht gefunden. Sie hatte eine schwerwiegende Verarmung des Betens der Kirche zur Folge und den endgültigen Verlust jener großen eucharistischen Zusammenschau des gesamten Heilsgeschehens, deren die Alte Kirche noch fähig war« (S. 60). Zu hart geurteilt? Ein protestantisches Defizit im Bereich des Liturgischen ist nicht zu bestreiten. Es mag sich daraus erklären, daß Luther eine Kirche vorfand, in der das Sakramentale bis zu handfestem Aberglauben überwog. Luther hat – Gesetz des Pendelschlags – die Bedeutung des Wortes oft in prophetischer Einseitigkeit herausgestellt. Er konnte sagen, die Predigt sei »die einzige Zeremonie oder Übung, die Christus eingesetzt hat, darinnen sich Christen sammeln, üben und einträchtig halten sollen« (WA 6, S. 231). Natürlich weiß er um die Einsetzung der Sakramente, er kämpft um ihre Geltung und ihr Verständnis. Und er unterschätzt Gebet und Bekenntnis nicht. Gottesdienst besteht darin, »daß unser lieber Herr selbst mit uns rede durch sein heiliges Wort und wir wiederum mit ihm reden durch Gebet und Lobgesang« (WA 49, S. 588). Christi Wort eröffnet einen Dialog! Luther denkt dabei nicht so sehr an das Wort der Schrift – diese ist der Niederschlag der ersten, der apostolischen und darum maßgebenden Predigt –, sondern an die *viva vox evangelii*, in der der dreieinige Gott, eingehüllt ins Menschenwort, mit uns redet.

Die Doktrinalisierung (Orthodoxie), Intellektualisierung und Moralisierung (Aufklärung) sowie die Individualisierung (Pietismus) ist der liturgischen Einbindung der Predigt nicht dienlich gewesen. Gegenschlag: Schleiermacher; für ihn ist Gottesdienst »darstellende Mitteilung und mitteilende Darstellung des gemeinsamen christlichen Sinnes« (Praktische Theologie S. 145); hier ist, könnte man sagen, alles Liturgie, freilich so, daß der redende Gott nicht mehr als Gegenüber zur Gemeinde empfunden wird und die Predigt ihren Charakter als Gnadenmittel verloren hat.

3. Theologische Erwägung

Predigt – Referat? Wir haben das im Abschnitt »Zur Begegnung« Angedeutete jetzt auszuführen. Kant meinte noch, Gottesdienste seien »öffentliche Vorträge für das Volk«, ihr wirksamstes rhetorisches (!) Mittel sei das Gebet (nach Uhsadel S. 34). Hier ist beides verdorben, das Gebet wie die Predigt. Ein Wahrheitsmoment liegt drin: Predigt ist zunächst Mitteilung davon, was Gott – in Christus, auf Christus hin und von ihm herkommend – an uns getan hat. Die erzählenden Teile der Schrift (es begab sich aber…) halten es so, das Kerygma meldet in knappster Form die »Heilstatsachen«, die wir zunächst erfahren müssen und die in der Predigt zu »referieren« sind. Doch fällt uns Luther sofort ins Wort mit seiner Warnung vor der bloßen *fides historica*. Referat über Vergangenes? *Uns* ist Christus geboren, gestorben, auferstanden! Noch deutlicher: In der Predigt will der dreieinige Gott *heute* mit seiner Gemeinde reden, er selbst. Die Predigt will also, aufs letzte gesehen, nicht Rede *über* Gott sein, sondern Gottes eigene Rede, zwar tief hineinverhüllt in das Reden eines Menschen, also in unansehnlicher Gestalt, ganz ungöttlich, belastet mit allen Unzulänglichkeiten menschlichen Tuns. Aber im irdenen Gefäß ist eben doch der Schatz verborgen, Gottes eigenes Reden. Die Predigt ist »nicht unser Tun, sondern Gottes eigenes Wort«, der Prediger soll gewiß sein: »Haec dixit Dominus« (Luther, WA 51, S. 517). Gott will in ihr »zu Worte kommen« (so wohl eindeutiger als in der Formel: »zur Sprache kommen«). Er will also nicht Gegenstand unserer Rede sein, Objekt also, sondern der Redende selbst, das Subjekt.

Es tut uns nicht gut, daß man im kirchlichen Sprachgebrauch bei »Wort Gottes« so oft bloß an die Schrift denkt. Das Wort ist, als *Gottes* Wort, die *viva vox evangelii*. Man muß das im Auge haben bei den zahlreichen Schriftstellen, die vom Worte Gottes reden (z.B. Mt 4,4; Lk 8,11.21; 11,28; Joh 8,47; Apg 6,2; Röm 10,17; Eph 6,17; Hebr 4,12). »Wer euch hört, der hört mich.« (Lk 10,16). »*Gott* vermahnt durch uns; so bitten wir nun an Christi Statt: Laßt euch versöhnen mit Gott« (2.Kor 5,20). Die Thessalonicher haben recht daran getan, »das Wort göttlicher Predigt« nicht aufzunehmen »als Menschenwort, sondern, wie es das in Wahrheit ist, als Gottes Wort« (1.Thess 2,13). Gott will durch unsere Predigt selbst zu den Hörern sprechen. So ist Predigt ein auf das Heute zielendes Geschehen. Gott will uns *begegnen*, er will Gemeinschaft zwischen sich und uns herstellen. Der Stromkreis soll sich schließen. Indem er sich schließt, kommt es zum Glauben, der sich im Amen ausspricht, im Gebet antwortet, in Lobpreis und Bekenntnis die Herrlichkeit und Liebe Gottes preist. Man könnte von der *kommunikativen* Funktion der Predigt sprechen.

Also spricht die Predigt gar nicht mehr *über* Gott? Es kann nicht so sein, daß der Prediger Gott nur die Stimme leiht und Gott immer nur in direkter Rede zu seiner Gemeinde spricht. Die Bibel selbst spricht *über* Gott. Also wird aus dem redenden Subjekt Gott doch wieder das Objekt, der »an die Wand gemalte« und darum aus sicherer Distanz zu betrachtende Gott? Nicht so. Es bleibt bei dem lebendigen Geschehen der Begegnung. Aber diese Begegnung ist nicht einfach punktuelles Ereignis, ohne Vorher und Nachher. Es ist ja auch unter Menschen so: was mein Freund vor Jahrzehnten für mich getan hat – sein Wagnis, sein Opfer, sein Verzicht –, das ist mitbestimmend für die Begegnung, die ich heute mit ihm habe, wie denn dieses Heute auch von dem mitbestimmt ist, was wir in nächster Zukunft miteinander vorhaben. So ist es auch zwischen Gott und uns. In die Gottesbegegnug, die ich in der Predigt erlebe, bringt Gott alles mit ein, was er seit eh und je für mich getan hat und was er künftig noch für mich tun wird. Die großen Heilstatsachen, von denen das Credo spricht, sind – im Sinne der jeheute wirksamen »Anamnesis« (mémorial) – in der Predigt präsent. In der Regel wird es so sein, daß das Weitersagen der »großen Taten Gottes« die meistpraktizierte Weise homiletischen Redens ist, daß dann aber, wo und wann Gott will, aus dem erzählenden, beschreibenden, denkenden, reflektierenden Reden über Gott der Zuspruch und die Anrede Gottes »aufspringt« (wie Dampf aus dem erhitzten Wasser) oder »hervortritt« und uns »angeht«. Dann hören wir nicht nur den Prediger, sondern vernehmen das auf uns zukommende, uns ermunternde, tröstende, uns aktivierende Wort des Herrn. Aus dem narrativ-deskriptiven Darlegen – so könnte man diese zweite Funktion homiletischen Geschehens nennen – geht das kommunikative Geschehen hervor. Der Prediger wird zurückhaltend darin sein, Gott in direkter Rede zu Wort kommen zu lassen (wie es die Propheten in den Schelt- und Drohworten oder in den göttlichen Heilsorakeln getan haben). Aber er wird darauf bedacht sein, daß seine Predigt genug Transparenz für Gottes eigenes Reden gewinnt.

Zur kommunikativen und zur narrativ-deskriptiven Funktion bzw. Dimension der Predigt kommt nun noch eine dritte: die doxologische. Die Predigt begründet nicht nur Liturgie und sie ermuntert nicht nur dazu, sie hat auch selbst Anteil an dem, was wir Liturgie nennen. Der von uns herausgearbeitete Unterschied muß natürlich weiterhin gesehen sein: die in der Liturgie realisierte Gemeinschaft zwischen Gott und uns, also unser Gebet, unser Bekenntnis und Lobpreis, auch unser Dankopfer wird ganz einseitig von Gott in seinem Wort (und Sakrament) eröffnet. Was Gott sagt, können wir uns niemals selber sagen. Gott ist Geheimnis, das sich nur von ihm selbst her erschließt, und wir sind als Sünder gott-entfremdet, so daß sich Gott unser immer neu annehmen muß. Zwar stehen wir als Getaufte nicht »draußen«, aber es bleibt bei dem unaufhebbaren Voraussein Gottes und bei dem immer neuen Zugriff seiner Gnade. – Und doch ist die Predigt nicht nur katabatisches Geschehen. Sie kann narrativ-deskriptiv nicht reden, ohne – und wäre es unversehens – ins Lob Gottes überzugehen. Einmal deshalb, weil der Prediger ja immer zugleich selbst ein Angeredeter ist (Röm 1,12); er wäre auch ein schlechter Zeuge für Gottes »große Taten«, wenn er in der Neutralität und Kühle eines Nachrichtensprechers verharrte. Und er würde damit auch aus der Linie biblischen Redens von Gott ausbiegen. Nicht umsonst klingen nicht wenige Jesusgeschichten in den lobenden »Chorschluß« aus (z.b. Mt 8,27; 9,8; Mk 7,37); dies entspricht nicht nur einem literarisch-stilistischen Bedürfnis, sondern ergibt sich aus dem frohen Staunen derer, die es erlebt haben, und derer, die es nacherzählen. So verwundert es auch nicht, daß in der neutestamentlichen Briefliteratur die Darlegungen durch Doxologien unterbrochen werden, ja, man wird sagen müssen, daß der Gedankengang nicht selten das Gotteslob ganz von innen her verlangt. So wird auch unsere gottesdienstliche Predigt die Hörer nicht kalt lassen, sondern mitreißen und motivieren zu Gebet und Lobgesang. So entstehen die »geistlichen Lieder«, die dann wiederum Verkündigung werden, ein »Lehren« und »Vermahnen« (Kol 3,16). Zugleich beschreibend und doxologisch dürfte auch die Hinführung zum *Sakrament* sein, die zu den wesentlichen Aufgaben der Predigt gehört. Wir haben das, so ist zu fürchten, zu wenig im Blick. Die Predigt soll die Gemeinde auf die *Taufe* ansprechen. Durch sie sind die Predigthörer ja mit Christus »verwachsen« (Röm 6,5), in ihn »eingetaucht« (1.Kor 12,13), darum einbezogen in sein Sterben und Auferstehen. Wie beschämend und trostlos unser empirisches Leben auch sein könnte, das mit der Taufe garantierte Erbe ist uns sicher. – Und die Predigt soll zum *Herrenmahl* hinführen. Mit seiner leibhaften Präsenz bringt Christus das Heil mit, ist uns doch mit ihm nicht weniger als alles geschenkt (Röm 8,32). Die Sakramente wollen nicht stumme Fakten sein, das Wort gehört dazu. Und die Predigt wiederum soll auf die Sakramente als leibhafte Gnadenmittel Gottes hinweisen, weil Gott nicht nur spricht, sondern auch leibhaft handelt und wirkt.

4. Homiletische Besinnung

Unsere bisherigen Überlegungen tendierten schon stark auf Predigt, zuweilen bis in die Formulierungen hinein. Wer Predigt hört, soll wissen, was ihm damit widerfährt. Die Predigt, die wir hier vorbereiten, soll dem Hörer zu einer sachgemäßen Erwartungshaltung verhelfen. »Im Namen des Vaters, des Sohnes und des Heiligen Geistes«: damit ist ja schon gesagt, daß dieser Gottesdienst und diese Predigt nicht bloß und nicht eigentlich Unternehmung und Veranstaltung von Menschen sind, sondern daß Gott selbst der primär Wirkende ist. Haben wir es wirklich mit Gott zu tun? Wir haben es behauptet, unter Hinweis auf Luther, unter Berufung auf das NT. Wenn wir dogmatisch schon im Recht sind, kann man dem Predigthörer diese »Vorgabe« zumuten? Er könnte entgegnen, hier werde ihm eine Blancovollmacht abverlangt, mit der er sich vom ersten Wort der Predigt an entmündigt vorkommen muß. Er könnte überdies einwenden, hier maße sich der kirchliche Amtsträger eine Autorität an, die menschlich unerträglich ist und, nimmt man Gott ernst, geradezu lästerlich. Barths Gewissensfrage muß den Prediger in Unruhe halten: »Wie kann man das?« (Barth 1929, S. 103). Bei einer Tagung Praktischer Theologen ist es so formuliert worden: »Die Predigt hält nicht, was sie verspricht. Anders gesagt, der Prediger bricht nahezu in jedem Gottesdienst sein Versprechen. Darunter leidet seine Glaubwürdigkeit... Die Predigt fällt ihrer eigenen Ideologisierung zum Opfer, dem ideologischen Axiom nämlich, gepredigtes Wort Gottes zu sein« (zit. n. Winkler S. 243). Wir werden das Wort Ideologisierung nicht übernehmen; dazu sind die biblischen Grundlagen des dargelegten Predigtverständnisses zu eindeutig und zu stark. Aber wir lassen uns vor einem sarkischen Mißbrauch dieses Predigtverständnisses warnen. Harte Anfragen an unser Predigen: Halten wir wirklich unser Versprechen? »Du sollst ... predigen alles, was ich dir gebiete... Siehe, ich lege meine Worte in deinen Mund« (Jer 1,7.9). »So jemand redet, daß er's rede als Gottes Wort« (1.Petr 4,11). »Wir predigen nicht uns selbst, sondern Jesus Christus« (2.Kor 4,5). Anmaßung? Angebracht ist auf alle Fälle demütiges Bangen – man könnte so leicht an dem Auftrag schuldig werden. Das »Deus dixit« soll nicht ein Fanfarenstoß sein, mit dem wir unsere Selbstsicherheit und Unangreifbarkeit signalisieren. Die Gemeinde soll uns glauben können, daß wir *unter* dem Auftrag stehen. Dann wird vielleicht gerade nicht der der glaubwürdigste »Botschafter« sein, der »es« nur allzu gut »kann« und dem die Worte leicht von den Lippen gehen. Die Gemeinde soll uns daran messen, ob wir gehorsame, treue Überbringer des uns aufgetragenen Wortes sind (1.Kor 4,2). Gerade *weil* durch unsere Predigt Gott zu Wort kommen will, stehen uns »Schwachheit«, »Furcht« und »Zittern« besser an als die »hohen Worte« und die imponierende »Weisheit« (1.Kor 2,1-5). In der Sache haben wir nicht zu weichen (Gal 1,11). Es will aber gut bedacht sein, wie wir es sagen. Jesus ist in seinen Erdentagen nicht so aufgetreten, daß er eine christologische »Vorgabe« von seinen Hörern gefordert hat; im Gegenteil, er hat das Messiasgeheimnis gewahrt und es darauf ankommen lassen, ob und wann die Menschen das Geheimnis seiner Herkunft und seiner Vollmacht durchschauen. So könnten wir das ganze Vorhaben »Predigt über die Predigt« fallen lassen und einfach die Perikope des Sonntags predigen, wartend auf die »Erweisung des Geistes und der Kraft«, in der dem Hörer – nachträglich – bewußt wird, was ihm widerfahren ist. Wir könnten dann dem Gott, der uns in der Predigt begegnen wollte, allenfalls »hinterhersehen« (2.Mose 33,23), vielleicht verwundert: »Brannte nicht unser Herz in uns, da er« – jetzt weiß man, wer es gewesen ist – »mit uns redete?« (Lk 24,32). In der Tat, auf das »Ubi et quando« von CA V wird man es ankommen lassen müssen.

Dennoch: es geht nicht an, das Evangelium verkündigen zu wollen und dabei offen zu lassen, wo es seinen Ursprung hat. Es gehört mit zum Evangelium selbst, daß wir auf das Wunder hinweisen, daß Gott selbst mit uns redet. So ist dann doch die »Predigt über die Predigt« nicht eine Abhandlung, eine dogmatische Vorlesung, etwa gar ein distanziertes »Reden über...«, sondern selbst Verkündigung. Wir haben reflektierend mit der Gemeinde zu bedenken, was sich zuträgt, wenn gepredigt wird, aber aus dieser Reflexion will der uns sendende Herr selbst »heraustreten« und auf uns zukommen. Wir können uns für diese Predigt einen Text wählen, der dieses Auf-uns-zukommen aussagt: vielleicht einen, der vom Gekommensein Jesu spricht, oder einen, der aussagt, wie Jesus Verlorenes »sucht«, oder einen, der von der Wiederherstellung unserer Gemeinschaft mit Gott redet, oder einen, der von der Lebendigkeit und Kräftigkeit des Wortes Gottes spricht (Hebr 4,15) oder von seiner lebenweckenden Kraft (1.Petr 1,23f). Man kann nicht unverbindlich predigen; wer – in falscher Bescheidenheit – dies täte, würde das Evangelium verdunkeln, verfälschen und entleeren. So

wahr das Wort Gottes auf mancherlei Wegen zu uns kommt, Talar und
Kanzel weisen auf den bestimmten Auftrag des *publice docere*. Es soll
kein Zweifel darüber bestehen, wie Predigt gemeint ist.

5. Zur Verkündigung

Das grundsätzlich Bedachte ist nun in Verkündigung zu übersetzen und
umzuformen. Ob wir uns (s.o.) an einen Text hängen (wir könnten
leicht verführt werden, eine Mottopredigt zu halten) oder an das zitierte
Lutherwort (Christus redet mit uns, wir mit ihm): wir werden deutlich
zu machen haben, was Wunderbares geschieht, wenn Gott sich uns in
seinem Wort zuwendet, und wie dieses Wunder uns in die Gemeinschaft mit Gott zieht, in der wir selbst nicht sprachlos bleiben können,
sondern in der Gemeinde Gott antworten müssen. Das Thema hätte
dieses Ziel zu formulieren. Einstieg könnten Gedanken sein, wie wir
sie im Abschnitt »Zur Begegnung« angesprochen haben. Für die
Ausführung könnte man sich die Abfolge etwas anders denken als in
unserem bisherigen Gedankengang; in drei Schritten könnten wir uns
dem Zentrum nähern, indem wir Predigt beschreiben als 1. Zeugnis
über Gott, 2. Zuspruch von Gott, 3. Lobpreis Gottes. Dem Prediger
muß es überlassen sein, dafür noch griffigere Schlagzeilen zu finden.
1. Niemand wird etwas anderes erwarten, als daß in einer Predigt *über*
Gott geredet wird. Trotzdem bedarf es der Rechenschaft darüber, mit
welchem Recht dies geschieht. Gott ist gegenwärtig – und wir reden
über ihn wie über einen Abwesenden, jedenfalls in »objektivierender«
Rede. Wir können aber nicht anders. Einmal um der Verborgenheit
Gottes willen, sodann aber auch um seiner Offenbarung willen, in der
er sich – Inkarnation – tatsächlich so in unsere Hand gegeben hat, daß
er uns, rückschauend zumindest, zum Objekt werden konnte. Offenbart
sind uns nicht allgemeine Wahrheiten, sondern ER. Und dies so, daß
man ihn hören, sehen und anfassen konnte (1.Joh 1,1-4). So kann die
Predigt ihn bezeugen, »als wäre er unter uns gekreuzigt« (Gal 3,1), wir
können ausweiten: als lebte, lehrte, leide er unter uns. So kommt es,
daß unser Zeugnis an das der Erstzeugen gebunden ist (Apg 1,21f;
10,39; Joh 15,27). Fast könnte der Eindruck entstehen, wir hätten es
mit einem Vergangenen zu tun, dessen man nur in Ehrfurcht gedenken
kann, und als bekämen wir es gar nicht mehr mit ihm selbst zu tun.
Aber den Weg der Erniedrigung – und damit der Selbst-Objektivie-

rung – ist Christus gegangen, weil er mit allen Konsequenzen einer von uns und damit uns auch erkennbar werden wollte. Reden kann man nur mit einem, den man kennt.
2. Aber nun tritt aus unserem Zeugnis *über* ihn *er selbst* heraus und spricht uns in der Predigt an. Unsere Überlegungen haben dies, besonders in Abschnitt 3, ausführlich beschrieben. Wir haben es mit dem auferstandenen, erhöhten, jetzt unter uns gegenwärtigen Christus zu tun und durch ihn im Heiligen Geiste mit dem Vater. Heute will sich Gemeinschaft zwischen dem dreieinigen Gott und uns ereignen. Dieses Heute ist dadurch qualifiziert, daß in ihm grundsätzlich alles Heilsgeschehen präsent ist, von dem die Bibel Alten und Neuen Testaments Kunde gibt. Denn Christus ist gestern und heute derselbe – und das in Ewigkeit (Hebr 13,8). (Es ist verfehlt, eine Theologie der Existenz gegen eine solche der Heilstatsachen auszuspielen – und umgekehrt.)
3. Wird Predigt so begriffen, wird sie selbst zum liturgischen Geschehen und zieht uns in alles hinein, was sonst noch in unserem Gottesdienst geschieht. Es kommt zu Lobopfer und Bekenntnis, Gebet und Dank in Wort und Tat. Aus der zeugenden Kraft der Predigt erwachsen die Charismen in der Gemeinde, so entsteht neues Gotteszeugnis und neue Verkündigung (1.Petr 2,9). Das gepredigte Wort schafft Bewegung. Wir wünschen uns Gemeinden, die alles gottesdienstliche Geschehen lebendig mitvollziehen.

Literatur:
H.M. Barth, Luthers Predigt von der Predigt, in: PTh 56 (1967), S. 481ff. – K. Barth, Homiletik, Zürich 1966. – Ders., Das Wort Gottes und die Theologie, München [7]1929. – P. Brunner, Zur Lehre vom Gottesdienst, in: Leiturgia I, Kassel 1954, S. 83-361. – F.D.E. Schleiermacher, Praktische Theologie, Berlin 1850. – R. Stählin, Die Geschichte des christlichen Gottesdienstes von der Urkirche bis zur Gegenwart, in: Leiturgia I, Kassel 1954, S. 1-83. – W. Uhsadel, Die gottesdienstliche Predigt, Heidelberg 1963. – F. Winkler, Homiletische Erkenntnisse Luthers …, in: Das lebendige Wort, 1982, S. 241ff.

Gottfried Voigt

4. Dankopfer

1. Zur Begegnung

Nach der Agende I folgen auf Predigt und Kanzelsegen die Abkündigungen und das Dankopfer. Die Anweisungen Nr. 23 und 36 schränken den Vorschlag auf die jeweilige gliedkirchliche Regelung ein, wonach ein Gebet zum Dankopfer verpflichtend, fakultativ oder nicht gestattet ist. In Nr. 36 werden lokale Sitten und Entscheidungen der Gemeinde oder des Pfarramtes angesprochen. Hieraus ergibt sich, daß der von der Agende I vorgeschlagenen Ordnung nur in bestimmten und keineswegs in allen Gemeinden gefolgt wird. Der an sich sinnfällige Vorgang, daß Kirchenvorsteher (Presbyter) das Opfer einsammeln, zum Altar bringen und dem Liturgen übergeben, der nach Niederlegung der Gaben zum Altar gewandt betet, hat wohl nur in wenigen Gemeinden einen Sitz im Leben.

Der Vorentwurf der Erneuerten Agende (EA) sieht in der Grundform I unter C mit den Varianten C 1 und C 2 ausdrücklich vor: »Brot und Wein werden für die Mahlfeier zubereitet. Das Dankopfer wird eingesammelt.

Während eines Liedes (Chorgesang, Musik) wird das Dankopfer eingesammelt. Befinden sich Brot und Wein noch nicht auf dem Altar, werden sie jetzt herbeigebracht.« (EA S. 38)

Die Einführung zu den Dankopfergebeten (EA S. 595) und die Gebete selbst (EA S. 596-599) enthalten reichlich Anregungen für eine Predigt.

Allerdings schlägt die jährlich erscheinende Ordnung für den Weltgebetstag der Frauen eine ähnliche Form vor. Meistens wird das Kollektenergebnis des Vorjahres bekanntgegeben, dann werden die aktuellen Projekte vorgestellt, für die das Opfer erbeten wird. Frauen aus dem Vorbereitungskreis sammeln das Dankopfer ein und bringen es zum Altar. Ein Dankgebet beschließt diesen Akt, der regelmäßig während des Gottesdienstes stattfinden soll.

Von daher kann jedenfalls bei jenen Männern und Frauen, die am Gottesdienst des Weltgebetstages teilnehmen, eine gewisse Kenntnis und Vertrautheit mit dem Einsammeln des Dankopfers im Gottesdienst vorausgesetzt werden. Über das »Dankopfer« nachzudenken und zu predigen, ist wohl in jedem Fall in einer Gemeinde hilfreich, sei es nun, daß die Kollekte beim Ausgang gesammelt wird und nicht mit einem Dankgebet auf dem Altar niedergelegt wird, sei es, daß manche andere Gebräuche in der Gemeinde üblich sind. (Überlegungen zur Geldsammlung im Gottesdienst finden sich bei Rietschel/Graff S. 458; Kalb S. 145-147; Dietz S. 126f u. Stalmann S. 128-133; Josuttis S. 315-319 bedenkt »Geld und Gabe« in der Einheit »Gehen« zum Schluß des Gottesdienstes.)

Ziel einer Predigt zum Dankopfer wird das Werben um das rechte Verständnis für den Umgang mit den irdischen und eucharistischen Gaben sein, die der Kirche und darüber hinaus der Menschheit anvertraut sind.

2. Historische Erklärung

Der Ort des Dankopfers im Verlauf des Gottesdienstes hatte in der Alten Kirche einen bestimmten Sitz im Leben der Gemeinden. Das Neue Testament nennt uns in diesem Zusammenhang die Tatsache, daß Geld und wohl auch Naturalgaben in der Gemeinde gesammelt wurden, um damit Notleidende zu unterstützen. Aus bestimmtem Anlaß werden Helfer für diesen Dienst bestellt (Apg 6,1-7). Einige Hinweise (Apg 4,35ff; 5,2; 1.Kor 9,7-14; Gal 6,6) legen den Schluß nahe, daß schon in den ersten Christengemeinden kirchliche Abgaben üblich waren, um sowohl den Verantwortlichen ihren Lebensunterhalt zu gewähren als auch Geld für die Armenfürsorge zur Verfügung zu haben. Für die Zeit, in der Agape (Sättigungsmahl) und Herrenmahl (Eucharistiefeier) noch zeitlich und sachlich eng miteinander verbunden waren, ist ein eigener, liturgisch gestalteter Opfergang nicht bezeugt.

Im eucharistischen Gottesdienst wurden an Naturalgaben Brot, Wein, Wasser, Kerzen, Weihrauch u.a. entweder vor Beginn des Gottesdienstes von den Gemeindegliedern abgegeben oder im Opfergang (nach den Fürbitten, zu Beginn der Mahlfeier) dargebracht. Dieser Gebrauch ist für das 3. Jahrhundert bei Cyprian belegt (Jungmann S. 5). Die entsprechenden Bezeichnungen lauten *thysia, leitourgia, prosphora, operari, offerre,* (Jungmann S. 4f, Anm. 5 u.7; Meßner S. 55-66) und haben noch nicht die spätere, auf die Abendmahlsgaben eingeschränkte

Bedeutung. Von den überbrachten Gaben an Brot und Wein konnte dann die für das Sakrament benötigte Menge ausgesondert und im Abendmahlsgebet ausdrücklich für die Kommunion von Leib und Blut Jesu Christi bestimmt werden.

Bald schon wird die Darbringung von Naturalgaben durch Geldgaben ersetzt. Dies begünstigte die Entwicklung, die Gabendarbringung in verengter Sicht auf die Abendmahlselemente zu beziehen und die begleitenden Gebete als »Offertorialgebete« zu deuten und dann auch speziell zu formulieren. Das ermöglichte späteren Zeiten, den Mahlteil des Gottesdienstes als Opfermesse (Jungmann S. 1) zu bezeichnen. Geld in der Form geprägter Münzen ist seit ca. 750 v.Chr. im östlichen Mittelmeerraum bekannt. Die Verbreitung des Geldwesens wurde gewiß durch eine arbeitsteilige Gesellschaft gefördert. Die Entstehung geprägten Geldes ist auf die im Bereich heidnischer Kulte entstandene Ablösung der Naturalopfergaben durch Geldwert zurückzuführen. Pecunia (*pecus* = Schaf, Vieh) drückt das sprachlich aus, was im Bild die Darstellungen von Opfertieren auf den Münzen sagen. Moneta ist auf den römischen Beinamen der Juno zurückzuführen, in deren Tempel Münzen geschlagen wurden. Juno Moneta (*moneo* = mahnen) kann als die vor dem Gebrauch von Falschgeld mahnende Göttin gedeutet werden. Im orthodoxen Gottesdienst hat sich die Darbringung der eucharistischen Gaben in drei Phasen erhalten:

– Darbringung der Gaben durch die Gläubigen an den Zurüstungs-raum (Prothesis), wo nach der Bekleidung der Liturgen die Proskomidie vor Beginn der eigentlichen Feier der Göttlichen Liturgie gehalten wird.

– Darbringung der Gaben durch den Diakon an den Heiligen Tisch beim Großen Einzug und Offertorium, dem ursprünglichen Ort für die Proskomidie.

– Darbringung der Gaben an Gott durch den Zelebranten in der auf die Verba Testamenti folgenden Anaphora.

Die lateinische Kirche hat in den verschiedenen Gebieten unter-schiedliche Formen des Opferganges ausgebildet. Bis ins 10. Jahrhun-dert werden von den Gläubigen Brot und Wein herzugebracht, um in der Messe als eucharistische Gaben gebraucht zu werden. Was nicht zum Sakrament diente und andere Gaben, wie z.B. Milch, Honig, Wachs u.a.m. (Jungmann S. 20-33), diente, wie die übrigen Abgaben der Gläubigen, zum Lebensunterhalt der Kleriker. Ab dem 11. Jahr-hundert setzt sich der Brauch durch, daß die für das Sakrament

benötigten Elemente von den Klerikern bereitgestellt werden. Im Opfergang der Gläubigen wurde nur mehr Geld dargebracht. Im Verlauf des MA trat der sonntägliche Opfergang immer mehr zurück und wurde nur zu den Hochfesten, vier- oder fünfmal im Jahr, im Sinne einer festgelegten Abgabe gehalten. Das Missale Romanum von 1570 enthält keine liturgischen Anweisungen für einen Opfergang der Gläubigen oder den Gebrauch des Klingelbeutels, der aber seit dem späten MA verwendet wird. Auch in evangelischen Gottesdiensten der Reformationszeit wird der Klingelbeutel verwendet (KO Braunschweig 1528, Graff S. 102). Im Meßbuch für die Bistümer deutscher Sprache, 1974 von den zuständigen Bischöfen approbiert, lauten die liturgischen Anweisungen für die Gabenbereitung folgendermaßen: »Herbeibringung der Gaben: Es empfiehlt sich, daß die Gläubigen ihre Teilnahme durch eine Gabe bekunden. Sie können durch Vertreter Brot und Wein für die Eucharistie oder selber andere Gaben herbeibringen, die für die Bedürfnisse der Kirche und der Armen bestimmt sind. Auch die Geldkollekte ist eine solche Gabe. Sie soll darum an einem geeigneten Platz im Altarraum niedergestellt werden. Es ist dafür zu sorgen, daß das Einsammeln der Kollekte vor dem Gabengebet abgeschlossen ist« (Meßbuch S. 343).
Ein Gebet mit Bezug auf die gesammelten und in den Altarraum gebrachten Geldgaben fehlt.

3. Theologische Erwägung

Die historische Entwicklung des Opferganges und die vielgestaltigen Bräuche, denselben durchzuführen, verweisen auf zwei Grundprobleme, die sowohl theologisch als auch kirchlich-praktisch zu bedenken und zu lösen sind.
Einmal handelt es sich um die materiellen Voraussetzungen für den Dienst der Kirche in der Welt. Primär ist dabei an freiwillige, regelmäßige oder unregelmäßige Spenden oder an besonders festgesetzte Abgaben (Steuern, Beiträge) der Gläubigen zu denken, die in Form von Geld- oder Sachleistungen erbracht werden; dazu kommen bewegliche und unbewegliche Güter und deren Erträgnisse, wie Zuwendungen Dritter (vgl. Liermann S. 330f). Die Verwaltung dieser Güter legt der Kirche eine hohe Verantwortung auf.
Zum anderen aber geht es auch um die für die Feier des Heiligen Mahles benötigten Elemente von Brot und Wein und die Verbindung

dieser Gaben mit jenen Geldgaben, die von den Gläubigen im Gottesdienst zusätzlich zu ihren gewöhnlichen Kirchensteuern, Beiträgen, Spenden etc. für einen im Gottesdienst genannten Zweck gegeben werden. Dabei geht es nicht nur um den allen einsichtigen Zusammenhang, daß vom Geld der Gemeinde Brot und Wein für das Heilige Mahl gekauft werden, sondern um jenen tiefen Zusammenhang, daß wir uns selbst, mit allem, was wir sind und haben, Gott zum Opfer bringen. Ein Lutherzitat mag dieses verdeutlichen:»Wir sollen des Wortes Opfer wohl wahrnehmen, daß wir uns nicht vermessen, etwas Gott zu geben im Sakrament, so er uns doch darin alle Dinge gibt. Wir sollen geistlich opfern. Was sollen wir denn opfern? Uns selbst und alles, was wir haben, mit fleißigem Gebet, wenn wir sagen: Dein Wille geschehe auf der Erde wie im Himmel. Hiermit sollen wir uns dargeben dem göttlichen Willen, daß er aus uns mache, was er will nach seinem göttlichen Wohlgefallen. Dazu ihm Lob und Dank opfern aus ganzem Herzen für seine unaussprechliche Gnade und Barmherzigkeit … Wiewohl solches Opfer auch außerhalb der Messe geschieht und geschehen soll, so ist es doch köstlicher, füglicher, stärker und auch angenehmer, wenn es mit dem Haufen und in der Versammlung geschieht, da eines das andere reizt, bewegt und erhitzt … Das ist wohl wahr, Gebet, Lob, Dank und unser selbst Opfer sollen wir nicht durch uns selbst vor Gottes Augen tragen, sondern auf Christum legen und ihn lassen dasselbe vortragen. Aus welchen Worten wir lernen, daß nicht wir Christum, sondern Christus uns opfert. In dem Sinn ist es leidlich, ja nützlich, daß wir die Messe ein Opfer heißen; nicht um ihrer selbst willen, sondern daß wir uns mit Christus opfern.« (Luther, Sermon, WA 6, S. 368, 25f)

In diesem Sinn hat Löhe in seine Agende von 1853 das Offertorium aufgenommen und begründet:»Es liegt eine große sittliche Förderung darinnen, daß man sein Geben als Opfer fasse, daß man opfernd geben lerne. Dabei gestehe ich aber gerne, daß ich in dieser Form des Offertoriums keine Vollendung sehe, sondern die Darbringung der primitiae creaturarum, d.i. die betende Darreichung der Elemente, damit der Herr seinen heiligen Leib und sein theures Blut damit vereinige, für den Höhepunkt des Offertoriums halte, auch für viel kirchlicher, liturgischer, schöner, als wenn man es bei der puren Aufstellung der Elemente durch den Mesner läßt« (Löhe VII). In einer Anmerkung zum Offertorium erläutert Löhe, daß er alle römischen Opfervorstellungen von sich weise, aber,»daß das Volk sein Beten und

sein kirchliches Almosengeben wieder, wie die älteste Zeit, schriftmä-
ßig als Opfer fasse … Es gilt mit einem Wort die liturgische Bethäti-
gung des geistl. priesterthums aller Christen« (Löhe S. 38). Als
biblische Belege nennt Löhe: 1.Petr 2,4-6; Hebr 13,15.16; Ps 50,14.23;
Hebr 5,7; Phil 4,8. Dem Ansatz Löhes ist auch K.B. Ritter in der Ausgestaltung des
Opferganges gefolgt (Ritter S. 17; 201; 219-224).

Die Agende I bezieht das Dankopfer, das nach den Abkündigungen
eingesammelt wird, im folgenden Gebet auf die Geldgabe der
Gemeinde und die Zweckbestimmung zum Dienst in der Gemeinde.
»Herr Gott, himmlischer Vater, nimm gnädig an dies Opfer unseres
Dankes, das wir darbringen zu deiner Ehre. Laß die Gaben dir
wohlgefallen und segne sie zur Förderung deiner Gemeinde. Durch
Jesum Christum, unsern Herrn.« (Handausgabe Agende, I, 64*; EA,
S. 596-599)

4. Homiletische Besinnung

Die Bitte »Förderung deiner Gemeinde« darf nicht dazu verführen, den
Blick im Zusammenhang mit dem Dankopfer auf die parochial
organisierte Gemeinde oder gar nur auf die zum Gottesdienst versammelte Gemeinde zu richten. Vielmehr ist dabei an die Kirche in
ökumenischer Weite zu denken. Das schließt die am Ort versammelte
Gemeinde (Ortskirche) nicht aus, sondern ein. Diese Betrachtung führt
auch zu den Aspekten: geben – teilen – Anteil geben – Anteil nehmen
– empfangen. Im Bild: Die geschlossene Hand kann nicht empfangen;
die Faust, die festhält, ist nicht frei; die Hand, die losläßt, kann
erhalten! Die Analogieschlüsse von der bekannten und begrenzten
Gemeindesituation auf die Lage der (Landes-) Kirche und weiter zur
Weltchristenheit sind wohl zulässig und werden auch den Aspekt der
ganzen Menschheit nicht aus den Augen lassen, wenn es um die
Bereitschaft zum Teilen geht. Den theologischen Hintergrund hierfür
bildet das Ganzopfer oder Lebensopfer des Christen, das in der Taufe
begründet ist. In EKG 152,5 ist dies unmißverständlich ausgedrückt:
»Ich gebe dir, mein Gott, aufs neue / Leib, Seel und Herz zum Opfer
hin; erwecke mich zu neuer Treue / und nimm Besitz von meinem
Sinn. Es sei in mir kein Tropfen Blut, der nicht, Herr, deinen Willen
tut.«

Daß ein solches Opfer nicht als eine verdienstvolle Leistung gewertet werden kann, versteht sich von selbst. Doch ist unsere Bereitschaft zum Dankopfer unter dem Aspekt des Teilens eine »Sichtbarmachung und Verleiblichung unseres Dankes für das, was wir von ihm (sc. Gott) empfangen haben und ohne Unterlaß empfangen« (Dietz S. 127). Hilfreich zu solchen Überlegungen, besonders wenn sich der Prediger nicht scheut, die Gaben des Sakramentes mitzubedenken, können die »Lorenzer Ratschläge« (Kugler S. 159-163) sein. Diese im Zusammenhang mit dem Evangelischen Kirchentag 1979 in Nürnberg erarbeiteten Thesen, gehen von der »Anstiftung zur Hoffnung« aus und nennen unter »Anders leben« Möglichkeiten, die vielgestaltigen Aspekte der eucharistischen Mahlfeier und des gesellschaftlichen Alltages in der gottesdienstlichen Gabenbereitung auszudrücken.

Unter »Solidarisch handeln« wird u.a. die Aufgabe genannt: »Wir suchen nach Formen eines glaubhaften Dankopfers und bringen zum Mahl mit, was wir teilen möchten« (Kugler S. 161). Die universalen Aspekte werden auch hier nicht übersehen werden können.

Unter Berufung auf die Tempelreinigung Jesu werden manchmal Einwände gegen das Dankopfer im Gottesdienst vorgebracht. In der Tat sollte die Kirche nicht der Ort von allerlei Geschäftigkeit werden, die mit den Aufgaben der Gemeinde wenig zu tun hat. Wenn wir aber das Dankopfer als Liebesgabe einsammeln und mit Dank und Bitte um gesegneten Gebrauch zum Altar bringen, so wird damit sinnfällig die Verantwortung der Menschen für die anvertrauten Gaben vor Gott deutlich. Gerade die Perikope der Tempelreinigung mahnt uns, diesen Akt bewußt zu gestalten. Damit entgehen wir der Gefahr, den Umgang mit dem Geld aus der gottesdienstlichen Verantwortung zu verdrängen.

Die Mühe, zum Dankopfer passende Gebete zu formulieren, sollten die für den Gottesdienst Verantwortlichen nicht scheuen. »Auf jeden Fall ist das Dankopfer ein wichtiges, ja unaufgebbares Stück unseres Gottesdienstes. Denn es macht ernst mit jenem inneren Zusammenhang von Gottesdienst im Alltag der Welt und Gottesdienst als Christusfeier, den wir als so grundlegend erkannten« (Stalmann S. 133).

5. Zur Verkündigung

Ausgehend von Ps 50,14 und Hebr 13,15.16 »Opfere Gott Dank und erfülle dem Höchsten deine Gelübde« und »So laßt uns nun durch ihn Gott allezeit das Lobopfer darbringen, das ist die Frucht der Lippen, die seinen Namen bekennen. Gutes zu tun und mit anderen zu teilen, vergeßt nicht; denn solche Opfer gefallen Gott« kann gezeigt werden, daß es einen biblisch begründeten und reformatorisch verantwortbaren Gebrauch des Wortes Opfer gibt. Dieser Gebrauch weist darauf hin, was das Ganzopfer des Christenlebens mit dem Lobopfer des Bekenntnisses und dem Dankopfer an Zeit, Geld, Kraft usw. verbindet. Paul Gerhardt hat solches verdichtet: »Lasset uns singen, dem Schöpfer bringen / Güter und Gaben; was wir nur haben, alles sei Gotte zum Opfer gesetzt! Die besten Güter / sind unsre Gemüter; dankbare Lieder sind Weihrauch und Widder, an welchen er sich am meisten ergötzt.« (EKG 346,3)

Je nachdem, welche Form das Dankopfer zu sammeln in der jeweiligen Gemeinde gebräuchlich ist, kann eine an der historischen Entwicklung des »Opferganges« orientierte Information in die Predigt aufgenommen werden. Der Beisatz in Hebr 13,16 »Solche Opfer gefallen Gott« ruft uns genauso wie den ersten Lesern des Hebr in Erinnerung, daß unser Tun und Lassen eben auch in Geldangelegenheiten vor dem Angesicht Gottes geschieht. Solches Wissen widersteht allen Versuchungen, das Dankopfer als eine private und heimliche Angelegenheit zu betrachten. Dem verantwortlichen Geben muß aber auch ein ebensolcher Umgang mit den der Kirche anvertrauten Gaben entsprechen. Auf der Ebene der Gemeinde geht es in dieser Hinsicht gewiß auch um die Erstellung eines vor Gott zu verantwortenden Haushaltsplans. Solche Einsicht muß sich auch überall dort erweisen, wo über den Einsatz von Geld entschieden wird.

Von Dankopfer zu sprechen und dabei ausschließlich Bedürfnisse der eigenen Gemeinde, Gruppe etc. im Auge zu haben, so dringend und gerechtfertigt diese auch erscheinen mögen, zeugt von einer ungeistlichen Haltung. An erster Stelle stehe darum der Dank an Gott, den Geber aller Güter. Im Letzten und Tiefsten gilt, daß alles, was wir sind und haben, Gottes ist und wir gefordert sind, mit dem Anvertrauten verantwortungsvoll umzugehen. Die auf verschiedenen Ebenen geführten Gespräche zu den Konvergenztexten von Lima haben auch im evangelischen Raum der Einsicht Platz gemacht, daß es sich bei den

für das Sakrament bestimmten Elementen auch um Gaben Gottes
handelt, die wir für diesen bestimmten Gebrauch aussondern und
darum bitten, daß sie uns neu geschenkt werden als Leib und Blut des
Herrn. Daraus ergibt sich auch der sorgsame Umgang mit den nicht in
der Kommunion verzehrten Gaben.

Den Versen aus Ps 50,14 und Hebr 13,16 folgend, könnte eine Predigt
folgende Gliederung haben:

– Opfert Gott Dank
– Vergeßt nicht: Gutes zu tun
                    Mit anderen zu teilen
– Solche Opfer gefallen Gott

Denkbar wäre auch eine Liedpredigt über »Die güldne Sonne« (EKG
346). Nicht nur in dem schon genannten V. 3 werden Aspekte des
Dankopfers genannt; auch in anderen Strophen finden sich Aussagen
über die Art, wie der Mensch mit seinen Gaben in die Schöpfung und
den Heilswillen Gottes eingebunden ist. Dabei sind besonders die V.
1-4.6.10 zu bedenken.

Dem Thema »Haushalterschaft« zugeordnet ist eine Predigt von J.
Wesley zu Lk 16,9 (Macht euch Freunde mit dem ungerechten
Mammon), der in einer simplen Dreiteilung

– Erwirb, so viel du kannst
– Spare, so viel du kannst
– Gib, so viel du kannst

zum rechten Gebrauch des Geldes anleitet. In Luthers Auslegung zum
Ersten Gebot im Großen Katechismus findet sich der Satz: »Sol ein
Christ geben, so mus er zuvor haben, was nichts hat, das gibt nichts«
(WA 51, S. 384, 4). Für die Predigtvorbereitung, die auf die Ver-
bindung von Dankopfer mit Haushalterschaft abzielt, ist die Lektüre
von Luthers Auslegungen zum Ersten und Siebenten Gebot im Großen
Katechismus hilfreich und bringt mancherlei Anregungen.

An Liedstrophen bieten sich, je nach Kirchenjahreszeit, folgende an:
EKG 28,1.9; 52,5.6; 54,1; 62,5; 70,1; 76,5.6.7; 96,6.7; 107,1.2;
128,2.8; 230,1.3.7.8:12; 231,1; 259,6; 346,3; 348,5.6.

Literatur:
Agende für evangelisch-lutherische Gemeinden I, Ausgabe für den Pfarrer, Berlin 1955. – O. Dietz, Unser Gottesdienst, München ²1983. Erneuerte Agende. Vorentwurf, Hannover/Bielefeld 1990. – P. Graff, Geschichte der Auflösung der alten gottesdienstlichen Formen in der evangelischen Kirche Deutschlands, Bd. I, Göttingen ²1937. – W. Grün, Christ und Geld. (Mit einer Predigt von J. Wesley über den rechten Gebrauch des Geldes), Kassel 1963. – S. Heitz, Der Orthodoxe Gottesdienst. Bd. 1, Mainz o.J. (1965). – M. Josuttis, Der Weg in das Leben. Eine Einführung in den Gottesdienst auf verhaltenswissenschaftlicher Grundlage, München 1991. – J.A. Jungmann, Missarum Sollemnia. Bd. II, Wien ⁵1962. – F. Kalb, Grundriß der Liturgik, München ²1985. – G. Kretschmar, Abendmahlsfeier I, in: TRE I, S. 319-347. – G. Kugler (Hg.), Forum Abendmahl. (GTB 346), Gütersloh 1979. – G. Lanczkowski, Geld I, in: TRE XII, S. 276-278. – K. Lehmann/E. Schlink (Hgg.), Das Opfer Christi und seine Gegenwart in der Kirche, Gütersloh 1983. – H. Liermann, Geld II, in TRE XII, S. 278-298. – W. Löhe, Agende für christliche Gemeinden des lutherischen Bekenntnisses, Nördlingen ²1853. – M. Luther, Sermon von dem Neuen Testament, das ist von der heiligen Messe (1510), WA 6, S. 349-378. – Ders., Der große Katechismus. BSLK, Göttingen 1930, S. 345-733. – Meßbuch für die Bistümer des deutschen Sprachgebietes. (Kleinausgabe) 1976. – R. Meßner, Die Meßreform Martin Luthers und die Eucharistie der Alten Kirche. Ein Beitrag zu einer systematischen Liturgiewissenschaft, Innsbrucker theologische Studien 25, Innsbruck 1989. – Missale Romanum ex decreto sacrosancti concilii Tridentini restitutum s. Pii V. (1570). – Das Opfer Christi und das Opfer der Christen. (ÖR.B 34), Frankfurt 1979. – G. Rietschel/P. Graff, Lehrbuch der Liturgik, Göttingen ²1951. – K.B. Ritter, Die Eucharistische Feier, Kassel 1961. – H.-Ch. Schmidt-Lauber, Der Opfergedanke in der jüdischen und christlichen Liturgie, in: Aspekte der Ökumene, hg. v. d. kath. Akademie Hamburg, 1984, S. 39-61; jetzt besser zugänglich in: Die Zukunft des Gottesdienstes. Von der Notwendigkeit lebendiger Liturgie, ctb 19, Stuttgart 1990, S. 324-340. – W. Stählin, Die Feier des neuen Bundes, Kassel 1963. – J. Stalmann, Tagesordnungspunkt Gottesdienst, Hannover 1984. – C. Zippert, Liedpredigten. (Kirche zwischen Planen und Hoffen, Bd. 29), Kassel 1984.

Ernst Hofhansl

5. Die Abkündigungen

1. Zur Begegnung

Die Abkündigungen begegnen uns im Gottesdienst zumeist nach dem auf die Predigt folgenden Lied und damit vor dem Fürbittgebet. In der Gottesdienstpraxis des 19. Jahrhunderts wurden sie auch nach dem »Vorgottesdienst«, also nach dem Glaubensbekenntnis und dem zur Predigt hinführenden Lied, eingeordnet. Neuerdings werden sie vielfach gleich zu Beginn des Gottesdienstes im Zusammenhang mit der Begrüßung eingefügt, obwohl die Agenden sie an dieser Stelle nie vorgesehen haben.

Diese Unsicherheit in der Frage der richtigen Einordnung deutet zugleich ein Unbehagen an: Die Abkündigungen werden oft als Fremdkörper in der Liturgie empfunden. Weil sie angeblich ernüchternd und störend sind, erfreuen sie sich keiner großen Beliebtheit. Ihre Berechtigung und Notwendigkeit wird grundsätzlich angezweifelt. Wenn es schon sein muß, dann sollen technische Ansagen möglichst noch vor dem eigentlichen Beginn des Gottesdienstes erfolgen. Nach der Predigt stören sie angeblich die Andacht des Hörers, der noch mit dem Überdenken der Predigt beschäftigt ist. Darum bedarf es einer besonderen Begründung, daß die Abkündigungen zum Gegenstand einer Predigt gemacht werden. Denn es wird gefragt: Sind sie überhaupt im strengen Sinn des Wortes ein »liturgisches Stück«, ein unaufgebbarer Bestandteil des christlichen Gottesdienstes?

Dennoch könnte dem Gottesdienst ohne Abkündigungen schließlich doch etwas Wesentliches fehlen. Die ersatzlose Streichung würde den Gottesdienst ärmer machen. Vielleicht liegt das Problem nicht bei den Abkündigungen selbst, sondern daran, daß so etwas wie eine Degeneration der Abkündigungen stattgefunden hat. Sie könnten ihren geistlichen Charakter verloren haben und zu einem bürokratischen Vorgang verkommen sein. Darum stellt sich die Frage, was an den Abkündigungen eigentlich notwendiger Bestandteil des Gottesdienstes ist und wo sie möglicherweise mit Informationen belastet sind, die besser anderswo erfolgen sollten. Es könnte zu denken geben, daß man in der römisch-katholischen Liturgie lange Zeit keine »Abkündigungen« mehr gekannt hat, daß aber seit der Liturgiereform (1974) »kurze Verlautbarungen« vor der Entlassung ausdrücklich vorgesehen sind.

2. Historische Erklärung

In der Liturgiegeschichte wurde für das, was die Abkündigungen zum Inhalt haben, keine eindeutige Bezeichnung entwickelt. Dem damit gemeinten Anliegen aber wurde von Anfang an Rechnung getragen. Schon die neutestamentlichen Briefe, die zunächst zur Verlesung im Gottesdienst bestimmt waren, bringen zwischendurch oder auch als ergänzenden Schluß praktische Hinweise, die nur in einer konkreten Situation sinnvoll sind. So werden vom Briefschreiber wie auch von den bei ihm weilenden Freunden Grüße an namentlich genannte Gemeindeglieder übermittelt (Röm 16,3ff). Es werden bestimmte Personen der freundlichen Aufnahme empfohlen (Röm 16,1-2). Es wird um Opfergaben gebeten und in diesem Zusammenhang manche Hintergrundinformation mitgeteilt (1.Kor 16,1-4; 2.Kor 8; 9; Gal 2,10). Es werden Reise- und Arbeitspläne dargelegt (Röm 15,22ff; 1.Kor 16,5ff; Phil 2,18). Es wird um Fürbitte gebeten (Eph 6,18ff). Es werden persönliche Gefühle zum Ausdruck gebracht (2.Kor 13,9-10; Phil 1,8). Auf das persönliche Ergehen einzelner wird Bezug genommen (Phil 2,27). Ein Austausch der Briefe wird angeregt (Kol 4,16). Das alles trägt dazu bei, daß Gemeindeglieder voneinander wissen, so daß »einer des andern Last tragen« kann (Gal 6,2).

Man kann mit Gewißheit davon ausgehen, daß solche Mitteilungen ein selbstverständlicher Bestandteil der Gottesdienste in den ersten nachchristlichen Jahrhunderten gewesen sind, auch wenn sie nicht immer eigens erwähnt werden. Die Frage, an welcher Stelle diese Verlautbarungen in den Gottesdienst eingefügt werden, konnte offenbleiben. Doch lag nahe, konkrete Mitteilungen, Ermahnungen und Wünsche an die Predigt anzufügen. »Schon im dritten Jahrhundert und dann häufig bei Augustin finden wir im Anschluß an die Predigt Abkündigungen, in denen der Gemeinde wichtige Ereignisse aus dem kirchlichen Leben, kirchliche Verordnungen, Festtage u. dgl. mitgeteilt wurden. Diese Sitte wurde lange Zeit beibehalten.« (Weismann S. 16) Auch aus der Zeit des Mittelalters wird berichtet:»Einen oft sehr

breiten Raum nahmen vom 12. Jahrhundert an die Verkündigungen ein.
Sie hatten auch in früherer Zeit nicht gefehlt und waren in der alten
Christenheit ein selbstverständlicher Bestandteil des Gemeindegottesdienstes gewesen. Jetzt schwollen sie mit der Menge der Heiligentage,
Fasttage, Vigilien, Anniversarien usw. mächtig an. So konnte es
vorkommen, daß man auch bei kurzer oder fehlender Predigt mit Hilfe
dieser Bekanntmachungen immerhin einen Kanzelvortrag von angemes-
sener Dauer zustandebrachte.« (Weismann S. 21f)
In der Reformationszeit wurde der mittelalterliche Predigtgottesdienst
oft zum sonntäglichen Hauptgottesdienst oder er wurde (in verkürzter
Form) als Predigtteil in die Meßordnung eingeschoben. So wurden die
in die »Predigtliturgie« bzw. in den »Kanzelauftritt« eingeordneten
»Verkündigungen« in den reformatorischen Gottesdienst überführt. Für
die von Calvin ausgehenden Gottesdienste sind schon in der Mitte des
16. Jahrhunderts die »Verkündigungen« bezeugt. Sie waren in der
Folgezeit vom Abbau liturgischer Formen nicht betroffen, da dieser nie
zu Lasten der Predigt ging. Im 19. Jahrhundert wurden die Abkündigungen auch vor dem Segen angesetzt (z.B. Württembergische
Ordnung von Grüneisen 1856). Das ist sinnvoll, da sich unmittelbar
vor dem Auseinandergehen (also vor Segen und Sendung) bestimmte
Hinweise (wie Einladung zum nächsten Gottesdienst) fast wie von
selbst ergeben. Das Kirchenbuch von Wolf/Albertz 1951 sah die
Abkündigungen nach dem Abendmahl vor. Ihnen folgten allerdings vor
dem Segen noch Fürbitte, gemeinsames Vaterunser und Lobpsalm
(Opfereinsammlung). Im lutherischen Agendenwerk sind sowohl in
dem der Meßstruktur folgenden Hauptgottesdienst als auch in der Form
»Predigtgottesdienst als Hauptgottesdienst« die Abkündigungen nach
dem Predigtlied vorgesehen. Sie können noch auf der Kanzel oder
schon (als Übergang zu Dankopfer und Fürbitte) am Lesepult (in der
Nähe des Altars) gelesen werden.

3. Theologische Erwägung

Das Evangelium greift in die alltägliche Wirklichkeit des Menschen
ein. Es stiftet Gemeinde von Menschen aus Fleisch und Blut, die,
obwohl sie »Tempel des Heiligen Geistes« sind, dieser irdischen Welt
und ihren Aufgaben und Anfechtungen verbunden und verpflichtet
bleiben. Von Anfang an war das Evangelium vom »Doketismus«

bedroht. D.h.: Die Realität der Heilstatsachen und des auf sie bezogenen Glaubens könnte zur »Scheinwelt« verflüchtigt werden. Dann wird das Evangelium zur jenseitigen, geistlichen, überirdischen Größe. Demgegenüber muß immer wieder die Realität und Weltbezogenheit des Glaubens betont werden. »Das Wort ward Fleisch« (Joh 1,14). Im Evangelium geht es nicht um Abstracta, um Theorien, um Ideen, sondern um die Wirklichkeit einer erlösungsbedürftigen und zur Erlösung bestimmten Welt. Christen sind in der Nachfolge ihres Herrn »Salz der Erde« und »Licht der Welt« (Mt 5,13f). Diese Grundwahrheit wird selbstverständlich den ganzen Gottesdienst in allen seinen Stücken bestimmen müssen. Aber gerade die Abkündigungen sind ein Testfall dafür, ob unser Gottesdienst Konkretion, Information und Individualisierung zuläßt. Durch die Abkündigungen wird daran erinnert, daß unser Glaube »praktikabel« sein soll.

In ihnen wird aber auch etwas von der Personalität des Glaubens spürbar. Wer der Gemeinde durch die Taufe eingefügt oder der irdischen Gemeinde durch den Tod entnommen wurde, wer eine Schwelle seines Lebens überschreitet (in der Konfirmation oder Trauung), wer ein besonderes Amt übernimmt, wer überhaupt besonderer Aufmerksamkeit oder Zuwendung bedarf, sollte im Gottesdienst soweit wie möglich mit Namen genannt und persönlich angesprochen werden. Dies ermöglicht das Mitleben, die Mitfreude und das Mitleiden (Röm 12,15) und trägt dazu bei, daß eine Gemeinde »ein Herz und eine Seele« (Apg 4,32) sein kann. Diese Zuwendung zu Personen wird darum zumeist mit Dank und Fürbitte verbunden sein. Der Dank wird sich auf die Mitarbeit und das Opfer der ganzen Gemeinde bzw. einzelner Glieder in ihren verschiedenen Formen beziehen. Die Tatsache, daß ein Opfer bewußt im Verborgenen gebracht wird (und daß darum vielleicht nur der Pfarrer davon weiß), schließt nicht aus, daß ohne Namensnennung ein öffentlicher und allgemeiner Dank ausgesprochen wird (Mt 6,3f). Die Fürbitte wäre eigentlich Sache des Allgemeinen Kirchengebets. Doch kann sie gerade in Verbindung mit einem namentlich genannten Gemeindeglied und einem eigens erwähnten Anlaß besonders intensiv wirken.

Daneben sind die Abkündigungen auch der Ort der Missio, der Sendung der Gemeinde in die Welt. Dabei kann es sich um Aufgaben handeln, die noch im Gottesdienst selbst wahrzunehmen sind, wenn z.B. die Bestimmung des Dankopfers genannt und begründet wird. Es kann sich um Bitten handeln, deren Erfüllung außerhalb des Gottesdienstes liegt. Die der Gemeinde vorgetragenen Aufgaben sollten sich aber immer auf konkrete Zwecke beziehen, die kurz und prägnant beschrieben werden. Solche Einweisungen in missionarische und diakonische Aufgaben sollten als die aus der Verkündigung sich ergebenden Folgerungen in Erscheinung treten. Schon aus diesem Grunde sind die Abkündigungen zu Beginn des Gottesdienstes ungünstig plaziert.

Zur Ausformung von Segen und Sendung gehört auch die Einladung zu weiteren gottesdienstlichen und gemeindlichen Zusammenkünften. Sie sollte nicht in allzu viele Einzelheiten aufgegliedert erscheinen. Die Verlesung differenzierter Terminkalender dürfte die Gemeinde überfordern und ermüden. Hier würde der Hinweis auf die eingeführten Gewohnheiten oder auf einen gedruckten Terminkalender genügen.

Die Abkündigungen werden notwendigerweise immer auch über den Rahmen der Ortsgemeinde hinausgreifen. Gesamtkirchliche Verlautbarungen (Aufruf zur Aktion »Brot für die Welt«, Hinweis auf Synoden, Verlesung von Bischofsworten usw.) haben ihr Gewicht und sollten nicht distanziert oder unbeteiligt vorgetragen, sondern als ein die Gemeinde angehendes Wort ernstgenommen werden.

Bedenkenswert sind in diesem Zusammenhang auch die Vorschläge von Joachim Stalmann. Er sieht in den Abkündigungen »ein wichtiges kommunikatives und gemeindliches Element im Gottesdienst«. Er regt zu dem Versuch an, sie entsprechend aufzugliedern und den verschiedenen Phasen und Elementen des Gottesdienstes zuzuordnen: »Zu Beginn des Gottesdienstes: kurze Hinweise zum Verlauf desselben, nach der Predigt (von der Kanzel): Verlautbarungen ökumenischer Leitungsgremien, von Bischöfen, Kirchenleitungen und Synoden, vor dem Dankopfer: Ankündigung desselben nebst Abkündigung des Ergebnisses vorausgegangener Kollekten, vor dem Allgemeinen Kirchengebet: Abkündigung von Amtshandlungen und Ankündigung von Synodaltagungen, Amtseinführungen usw. als Vorbereitung entsprechender Fürbitten, im abschließenden Sendungsteil: Einladungen zu Gemeindeveranstaltungen und -treffen.« (Stalmann S. 129)

4. Homiletische Besinnung

Eine Predigt über die Abkündigungen darf nicht zu einer kritischen Bestandsaufnahme falscher liturgischer Praxis werden und ist ebensowenig dazu da, liturgische Reformvorschläge zur Diskussion zu stellen. Diese Arbeit gehört in liturgische Gremien, erst recht in die Pfarrkonferenzen, in die Kirchenvorstände und Synoden. Ziel der Predigt wird sein müssen, für einen umstrittenen, aber sinnvollen Teil des Gottesdienstes Verständnis zu wecken, seine geistlichen Grundlagen aufzuzeichnen, die Gemeinde anzuleiten, dieses Stück mit größerer Offenheit und Dankbarkeit mitzuvollziehen. (Natürlich kann eine Predigt über die Abkündigungen zum Anstoß für den Kirchenvorstand werden, die eingefahrene Praxis der Abkündigungen kritisch zu überdenken und gegebenenfalls zu verbessern. Der geistliche Beweggrund für die Abkündigungen wird immer Koinonia bzw. die Communio im neutestamentlichen Sinne sein. Wir sind Glieder eines Leibes. Wir haben teil an der Gemeinschaft des Leibes und Blutes Christi (1.Kor 10,16f). Das will bis in die alltägliche Wirklichkeit des Lebens hinein bewährt sein (Ps 133,1). Wir nehmen einander an, gleich wie Christus uns angenommen hat zu Gottes Lob (Röm 15,7). Keiner darf »sich selber zu Gefallen« leben (Röm 15,2; vgl. auch 1.Kor 9,19; 10,24). Wir können nicht namenlos und teilnahmslos einen Gottesdienst mitvollziehen. Auch in ihm muß spürbar werden, daß wir Brüder und Schwestern sind, die voneinander wissen und nach einander fragen. Sicher erfolgen in der Neuzeit Informationen vielfach und besser auf dem Wege gedruckter Mitteilungen. Doch hat auch in diesem Zusammenhang die Viva vox ihr bleibendes Recht. Bei der Fülle des gedruckten Materials, mit der die Menschen unserer Zeit fertigwerden müssen, wird vieles, was Menschen sich zu Herzen nehmen sollen, lesend nicht mehr auf- und wahrgenommen. Auf den nachdrücklichen Hinweis durch das persönlich gesprochene Wort kann in bestimmten Fällen auch in Zukunft nicht verzichtet werden.

5. Zur Verkündigung

Die Predigt könnte drei Teile haben: Wir denken aneinander (Konkretisierung der Gemeinschaft). Wir danken miteinander und bitten füreinander (Konkretisierung des Gebets). Wir lassen uns zum Dienst rufen (Konkretisierung der Sendung).
In der Einleitung könnte das Unbehagen, das Gemeindeglieder über die Abkündigungen äußern, zur Sprache kommen. Ein Blick in das

»Verkündbuch« der vorausgegangenen Sonntage könnte deutlich machen, daß es die Abkündigungen wert wären, von uns mit neuer Aufmerksamkeit angenommen zu werden.

1. »So oft ich euer gedenke« (Phil 1,3). Ein kleiner, aber wichtiger Nebensatz: Paulus gedenkt der Menschen, denen er sich im Glauben verbunden weiß. Darum sind die vielen Namen, Grüße und Kurzberichte über das Ergehen einzelner in seinen Briefen zu finden. Christen sollten voneinander wissen. Gottesdienstliche Mitteilungen dienen nicht nur chronistischen oder statistischen Zwecken. Wir sind durch die Taufe bei unserem Namen gerufen. Darum sollten auch Gemeindeglieder sich namentlich kennen. Die verschiedenen Lebensäußerungen und Arbeitsformen einer Gemeinde könnten von Fall zu Fall durch knappe, aber zum Hinhören verlockende Hinweise bewußt gemacht werden und damit das Interesse (»dabei sein«) der Gemeindeglieder und den Wunsch zum Mitmachen wecken.

2. In dem Abschnitt Phil 1,3-11 läßt sich Paulus vom Denken zum Danken und zur Fürbitte weiterführen. Menschen, die in der vergangenen Woche ihrer Gemeinde gedient haben, verdienen einen Dank. Wir denken fürbittend an die Eltern und Paten getaufter Kinder, an die Paare, die getraut werden, an die Angehörigen der Verstorbenen, auch an die Ausgetretenen (deren Namen zu nennen sich nicht so empfiehlt). Dabei ist zu bedenken: Wenn schon früher die Nennung von Namen aus negativem Anlaß (abkanzeln) starke Wirkungen ausgelöst hat, so kann die positive Wirkung einer von Dank und Segenswunsch begleiteten persönlichen Abkündigung nicht hoch genug veranschlagt werden.

3. In 1. Kor 16,1-4 bittet Paulus die korinthische Gemeinde um eine Kollekte für die verarmten Gemeindeglieder in Jerusalem. Daran sollen sich auch andere Gemeinden beteiligen. Er regt an, daß die Kollekte von Vertretern der Gemeinde nach Jerusalem gebracht wird. Unsere Kollektenpraxis leidet unter der Unpersönlichkeit eines Verwaltungsvorganges. Bei Dienstleistungen und Geldgaben für Partnergemeinden haben wir neu entdeckt, daß in solches Mitteilen auch persönliches Engagement und persönliche Nähe eingebracht sein wollen. Die Solidarität des Glaubens und der Liebe soll nicht an den Grenzen der Ortsgemeinde haltmachen. Sie braucht sich nicht auf Geldgaben zu beschränken (1.Petr 4,10; Röm 12,6-8).

Schluß : Eine Gottesdienstvorbereitungsgruppe könnte die Abkündigungen als Gestaltungsaufgabe neu entdecken. Sie sind nicht eine

Unterbrechung des Gottesdienstes zum Zweck organisatorischer Ansagen, sondern ein geistlicher Vorgang, der »im Namen Jesu« geschieht (Kol 3,17).

Literatur:
O.Dietz, Unser Gottesdienst, München [3]1983. – F. Kalb, Grundriß der Liturgik, München [3]1985. – J. Stalmann, Tagesordnungspunkt Gottesdienst, Hannover [4]1989. – E. Weismann, Der Predigtgottesdienst und die verwandten Formen, in: Leiturgia III, Kassel 1956, S. 1-97.

Friedrich Kalb

6. Allgemeines Kirchengebet

1. Zur Begegnung

Hat Gott durch sein gepredigtes Wort mit uns, seiner Gemeinde, geredet, so ist es nur natürlich,»daß wir wiederum mit ihm reden durch Gebet und Lobgesang« (Luther, WA 49, S. 588). Unsere Coram-Deo-Situation wird im Gebet realisiert. Neutestamentliche Gebetsmahnungen ergehen an die ganze Gemeinde.»Betet unaufhörlich« (1.Thess 5,17).»Haltet an am Gebet« (Röm 12,12; Kol 4,2). Die Gemeinde kennt es auch heute nicht anders. Dennoch gibt es hier Störungen. Es hat beim Allgemeinen Kirchengebet (= AK) schon mancher verstohlen nach der Uhr geschaut – und daß unsereiner es bemerkt hat, verrät ebenfalls mangelnde Sammlung. Sind wir wirklich bei der Sache? Vielleicht sind wir – nach der Predigt – bloß müde. Vielleicht im Beten ungeübt, vielleicht durch Anfechtung zeitweilig gestört. Vielleicht können wir dem Gebet, mindestens dem Bittgebet, nicht viel Sinn abgewinnen. Wir werden darauf zurückkommen müssen.

Störungen verraten sich freilich auch in allerlei Mißbräuchen im Vollzug des AK. Daß der»Draht« nach»oben« unterbrochen ist, verrät sich in peinlichen und leider häufigen Entgleisungen. Da wird Gott angepredigt, als täte auch ihm etwas geistliche Stärkung gut. Oder die Gemeinde bekommt in Gebetsform noch einmal die Hauptanliegen der Predigt serviert. Man merkt: der Liturg spricht gar nicht mit Gott, sondern – wie im Rückspiegel – mit der Gemeinde. Vielleicht stellt der Liturg auch seine subjektive Stimmungslage dar und vergißt, daß er nur Vorbeter ist, der dem Gebet der gesamten Gemeinde Worte und Stimme leiht (»liturgisches Wir«, disziplinierter, objektiver Gebetsstil). Vielleicht meint er, aktuell zu beten – und er *soll* ja aktuelle Sorgen und Nöte vor Gott bringen! – , indem er seine persönliche Auffassung vom Lauf der Welt und von der Lösung ihrer Probleme dem lieben Gott und der Gemeinde suggeriert. Vielleicht gefällt er sich in geistreichen Einfällen und sensationellen Formulierungen – und stört damit nur den Kontakt der betenden Gemeinde mit ihrem Herrn. Nichts von dem allen – es gäbe noch mehr desgleichen – ist erfunden.

Schlimm ist daran, daß erfahrene Beter in der Gemeinde verwirrt
werden und solche, die das Beten gern lernen wollen, überhaupt nicht
Tritt fassen können. Wenn das AK vom Liturgen formuliert oder auch
wenn es von einer ganzen Gruppe von Betern vorbereitet und gestaltet
wird, bedarf es einer sorgfältigen Besinnung darauf, was es soll und ist
und wodurch es legitimiert ist. Überdies, es bedarf auch eines guten
Geschmacks: Das Gebet soll weder archaisch noch barock noch vulgär
noch gesalbt noch sentimental noch deftig sein.

2. Historische Erklärung

Zu den Inhalten des Gottesdienstes, in denen die Urgemeinde nach
Apg 2,42 »beständig blieb«, gehört das Gebet. An die Gebetsmahnungen in den neutestamentlichen Briefen haben wir schon erinnert.
Klassische Stelle für das Fürbittengebet: 1.Tim 2,1-6. Es ist nicht
leicht, in diesem Text »Bitte, Gebet, Fürbitte und Danksagung« zu
differenzieren; gehört »für alle Menschen« zu allen vier Weisen des
Gebets, dann ist immer auch in der Dimension der Fürbitte gedacht,
wie denn alle Arten des Gebets zusammengehören. Trotzdem wird man
unterscheiden. Soll der Dank für das aus dem Wort Empfangene nicht
in einem besonderen Predigtschlußgebet vor Gott gebracht werden, so
geschehe dies in den ersten Sätzen des AK, damit dann Bitte und
Fürbitte alsbald klar zu ihrem Recht kommen. Im AK ist die Gemeinde
vorrangig mit den Dingen des weltlichen Lebens beschäftigt; auch sie
haben ja ihren Bezug auf Gott. Das AK ist weit zur Welt hin geöffnet.
Weithin auf den Ton der Fürbitte ist das ergreifende Gebet gestimmt,
das wir im 1. Clemensbrief lesen (59-61 n. Chr., Dietz S. 425). Justin
bezeugt das Gemeindegebet für die Menschen »auf der ganzen Welt«
(Apologie I 65 u. 67). Tertullian: »Wir umlagern Gott mit unseren
Bitten«; »solches gewaltsame Andringen ist Gott wohlgefällig; wir
beten auch für die Kaiser, ihre Diener und Machtträger, für den
Bestand der Welt, für die Ruhe der Staaten« (Apologie 39).
Die Form ist in der alten Kirche herkömmlich die der direkten Anrede
Gottes (*Prosphonese*). In der Klementinischen Liturgie (Syrien um
375) folgt dem eucharistischen Hochgebet das Fürbittengebet, wobei
der Diakon die Gebetsanliegen nennt und der Bischof die Fürbitten im
einzelnen vor Gott bringt, die älteste greifbare Gestalt des *diakonischen
Gebets*. Noch anders die Basilius- und die Chrysostomos-Liturgie (auf

die Genannten zurückgehend, in heutiger Gestalt jedoch im wesentlichen 7./8. Jh.): der Diakon ruft zum Gebet auf, indem er die einzelnen Gebetsanliegen nennt; die Gemeinde folgt dem Aufruf mit ihrem Kyrie eleison (*Ektenie*).

Merkwürdig ist, daß in der römischen Messe, wie wir sie seit dem 6. Jahrhundert kennen, das Fürbittengebet – außer am Karfreitag – weggefallen ist; übriggeblieben ist nur ein einsames »Oremus« des Priesters, der anschließend sofort zum Offertorium übergeht. Man kann sich diesen Tatbestand nur so erklären, daß Fürbitten inzwischen (sporadisch) im Kanon Eingang gefunden haben (Jungmann S. 596), also das Meßopfergeschehen die Fürbitte der Gemeinde »aufgesogen« hat. Probe aufs Exempel: am Karfreitag, an dem kein Meßopfer stattfindet (»aliturgischer Tag«), blieb die Fürbitte erhalten.

Auch bei Luther fehlt ein AK in unserem heutigen Sinne. Luther empfiehlt in der »Deutschen Messe« (1526) »eine öffentliche Paraphrasis des Vaterunsers« (WA 19, S. 95), bietet dafür ein Beispiel, erlaubt aber eigene Gestaltung – freilich mit einer beherzigenswerten Einschränkung: »Ich will aber gebeten haben, daß man selbige Paraphrasis ... *conceptis seu praescriptis verbis* ... stelle um des Volkes willen, daß nicht heute einer also, der andere morgen anders stelle, und ein jeglicher seine Kunst beweise, das Volk irre zu machen, daß es nichts lernen noch behalten kann« (S. 97). Viele unter uns halten das *variatio delectat* für eine missionarische Weisheit; die Werbefachleute aber sind weiser: Nur Wiederholtes geht in Fleisch und Blut über und wird bleibender Besitz. – Reformatorische Kirchenordnungen, besonders die auf Bugenhagen zurückgehenden, haben das AK »für allerlei Anliegen der Christenheit« (so die Brandenburg-Nürnbergische Kirchenordnung von 1533) wieder zu Ehren gebracht. Verirrung bringt die Aufklärungszeit auch auf diesem Gebiet. O. Dietz bringt ein Beispiel: In Schleswig-Holstein wird 1797 gefordert, daß das AK mit dem Inhalt der Predigt genau übereinstimme und eine rührende »in Andacht an Gott verwandelte Wiederholung der vorgetragenen Lehren und Ermahnungen sei«; man verlangt nach »zeitgemäßeren Gebeten« (Dietz S. 446). (Luther hat einmal gemeint, die Geschichte der Menschheit sei einem Karussell zu vergleichen.)

Aus der Tradition der Kirche sollte man u.a. zweierlei aufnehmen: Einmal, die drei Formen der Fürbitte sollten in gesundem Wechsel in Übung bleiben: Prosphonese, Ektenie, Diakonisches Gebet. Statt des »Herr, erbarme dich« könnten wir auch beten: »Wir bitten dich, erhöre

uns« oder (mit W. Löhe):»Erhöre uns, lieber Herr und Gott.« –
Sodann: Das AK sollte inhaltlich drei Gruppen von Anliegen aufnehmen: die Kirche (ihr Bleiben und Wachsen, ihre Einheit, ihre
geistliche Kraft, ihren diakonischen und missionarischen Willen u.ä.)
– die weltlichen Ordnungen (die Regierenden auf allen Ebenen, den
Frieden, den Bestand der Schöpfung, Wirtschaft, Wissenschaft u.ä.) –
die in Not Befindlichen bzw. die, die Gott vor Not bewahren wolle
(Familien, Ehen, Einsame, Alte, Kranke, Sieche, Gefangene, Süchtige,
Angefochtene, Verirrte u.ä.). Das AK soll konkret sein, also an dem
nicht vorbeisehen und vorbeigehen, was der Gemeinde im Augenblick
Not bereitet. Gerade dazu gehört freilich: es muß theologisch verantwortet werden.

3. Theologische Erwägung

In der Fürbitte spricht die Gemeinde mit Gott. Die *Gemeinde* ist mehr
als die Summe der gerade Versammelten. Sie betet »in Christus«, »im
Namen Jesu«. Der eigentliche Beter ist ER – wir hängen uns nur an
ihn. Sein Einstehen für uns ist das alle Fürbitte tragende Ur-
Geschehen. Die Gemeinde hat IHN dabei, wie ER sie dabei hat. So ist
das AK auch nicht bloß eine Sammlung und Anhäufung privater
Wünsche. Wir beten als die Kirche Gottes. – Der Adressat ist *Gott*.
Daß wir mit ihm reden können, versteht sich nicht von selbst. Schon
bei den Überlegungen zum Introitus haben wir uns über den uns
gewährten »Zutritt« gewundert. Die Tür ist uns erst durch Christus
aufgegangen. Leider versteht es sich in heutiger Theologie nicht von
selbst, daß Gott »jemand« ist, »mit dem man reden kann«. Die
Gotteslehre befindet sich bei nicht wenigen in der babylonischen
Gefangenschaft philosophischer Abstraktion, überdies auch einer
natürlichen Theologie (denn wie kann der Philosoph von seinen
Voraussetzungen her über Gott anders reden als im Sinne einer
solchen?). Hier nur soviel: Die Gemeinde betet nicht nur aufgrund
ihrer Ermächtigung durch Christus, sie betet auch zu Gott, wie ihn der
eingeborene Sohn uns »exegesiert« hat (Joh 1,18). So ist denn
christliches Beten nicht Selbstinventur, also auch nicht bloß Erfahren,
Reflektieren, Erzählen und Situieren (Bernet). Uns muß daran gelegen
sein, daß wir Gott als personales Gegenüber »in der Leitung haben«,
und das ist der Fall, wenn wir im Namen Jesu beten.

Das AK ist vorrangig Fürbitte. Bei der Fürbitte kommt's zum Schwur. Wäre Beten nur Selbstbeeinflussung, dann wäre Fürbitte sinnlos. So aber hat sie gerade darin ihr Besonderes, daß sie anderen zugute kommt.»Im Kirchengebet ... übt die Kirche einen stellvertretenden Dienst. So wie sie in der Predigt auch die Welt angeprochen hat, deren Ohren verschlossen (sind) und deren Herz verstockt ist, so nimmt sie im AK die entscheidenden Anliegen dieser Welt und ihrer Ordnungen auf. Sie betet für die, die selbst nicht beten können, faßt das in Worte, was in den ungläubigen Menschen nur als unbewußtes Sehnen vorhanden ist« (Agende I 4,69). Darum gehört das AK auch nicht in den Sakramentsteil des Gottesdienstes, denn die Kirche ist »im eucharistischen Gebet dem im Sakrament zu ihr kommenden Herrn und dem glühenden Horizont des neuen Äons zugewandt, während sie im AK die Bereiche der irdischen Welt umgreift« (Dietz S. 421). Kommt in den genannten Themenkomplexen neben bzw. vor den irdischen Ordnungen und den Nöten der Menschen auch die Kirche selbst vor, dann eben unter dem Gesichtspunkt, daß sie auch *ecclesia militans* ist, der Leitung und Stärkung durch Gott auf ihrem Weg durch die Zeiten bedürftig. Es ist wichtig, daß die Gemeinde für die irdischen Dinge betet, weiß sie doch, daß Gott selbst an der Welt – auch da, wo sie (noch) nicht glaubt – interessiert ist und »will, daß allen Menschen geholfen werde« (1.Tim 2,4).

Kann das Gebet, sofern es nicht bloß »Akt des Denkens« ist, »in dem Erfahrung reflektiert und reflektierte Erfahrung erzählt wird« (Bernet S. 165) – kann also das Gebet für andere etwas bewirken? Der geschlossene Kausalzusammenhang irdischen Geschehens scheint dies unmöglich zu machen. Kein göttlicher Wille – sagt man – vermag das abgerundete kybernetische System »Welt« zu steuern. Manchen in unserer Gemeinde mögen solche Bedenken vom Beten abhalten. Man muß sich nur klar machen, daß auch das kybernetische System »Mensch« durchaus der Gesetzmäßigkeit natürlicher Abläufe unterliegt – und doch bitten wir unseren Mitmenschen: Geh mit mir ein Stück Wegs, hilf mir beim Tragen meines schweren Koffers! Wir rechnen damit, daß Wille Geschehen auslösen kann. Sollte, was menschlicher Wille im menschlichen Bereich vermag, der Wille Gottes im großen Weltgeschehen nicht vermögen?

Freilich kann es sich nicht darum handeln, daß Beter durch ihre Bitten über Gott Macht zu gewinnen suchen. Kant würde diese Verirrung »Fetischmachen« nennen. Aber die Alternative dazu heißt nicht einfach: Ergebung in Gottes allmächtigen Willen. Im Gebet geschieht *Begegnung* zwischen Gott und seiner Gemeinde. Begegnen können sich nur Personen. Ist Anwendung des Personbegriffs auf Gott problematisch, dann keinesfalls deswegen, weil Gott *weniger* wäre als Person. Wir kalkulieren ein: *alles* Reden von Gott ist problematisch, weil wir nur mit menschlichen Anschauungen und Begriffen umgehen können. Gott könnte sich nur durch sich selbst definieren (2.Mose 3,14). Aber dieser Gott offenbart sich als »Ich«, und der ihn uns »exegesiert«, nennt ihn »Vater« und erlaubt uns, ihn ebenso anzureden. In Christus *begegnet* uns Gott. Ich kann den Menschen, dem ich begegne, zu nichts zwingen – und wenn ich's könnte, würde ich's nicht wollen. Gott ist erst recht unser *freies* Gegenüber. Aber als der schlechthin Freie will er auf uns eingehen. Ohne unser Beten würden die Dinge bei uns und in der Welt anders laufen, als wenn wir ihn bitten. Unser Beten bewirkt, daß etwas passiert! Beten wir doch unter Jesu Verheißungen (Mt 7,7 u.a.). Gott will seine Welt nicht ohne uns regieren – dieser Satz ist in den von seiner Allmacht und Freiheit eingeschlossen. Obwohl Gott, der unser Beten will, die Entscheidung in jedem Falle selbst trifft, darf ich ihn kindlich bitten und gewiß sein: er hört es. In der Fürbitte hat das *Priestertum aller Gläubigen* eines seiner wesentlichen Merkmale. Das Bekenntnis zum allgemeinen Priestertum wirkt sich in den Köpfen vieler aus als Demontage des Amtes in der Kirche oder, was auf dasselbe hinausläuft, als Anspruch auf Funktionen, die – seit den Tagen der Apostel – dem ordinierten Amt aufgetragen sind. Das Priesterliche ist aber gar nicht das Proprium des öffentlichen Amtes der Kirche; es gehört, um mit Luther zu reden, der »Christperson« zu, nicht der »Amtsperson« (Vajta S. 269ff). Wir können hier nicht thematisch vom Priesterdienst der Christen reden. Jetzt nur soviel: Priester sind Menschen, die sich für andere bei Gott einsetzen. Der Hohepriester ist Christus selbst – er ist zur Rechten Gottes und vertritt uns (Röm 8,34; 1.Joh 2,1; Hebr 7,24f). Aber die Kirche, als sein Leib, ist in sein priesterliches Eintreten für die Menschen einbezogen. Wir sagten ja schon: Wir können nur »durch Jesum Christum, unsern Herrn« beten; unser Gebet geht in das seine ein, wie sein Gebet das unsere erst ermöglicht. Eine *Aufgabe* der Gemeinde, nicht weniger wichtig als ihr Amt des Bekennens und der Diakonie. Obwohl man hier nichts feststellen und messen kann, ist die Wahrnehmung dieses Amtes von hoher Effizienz. Es sei auch nicht übersehen, daß die priesterliche Aufgabe der Gemeinde für sie ein bestimmtes Verhältnis zur Welt bewirkt. Wir beten, als Christi Mitbeter, nie *gegen* jemanden in der Welt, sondern immer nur *für* die Menschen, z.B. auch für die Feinde (Mt 5,44; Lk 6,28; Röm 12,14). Dies bedeutet, daß unsere Fürbitte nicht nur unter Berufung auf Jesus geschieht, sondern im Sinne seines Versöhnungswerkes, sozusagen im Sog seines heilschaffenden Priesterwirkens. Fürbitte ist nicht eine – zur Not entbehrliche – Nebenbeschäftigung der Kirche, sondern sie gehört in die Mitte ihres Seins, Lebens und Dienens.

4. Homiletische Besinnung

Es wird viel darüber geklagt, daß im klassischen Gottesdienst (nach Agende I) die Gemeinde weithin zur Passivität verurteilt sei. Wir haben in den Besinnungen dieses Bandes schon wiederholt festgestellt, daß dies nicht der Fall ist – nicht der Fall sein sollte. Es bleibt gewiß dabei: Gottesdienst ist zuerst Gottes eigenes Dienen zu unserem Besten (seine Anrede an uns, seine Selbstdarbietung). Wir wären nicht beim Evangelium (»was Gott an uns gewendet hat und seine süße Wundertat«), wenn es anders wäre. Aber man darf doch nicht übersehen, daß die Gemeinde von Gott selbst in dieses von ihm eröffnete Beziehungsgeschehen einbezogen wird. Wir haben als Gemeinde eine unerhört wichtige Aufgabe; zu ihr soll die Predigt Lust machen. Gott will, daß wir betend an dem beteiligt werden, was sich zwischen ihm und seiner Welt und was sich darum auch *in* der Welt – ihren Ereignissen, Abläufen, Entwicklungen, Schicksalen usw. – abspielt. Fürbitte ist ein Teilnehmen an Gottes Weltregiment. Ich muß mir klar machen, daß jedes Fernbleiben vom Gottesdienst der Gemeinde an dieser Stelle ein Defizit entstehen läßt. Fürbitte ist Arbeit der Herzen. Nicht jede Arbeit muß sichtbare und abzählbare Erzeugnisse hervorbringen, die sauber verpackt die Produktionsstätte verlassen und in den Handel gehen. Viel Gutes mußten wir entbehren, viel Schreckliches ist über uns gekommen, weil es an dieser Arbeit der Herzen gefehlt hat, und wir mußten es, nein: die ganze Welt mußte es teuer bezahlen. Die Predigt sollte auf die Effektivität der Fürbitte hinweisen und damit auf die Dringlichkeit dieser Pflicht. Die Fürbitte im Namen Jesu bewegt etwas. Wer dessen im Glauben gewiß ist, wird die Fürbitte im sonntäglichen Gottesdienst nicht als überflüssig, langweilig und aufhaltsam empfinden.

Ein paar Sätze müssen wir freilich darauf verwenden, Hindernisse
wegzuräumen, die sich von weltanschaulichen Vorurteilen her
einstellen könnten (s.o.). Viel Zeit sollten wir aber solcher denk-
diakonischen Bemühung nicht widmen. Viel wichtiger ist, daß die
Gemeinde begreift: Beten ist nicht das eigenmächtige, naiv-kecke und
darum vergebliche Bemühen, Macht über Gott zu gewinnen und ihn
sich uns dienstbar zu machen. Das Gebet der Kirche ist ein Sich-
Einschalten in das Gebet ihres Herrn, der – unvergängliches Priestertum – vor dem Vater steht und sich für die heillose Welt verwendet
und stark macht. Auch hier wäre es unserem Beten nicht dienlich,
wenn wir meinten, unsere Lehrbuch-Abstraktionen seien der Wirklichkeit Gottes gemäßer als das, was uns am biblischen Jesus Christus
anschaulich wird. Er zur Rechten Gottes – auch der auferstandene
Christus trägt noch Nägelmale – und wir bei ihm, neben ihm, vor und
hinter ihm aufgebaut, z.b. jetzt, im Gottesdienst vor einem Altar. Wir
sollten es uns guten Gewissens so veranschaulichen. (Dies ist das
Wahrheitsmoment der römisch-katholischen Einbindung der priesterlichen Fürbitte der Kirche in das sakramentale Geschehen.) Am Anfang
allen Betens steht die überraschende, beglückende Entdeckung (von ihr
war schon im Abschnitt über den »Introitus« S. 66ff die Rede): Wir
dürfen kommen!

Wir sollten in der Predigt auf den Stellvertretungscharakter des AK
hinweisen. Draußen, außerhalb der Kirchenmauern, flutet der Straßen-
verkehr vorbei, und viele Menschen gehen ihren Alltagsverpflichtungen
nach, suchen Freude und Entspannung, tragen ungetröstet ihre Sorgen
und ihr Leid – und haben keinen »Draht« nach »oben«. 50, 40, 30 ...
10 Gerechte, und Sodom wäre geholfen gewesen. Eigentlich schafft's
ja doch nur immer wieder der eine Gerechte, aber dieser will ja uns,
die Beter, dabeihaben. Das Amt der Stellvertretung soll uns nicht
überheblich machen; Gott will, daß allen Menschen geholfen werde,
und keiner wird verdientermaßen gerettet, sondern nur um Christi
willen. Weil Christus so denkt und handelt, haben uns »die draußen«
wichtig zu sein: Proexistenz.

Die Predigt sollte aktive Gruppen und Kreise in der Gemeinde dazu
ermuntern, daß sie sich für die sonntägliche Fürbitte mitverantwortlich
wissen. (An unsere eingangs vorgebrachten Seufzer über Störungen
und Entgleisungen sei erinnert.) Es gilt, die rechte Einheit zu finden
von strenger Form, wie sie die Gemeinsamkeit des Betens erfordert
(»liturgisches Wir«), und Aktualität, in der auch das vor Gott gebracht

wird, was Gemeinde und Welt gerade bedrängt. Für-Bitte verlangt verantwortliches Für-Denken für die Welt, ihre Entwicklungen und Entscheidungen, und für einzelne Menschen und Familien, ihre Belastungen und Schicksale. Wer das Amt der Fürbitte ernst nimmt, wird nicht nur auf den eigenen Weg sehen (Jes 53,6). So schafft Fürbitte auch Verbindungen – nicht nur innerhalb der Gemeinde, sondern auch über ihre Grenzen hinaus.

5. Zur Verkündigung

Wollte man der Predigt über das AK einen Text zugrundelegen, dann wäre am ehesten an 1.Tim 2,1-6a zu denken (Voigt S. 245ff). Aber wir müssen ja nicht einen abgerundeten Text predigen. Biblische Beispiele jedoch könnten dienlich sein: Abraham (1.Mose 18,16ff, s.o.), Mose (2.Mose 17,8ff; 32,1ff), der für Israel betende Paulus (Röm 10,1), die nach Babylon Verbannten, die der Stadt Bestes suchen und für sie zum Herrn beten sollen (Jer 29,7). Man denke an die apostolischen Ermahnungen (2.Thess 3,1; Eph 6,18f; Röm 15,30; Kol 4,3).

Man wird unter den Predigthörern mit Menschen zu rechnen haben, die der Tat mehr zutrauen als dem Gebet, ja, die vielleicht im Gebet ein Ausweichen und Zurückschrecken vor den Aufgaben des praktischen Lebens erblicken. Hier gilt es, das rechte Augenmaß zu finden. (Wer mag sich noch an Reinhold Schneiders Gedicht erinnern, das gegen Kriegsende, abgeschrieben, von Hand zu Hand ging: »Allein den Betern kann es noch gelingen...«?) Man muß nicht eins gegen das andere ausspielen. Ist nicht auch Beten *Arbeit*?

Ein Raster für die Predigt könnte etwa so aussehen:

Das Gebet der Gemeinde für andere. 1. Gott erwartet es. 2. Gott erlaubt es. 3. Gott erhört es.

Zu 1.: Wir sollten von der Proexistenz im Sinne des allgemeinen Priestertums sprechen, hier nun: vom Amt der Fürbitte. Es gibt priesterliche Stellvertretung. Viele finden den Zugang zu Gott nicht – keinen sollten wir darum geringschätzen; aber für diese Menschen uns einsetzen, das sollen wir. Wir leben ja selbst davon, daß Christus sich für uns einsetzt. Fürbitte ist eine der schönsten Pflichten der christlichen Gemeinde, Arbeit, die Ausdauer verlangt. Gott will gebeten sein. Kein theopantistischer Automatismus, sondern Gemeinschaft mit Gott in der Begegnung auf Du und Du. Das Gebet als ein Stück der zwi-

schen Gott und uns sich abspielenden Geschichte. Gott bedient nicht
– ganz von außen und von oben her – das kosmische Hauptschaltzen-
trum. Er will uns dabeihaben. Kinder sollen mit ihrem Vater reden.
Zu 2.: Man könnte jedes Bittgebet als Akt der Zudringlichkeit und
Eigenmächtigkeit empfinden oder als den Versuch, über Gott Macht zu
gewinnen. Es ist ganz anders, wenn man im Namen Jesu betet. Man
geht durch die Tür, die Christus aufgeschlossen hat. Ohne ihn wären
wir in der Lage derer, die es mit Gott endgültig verdorben haben und
darum in keiner Weise berechtigt sind, Gutes von ihm zu erbitten und
zu erwarten. Durch ihn sind wir die mit Gott Versöhnten. Der Mittler
des Neuen Bundes setzt sich für uns ein. Mit all unserem Beten
schalten wir uns in sein Beten ein.
Zu 3.: Gebete im Namen Jesu sind keine heidnischen Gebete. Gott
wird durch sie nicht zum Objekt menschlicher Machtausübung. Er
bleibt – als Person – frei. Er ist Gott, also erhaben über uns und unsere
oft törichten Wünsche und Bitten. Aber er hört (Joh 16,23b), und er tut
oft weitaus mehr, als wir bitten oder begreifen (Eph 3,20). Er bezieht,
was wir bitten, ein in die wunderbare Geschichte, in der er uns immer
fester an sich bindet. So kann auch der Welt, für die wir bitten, nichts
Besseres widerfahren, als daß er ihr sein Gutes zuwendet.

Literatur:
W. Bernet, Gebet (Themen der Theologie 6), Stuttgart/Berlin 1970. – O. Dietz,
Das allgemeine Kirchengebet, in: Leiturgia II, Kassel 1955, S. 417-452. – F.
Heiler, Das Gebet, München [4]1921. – J.A. Jungmann, Missarum Sollemnia I,
[5]1962. – Ch. Mahrenholz, Kompendium der Liturgik, Kassel 1963. – Fürbit-
tengebete. (Neue Texte für den Gottesdienst, Heft 2, hg. v.d. niedersächs.
liturg. Konferenz), Hannover 1985. – R. Stählin, Die Feier des Neuen Bundes,
Kassel 1963. – V. Vajta, Die Theologie des Gottesdienstes bei Luther,
Göttingen 1952. – G. Voigt, Homiletische Auslegung der Predigttexte II –
»Das heilige Volk«, Göttingen [2]1984.

Gottfried Voigt

IV. Mahlfeier

1. Zurüstung von Brot und Wein

1. Zur Begegnung

Im allgemeinen war und ist in einem evangelischen Abendmahlsgottesdienst die Zurüstung von Brot und Wein keine ausdrückliche liturgische Handlung. Meist hat der Mesner/Küster vor Beginn des Gottesdienstes formlos Kelch und Kanne, Pyxis und Patene auf dem Altar bereitgestellt, vielleicht diese Geräte mit einem Velum verhüllt, vielleicht auch schon die Hostien auf die Patene oder Brot in eine Schale gelegt und den Wein in den Kelch eingegossen. Wenn also nach dem Fürbittgebet die Mahlfeier im engeren Sinn beginnt, der »Sakramentsteil« des Gottesdienstes, dann sind Brot und Wein, die eucharistischen Gaben, schon da. »Von vornherein« sind sie vorhanden, der Pfarrer kann sogleich mit der Präfation beginnen. Höchstens kann er, für die Gemeinde sichtbar, während einiger Liedverse oder anderen Offertoriumsgesangs bei der Einsammlung der Kollekte, das Velum entfernen, die Hostien aus der Pyxis nehmen und den Wein in den Kelch gießen, wenn er das nicht erst nach dem Sanctus tut. Diese sehr zurückhaltende Handlung, beinahe eine bewußte Nicht-Handlung, spricht ihre Zeichensprache: Wenn wir zum Tisch des Herrn treten, kommen wir mit leeren Händen, haben Gott nichts zu bringen, sind ganz und völlig die Empfangenden. Evangelische Gottesdienstordnung ist an dieser Stelle zurückhaltend geworden, aus Erfahrungen der Reformationszeit mit dem mittelalterlichen Opfercharakter der Messe: Alles, was an ein vom Menschen dargebrachtes Opfer erinnern oder solchem Mißverständnis Vorschub leisten könnte, ist zurückgetreten oder entfallen. Der Sünder empfängt, sola gratia, die Vergebung, Leben und Seligkeit. So stellt sich die Situation auch in den evangelischen Standardwerken dar (Kalb S. 151; Leiturgia I S. 76f), auch moderne Handbücher bleiben zurückhaltend (Manual S. 231f). Doch: Bei sogenannten freigestalteten, »offenen« Gottesdienstformen erleben wir z.B. im Familiengottesdienst am Erntedankfest, daß Kinder die Erntedankgaben in fröhlichem Zug zum Altar bringen und dabei auch

Jugendliche das Brot und den Wein mit herzutragen, die dann zum Mahl des Herrn genommen werden. Wer je an einem orthodoxen Gottesdienst teilgenommen hat, konnte den feierlichen »Großen Einzug« der Liturgen nicht übersehen, bei dem die eucharistischen Gaben aus einem Raum nördlich des Altarraums durch die im Kirchenschiff versammelte Gemeinde zum Altar getragen werden. Und seit dem 2. Vatikanischen Konzil hat die katholische Gemeinde in der Gabenbereitung einen Ausdruck dafür geschaffen, wie sich das »allgemeine Priestertum aller getauften Gläubigen« aktiv-leibhaft an der Feier der Eucharistie beteiligt und sein Teil beiträgt. Spontane Gestaltungskraft, ökumenische Begegnung eröffnen uns ein neues Verständnis für ein bewußt entferntes oder unbewußt vernachlässigtes Stück der Abendmahlsliturgie, welches – wie im folgenden zu zeigen ist – keinesfalls unevangelisch ist und wieder zu gewinnen und lebendig gemacht zu werden verdient.

2. Historische Erklärung

Die Zurüstung bzw. Bereitung der Gaben hat ihre Wurzel im Gottesdienst zur Zeit des Neuen Testaments, in den wiederum jüdische Elemente eingegangen sind.

Die neutestamentliche Exegese stimmt im Ganzen darin überein, daß wir uns den urchristlichen Gottesdienst »in den Häusern« als eine Mahlfeier vorstellen können, in der Gemeinschaftsmahl (Agape, Liebesmahl) und sakramentales Mahl verbunden waren. Das Leben der Gemeinde scheint sich vor allem bei diesen Mahlzeiten und in Zusammenhang mit ihnen abgespielt zu haben. Die Gemeindeglieder brachten zur gemeinsamen Mahlzeit die Speisen und Getränke mit, von denen dann auch die Armen der Gemeinde (z.b. die Witwen) essen konnten und an die das Mehr an Mitgebrachtem ausgeteilt wurde. Hier hatten die Diakone ihre spezielle Aufgabe. Aus diesen Naturalgaben wurden auch Brot und Wein für das Herrenmahl genommen (vgl. Apg 2,44ff; 4,32; 1.Kor 11,17-22; später – um 150 – Justinus Martyr, 1.Apologie 67,6). Diese ideale Verbindung von karitativem Brudermahl und liturgischem Abendmahl löste sich wegen mancherlei praktischen Schwierigkeiten, wie sie z.b. in der korinthischen Gemeinde eklatant sind, bald auf. Doch blieb offenbar der Brauch bestehen, »die Gaben für die Bedürftigen gleichzeitig mit der eucharistischen Materie in der

Meßfeier darzubringen« (Emminghaus S. 179). Eine weitere Ausein-
anderentwicklung setzt mit dem Aufhören bzw. Zurücktreten der
Naturalwirtschaft ein, wobei die Gemeinde dazu übergeht, für die
Gemeindearmen und den Unterhalt des Klerus Geldspenden abzugeben.
Die Einsammlung der Kollekte hat zum Teil (z.b. bei Totenmessen)
bis heute die Form eines »Opfergangs«, also einer Art Prozession der
Gemeinde zu den Altarschranken (siehe: Dankopfer). Brot und Wein
für das Abendmahl werden weiterhin herbeigebracht. Im Osten und in
Gallien setzte sich die Form durch, daß die Gläubigen die Gaben zur
»Proskomidie« in den nordöstlichen Seitenraum der Kirche (Prothesis)
brachten, wo die Liturgen einen eigenen Rüstteil mit ihnen vornehmen
und sie in feierlicher Prozession zum Altar tragen (Großer Einzug,
s.o.). Im Westen, in Nordafrika und später in Rom ziehen die
Gläubigen selbst in Prozession zu den Altarschranken, wo Bischof und
Priester das Brot, die Diakone den Wein entgegennehmen, das für das
Abendmahl Nötige auswählen und das übrige zur späteren wohltätigen
Verteilung auf Tischen in den Querschiffen der Kirche niederlegen
(Adam/Berger, Opfergang S. 377f, Proskomidie S. 433, Einzug S.
116f). Das Herbeitragen konnte in Stille geschehen oder unter Gesang,
sei es Gemeindelied oder Offertoriumspsalm bzw. Antiphon auch durch
einen Chor; in der Orthodoxie wird an dieser Stelle der große
Cherubinische Hymnus (Cherubikon) gesungen: das Dreimal Heilig
zum Empfang des Königs des Alls (z.B. Heitz S. 361).
Mit Sicherheit können wir annehmen, daß bei den urchristlichen
Hausgottesdiensten Elemente der entsprechenden jüdischen Gottesdienste übernommen und verwendet wurden. Besonders das jüdische
Tischgebet (die Lobsprüche der »Berachot«) dürfen wir schon bei
Jesus, dann aber auch in der jungen christlichen Gemeinde voraus-
setzen. »Gelobt seist du, Ewiger, unser Gott, König der Welt, der du
die Frucht des Weinstocks erschaffen«, sagt der jüdische Hausvater im
Kiddusch für den Sabbatabend, er trinkt vom Wein im »Segensbecher«
und reicht ihn den Tischgenossen. So lautet der Segensspruch zu den
Sabbatbroten: »Gelobt seist Du, Ewiger, unser Gott, König der Welt,
der du Brot aus der Erde hervorbringst«. Solche Beracha ist zweifellos
für Paulus und seine Gemeinde in Korinth vertrauter Vollzug beim
Mahl des Herrn, eine bekannte Wirklichkeit, denn er knüpft mit seiner
Argumentation daran an: Die Mahlgemeinschaft führt, weil sie
Christusgemeinschaft ist, zur Kirchengemeinschaft. Weil Christus nur
einer ist, kann auch die Kirche nur eine sein (1.Kor 10,16f, vgl.

Einverleibung S. 146ff). Die Apostellehre (Didache, 1. Hälfte des 2. Jh.) enthält das eucharistische Dankgebet, in dem es heißt: »Du allmächtiger Herrscher, hast alles erschaffen um deines Namens willen, hast Speise und Trank gegeben den Menschen zum Genuß, damit sie dir danken«, und führt den paulinischen Gedanken der Einheit beim Brotbrechen weiter: »Wie dies gebrochene Brot auf den Bergen zerstreut war und zusammengebracht eins wurde, so möge deine Gemeinde von den Enden der Erde zusammengebracht werden in dein Reich« (Apostol. Väter S. 11f).

Die »Gabengebete« können dann im Verlauf der Kirchengeschichte auf verschiedene Aussagen das Schwergewicht legen. Die orthodoxe Chrysostomus-Liturgie thematisiert in der Zurüstung bei der Proskomidie vor allem das »Schlachten« des Opfers und vollzieht es symbolisch mit der »Lanze«, bei der Anaphora tritt die Bitte um den Geist der Gnade in den Vordergrund, der auf Gemeinde und Gaben herabkommen möge, und das Ziel ist das Bekenntnis: »Wir bringen Dir das Deinige vom Deinigen« (Heitz S. 320ff u. 369-375). In der westlichen Tradition beherrscht im Mittelalter der Opfergedanke auch die Gabengebete mit der Bitte, Gott möge die makellose Opfergabe (*hostia!*) gnädig annehmen, die der Priester darbringt für die eigenen Sünden und für die der Gemeinde, der Lebenden und der Toten (Emminghaus S. 176). Das Motiv des Bitt- und Sühneopfers steht also vorne an, das Bringen der Gaben wird zum »Sich-einkaufen in die Verdienste Christi, die in der Messe zugewendet werden« (Berger S. 268 nach Jungmann). Zu recht hat die Reformation dies deutlich abgelehnt und schon das Tridentinum, erst recht aber das 2. Vaticanum bemühen sich eindeutig, den Gedanken einer Wiederholung oder Darbringung eines zweiten Opfers durch den Menschen, also eines verdienstlichen Werkes, auch hier klar auszuschließen.

3. Theologische Erwägung

Der natürliche Mensch hat Gott kein Opfer darzubringen, mit dem er Gott versöhnen oder sonstwie auf ihn einwirken könnte. Das Kreuzesopfer Christi ist allgenugsam. Der christliche Gottesdienst ist Fortführung des Wortgottesdienstes der Synagoge, des Gebetsgottesdienstes im Tempel, des Mahles im Haus. Er bricht mit dem Opfergottesdienst, bei dem einem Gott Gaben dargebracht werden, indem man sie vernichtet, etwa das Opfertier verbrennt oder den Trank ausgießt. Brot und Wein werden gebracht, um als Leib und Blut Christi von der Gemeinde verzehrt zu werden. Der getaufte Christ kommt, von Christus eingeladen, zu seinem Mahl. Er kommt mit allem, was er ist und hat. In allem kommt er als ein Empfangender, was im späteren Höhepunkt der Feier – in der Kommunion – am deutlichsten heraustritt. Er bringt seine Sünde mit, damit sie vergeben und dafür neues Leben gegeben werde. Er bringt auch seinen Dank mit, denn er ist Gottes Kind, dem seit der Taufe vergeben ist: Er ist *simul peccator et justus*. Wenn die Gemeinde Brot und Wein bringt, dann bringt sie kein Opfer dar, sondern trägt das herzu, was man zur Feier des Abendmahls braucht. Sie bringt es aus der Fülle der Gaben Gottes, aus den Gaben seiner Schöpfung, als Ausdruck des Dankes für das, was sie empfangen hat. Sie bringt nie etwas Eigenes, eigenmächtig, sondern stets bringt sie Gott das Seinige aus dem Seinigen. Wir können Gott nichts geben, was uns nicht gegeben wäre. *»Offerre«* hieß und heißt nicht *»opfern«*, dies wäre *»sacrificium facere«* o.ä., das deutsche Wort Opfer ist von *operari* abzuleiten (Emminghaus S. 175 nach Berger). *Offerre* heißt bestenfalls zum Opfer herbeitragen, am besten aber schlicht herzutragen, beibringen. Offertorium ist also nie mit Opfer zu übersetzen, auch Opfergang und Opferlied ist tunlich zu vermeiden (auch beim Einsammeln einer Geldkollekte!). Sondern die Gaben werden zugerüstet oder bereitet; am besten spricht man vom Grundvorgang: sie werden *»gebracht«* (nicht einmal *»dargebracht«*). Verwendet man Opfer im uneigentlichen Sinn, also nicht als Sühne- oder Satisfaktionsopfer, dann darf man wohl auch vom Opfer des Christen sprechen. Es gibt die *»offrande spirituelle ... des fidèles«*, die Kirche *»opfert«* ihren Glauben, ihr Gebet, ihr ganzes Sein und Wesen, damit Gott es heilige, sie bringt das Opfer des Lobes, das Bekenntnis des Glaubens – und schließlich das Dankopfer, welches im Bringen von Gaben zum Ausdruck kommt. In all dem bekennt sie ihre Armut und Unfähigkeit, sie kann all das nur von Christus, in Christus und durch Christus tun (z.B. Eucharistie à Taizé S. 19f).

In seinem *»vernünftigen Gottesdienst«* (dem Gottesdienst, welcher dem Logos respondiert, entspricht) gibt der Christ seinen Leib (sich selbst!) als lebendiges, heiliges, Gott wohlgefälliges Opfer hin (Röm 12,1). Will der Christ sich selbst als Leib bringen, so muß er das auch in leibhafter Weise tun, praktisch, konkret, eben z.B. mit sichtbaren, verwendbaren Gaben. Die Gaben, welche zum Lebensunterhalt oder zur Linderung der Not dienen, bringen am deutlichsten zum Ausdruck, daß zur Liturgie des Gottesdienstes neben der Koinonia und der Martyria auch die Diakonia gehört (wie es z.b. der Amtsteil von Taufe, Eucharistie und Amt = TEA herausstellt, siehe Mayr 1985, S. 54ff). Die Diakonie als eine der drei grundlegenden Lebensformen der Kirche muß auch ihren symbolischen Ausdruck im Gottesdienst haben. Eine Geste, eine Ausdruckshandlung muß deutlich machen: Der Christ ist bereit, von seinen »Lebensmitteln« etwas abzugeben, aus Liebe zu Gott und zum Nächsten auf etwas zu verzichten, was er selbst gut brauchen könnte, also eine »reichliche Spende« zu geben als »Ausdruck der persönlichen Gesinnung der Selbstentäußerung und Hingabe um Christi willen« (Emminghaus S. 180).

Die Diakonie der Kirche, dergestalt in der Abendmahlsfeier verankert, gewinnt so ihre geistliche Funktion zurück, wo sie zu einer bloßen sozialen Aktivität zu werden droht. Der Dienst an der Welt, den die Kirche in vielfacher Weise tut, ist als Dienst der Liebe Teil des Gottesdienstes und so ist es nur naheliegend, daß der in der Liturgie mitwirkende Diakon bei der Gabenbereitung einen Schwerpunkt seiner Funktionen hat. Er hat seinen Ort »zwischen dem Abendmahlstisch und dem Bedürftigen« und verdeutlicht »die wechselseitige Abhängigkeit von Gottesdienst und Dienst im Leben der Kirche« (TEA, Eucharistie § 21, Amt § 31).

Selbsthingabe, Diakonie ist noch nicht alles. Solidarität mit der Schöpfung ist ein weiteres. Indem der Glaubende Gaben der Schöpfung zum Altar bringt, bekennt er sich als Teil der Schöpfung. Gott hat uns die Schöpfung anvertraut, damit wir ihn loben mit allen seinen Geschöpfen. Wir bringen Gaben der »alten« Schöpfung, um in ihrer Wandlung hernach den »Anbruch der neuen Schöpfung« zu erfahren und zu preisen (Ritter S. 220; Stählin S. 93). Die Eucharistie ist das große Lobopfer, durch das die Kirche für die ganze Schöpfung spricht (TEA, Eucharistie § 4). Die Kirche leiht sozusagen der stummen, ihrer Erlösung seufzend harrenden Kreatur (Röm 8,19ff) ihre Stimme.

»Mit Freude und Danksagung bringen wir herzu, was Du uns zuerst gegeben hast, unser Selbst, unsere Zeit und unseren Besitz, Zeichen deiner gnädigen Liebe«. – »Mit ihnen bringen wir uns selbst zu deinem Dienst und geben unser Leben hin für die Sorge und die Erlösung all dessen, was du gemacht hast«, heißt es im Gabengebet der Lutherischen Kirche Nordamerikas (Lutheran Book of Worship S. 108f).

Der ekklesiologische Aspekt ist ein doppelter:

Zum einen ist die Einbringung der Gaben eine der Stellen, die am deutlichsten zum Ausdruck bringen, wer (menschlicherseits!) das Subjekt der Liturgie ist: Nicht ein Klerus oder Priesterstand für das Volk, sondern die Gemeinde, das Volk Gottes feiert das Mahl. Weil sie gegliederte Gemeinde ist, führen Liturgen – stellvertretend – einiges aus, anderes aber ist den Gläubigen vorbehalten: so das Bringen der Gaben, die sie bei der Kommunion »verwandelt« wiederbekommen. Zum anderen ist, ausgehend von der Formulierung der Didache (s.o.) das Zusammenbringen der Gaben unter der Voraussetzung des einen Leibes Christi Ausdruck der vorgegebenen Tatsache der Einheit der Kirche, die *in actu* stets neu zu bewahren bzw. neu zu gewinnen ist. Schließlich: Wenn man ausdrückt, man bringe mit den Gaben sich selbst mit seinem ganzen Wesen, kann man die beiden Seiten unseres Lebensgefühls mit den beiden Elementen verbinden. Mit dem Brot bringen wir die uns anvertraute Erde, unsere Kräfte, unseren Willen, den Alltag zu gestalten, aber auch das Versagen und das Verlangen nach Gott. Mit dem Wein aber, »gereift unter den Strahlen der Sonne, durchglüht von ihrem Feuer«, bringen wir unsere Liebe und Freude, das bedrängende Leid, aber auch den Überschwang im Geiste (Ritter S. 277; Pfatteicher/Messerli S. 280).

So bringt die Gemeinde mit dem Grundnahrungsmittel Brot Verzicht und Pflicht, auch Last und tägliche Sorge, mit dem Festtagsgetränk Wein aber die Hochzeitsfreude der Erlösten, das Glück im Geist, die Hoffnung auf das kommende Reich.

4. Homiletische Besinnung

Das Herzubringen der Gaben müßte eigentlich als Zeichenhandlung, als nonverbale Kommunikation für sich so deutlich sprechen, daß es ohne begleitende Worte geschehen könnte. Soll es aber für die evangelische Abendmahlsfeier wiedergewonnen werden, so bedarf es der deutenden Worte (die Mißverständnis auszuschließen versuchen) und einiger sachlicher Klärungen.

Die Handlung soll als Part der Gemeinde im Gesamt der Liturgie so deutlich sein, daß jeder Mitfeiernde spürt: »Ich trage etwas bei«. Deshalb sollte in jedem Falle der o.g. Tradition gefolgt werden, nach der Gemeindeglieder das Herzutragen übernehmen. Der Diakon nimmt die Gaben entgegen und stellt sie auf den Altar. Sie sollen auch nicht aus einem nicht einsehbaren Raum, etwa der Sakristei, gebracht werden, sondern z.b. vom Eingang der Kirche durch die Gemeinde hindurch. Die Verbindung mit der Einsammlung der Geldkollekte legt sich nahe, ist aber nicht zwingend. Die katholische Sitte, daß beim Eintritt in die Kirche jeder, der später zu kommunizieren gedenkt, mit einer Zange oder gar der Hand eine Oblate aus der Pyxis auf die Patene legt, ist dort umstritten und sollte evangelischerseits nicht begonnen werden. Sie schafft mehr Probleme (z.b. hygienische) als sie löst, das pedantische Zählen verdunkelt die Symbolkraft.

Schön ist, daß das Herzutragen Bewegung in den Gottesdienst bringt, die »Gabenprozession« entspricht dem späteren Gang zum Empfang der eucharistischen Speise. Sie kann schweigend geschehen, weil der Blick ins Gesangbuch auch vom Eindruck des Geschehenden ablenkt. So singt wohl besser ein Chor den Prozessionsgesang, Psalm oder Lied, Abendmahlslieder des EKG, thematisch passende Verse z.b. aus EKG-Württemberg 580 (»O Jesu, süßes Licht: Was soll ich dir denn nun, mein Gott, für Opfer schenken«) oder – besonders in Festzeiten – de tempore-Lieder. Moderne katholische Lieder z.b. »Dank sei dir Vater für das ewige Leben« (Gotteslob 634), welches besonders das Motiv der Einheit der Kirche thematisiert, sind auch für Evangelische geeignet und entsprechend in die »Gemeinsamen Kirchenlieder« aufgenommen (Nr. 85).

Aus ökumenischen Gründen legt sich nahe, das Bereitungsgebet der Lima-Liturgie (Die Eucharistie S. 230) zu verwenden. Dieses verbindet die Motive der Beracha und der Didache (s.o.): Dank an den Schöpfer für Brot und Wein und Bitte um Versammlung der weltweiten Kirche. Während katholische Mentalität eher harmlos von der »Frucht der Erde und der menschlichen Arbeit« spricht – also die dankbare Mitwirkung des Menschen an Gottes Weltgestaltung zum Ausdruck bringt, könnte ein Evangelischer eher realistisch, im Anschluß an die biblische Sprache in 1.Mose 3,17f, von der »Frucht des Ackers und der menschlichen Mühe« sprechen, also auch die Dornen und Disteln und den Schweiß des Angesichts und die Vergänglichkeit des irdischen Menschen mit anklingen lassen.

Was in jedem Fall gut und aktuell und rein evangelisch ist, das ist die Gelegenheit gottesdienstlicher Konkretisierung des »allgemeinen Priestertums« in einer von Vielen miteinander gestalteten Mahlfeier. Die Predigt wird sicherstellen, daß daraus keine selbstgerechte und gott-lose heilige Handlung von sich selbst verwirklichenden Menschen wird. Daß solche Gefahr gerade dem homo religiosus drohen kann, wird niemand bezweifeln und die Kirchengeschichte beweist es. Auch das Bringen geschieht in der Haltung des Bittenden: Herr, nimm die Gaben an von uns Unwürdigen, die von Deiner gnädigen Annahme leben. Der Gefahr ist aber weithin schon dadurch gewehrt, daß das Herbeibringen nur ein Schritt im Gesamtgefüge der eucharistischen Feier ist.

5. Zur Verkündigung

Es ist schön, in einem Gottesdienst über etwas zu predigen, was man hernach auch tut. Reden und Tun entsprechen sich, das Zeichen bekräftigt das Wort, und das Wort deutet das Zeichen. Der Prediger spricht zu Hörern, mit denen er sich als Liturg zum Abendmahl versammelt. Was tut Gott, was tun wir, wenn wir zum Mahl des Herrn einladen und kommen?

»Nichts kann ich vor Gott ja bringen«, singen wir (EKG 259,6). Als Arme kommen wir, als Beschenkte gehen wir. Und doch: Indem ich komme, bringe ich ja mit, was ich bin und was ich habe, was ich kann und was mir fehlt. »Ich bringe was ich kann, ach nimm es gnädig an! Es ist doch herzlich gut gemeint« singen wir auch (EKG 363,3). Im Gottesdienst lasse ich mir den Dienst Gottes gefallen und diene Ihm in Demut. Meine irdische Sorge, meine drückende Schuld habe ich mitgebracht, und gleich zu Beginn ist mir versichert worden, daß Gott sie wegnimmt. Am Ende nehme ich Segen und Auftrag mit. Was darf ich denn zur gemeinsamen Feier beitragen? Ich möchte etwas beisteuern, um ganz dabei zu sein. Gott, mein Schöpfer und Erlöser, hat mir, seit ich geboren und getauft bin, so viele gute Gaben gegeben, daß ich meine Dankbarkeit erzeigen möchte. Wenn ich von Freunden zum festlichen Geburtstagsmahl geladen werde, bringe ich einen Blumenstrauß oder eine Flasche Wein, nicht um zu bezahlen, was dann aufgetischt wird. Feiert unsere Jugend Feste, so bringt jeder etwas mit und man verzehrt gemeinsam. Jeder freut sich, wenn sein Mitbringsel den anderen schmeckt.

Das Gemeindeleben der Urchristenheit war wohl in erster Linie die Zusammenkunft zu den abendlichen Mahlzeiten. Was Reichere mitbrachten, reichte auch für die Ärmeren, bei und nach der Mahlzeit. Und auch Brot und Wein zum Mahl des Herrn wurden davon genommen.

Auch wenn man später Geld mitbrachte: Immer war es Ausdruck dafür, daß Christsein auch bedeutet: mit anderen teilen, verzichten, zum Gemeinsamen beitragen, etwas einbringen. Aber mehr: Mich selbst soll ich einbringen, mich ganz, leiblich, sichtbar, spürbar. Wenn einige von uns durch die Gemeinde gehen, die Kollekte einsammeln, Brot und Wein zum Altar hintragen, wo unser(e) Diakon(in) sie nimmt, spüren wir, daß auch unsere Diakonie ein Teil des Gottesdienstes ist. Die Liebe gehört uns wie der Glaube! Was wir draußen im Leben tun, hier geschieht es – stellvertretend – zeichenhaft – symbolisch. Von dem vielen, was Gott mir gab, bringe ich etwas zurück. Gaben der Schöpfung sind es, auch Mühe und Schweiß menschlicher Mühe sind dabei. Geschöpfe sind wir mit allen anderen Geschöpfen. Baum und Blume, Spatz und Adler loben Gott mit Rauschen oder Pfeifen, wir tun es mit der menschlichen Sprache, die Gott uns über die anderen hinaus gegeben hat.

Brot bringen wir, weil Gott uns versorgt mit aller Notdurft und Nahrung dieses Leibes und Lebens, reichlich und täglich, und ich ihm zu danken und zu loben und dafür zu dienen und gehorsam zu sein schuldig bin, und täglich Brot ist alles, was zur Leibesnahrung gehört, Besitz, Familie, rechte Politik, Friede und Ehre, wie Luther zum ersten Glaubensartikel und zur vierten Vaterunserbitte erklärt.

Wein bringen wir, weil wir zum königlichen Hochzeitsmahl gerufen sind, zur Freude des himmlischen Abendmahls. Wir wissen: Diese Gaben sind vergänglich, wie unsere ganze Welt, wie ich, der ich Staub bin und zum Staube zurückkehre. Aber mit der Feier der Eucharistie beginnt doch schon die neue Welt, die neue Schöpfung wird feiernd vorweggenommen, schon geschaut, was dann und endlich einmal sein wird. Was wir bringen, wird verwandelt werden, neu wird Gott es uns wieder geben, als Brot des Lebens und als Trank des Heils.

Was wir zusammentragen, bindet uns als Gemeinde zusammen, auch weltweit, auch ökumenisch. Denn an dem einen Leib Christi haben wir Anteil. In froher Bewegung, vielleicht mit Gesang, bringen wir die Gaben. »Wie man sich freut in der Ernte«, so kommen wir »mit Freuden und bringen unsere Garben« (Jer 9,2; Ps 126,6).

Das Tischgebet sprechen wir, wie es Jesus tat, bitten den Herrn, er möge unser Gast sein und das segnen, was er beschert hat. Nimm an, was wir bringen, bitten wir, denn davon leben wir, daß Du uns aufnimmst. Wir bringen »nur« das Deinige von dem Deinigen; sende Deinen Geist auf alles, was Dein ist, auf uns und auf die Gaben.

»Jedes Geschöpf lebt von der Frucht der Erde, doch daß des Menschen Herz gesättigt werde, hast Du vom Himmel Speise uns gegeben zum ewigen Leben« (GK 85,2). Amen.

Literatur:

A. Textausgaben, Dokumente, Agenden, Sammelwerke: A. Adam/R. Berger, Art. Agape, Einzug, Gabenbereitung, Opfergang, Proskomidie, in: Dies., Pastoralliturgisches Handlexikon, Freiburg 1980. – Die Apostolischen Väter, übers. v. F. Zeller (BKV 35), Kempten 1918. – Eucharistie à Taizé, Taizé 1971. – Die Eucharistische Liturgie von Lima, in: M. Thurian (Hg.), Ökumenische Perspektiven von Taufe, Eucharistie und Amt, Frankfurt/ Paderborn 1983, S. 213-235. – Gemeinsame Kirchenlieder. Gesänge der deutschsprachigen Christenheit, hg. v. d. Arbeitsgemeinschaft für ökumenisches Liedgut, Berlin 1973. – S. Heitz (Hg.), Mysterium der Anbetung. Göttliche Liturgie und Stundengebet der Orthodoxen Kirche, Köln 1986. – Leiturgia. Handbuch des Evangelischen Gottesdienstes, Bd. I: Der Hauptgottesdienst, Kassel 1955. – Liturgie, hg. i. A. d. Liturgiekonferenz der Evang.-Ref. Kirchen in der deutschsprachigen Schweiz, Bd. 3: Abendmahl, Bern 1983. – Lutheran Book of Worship, hg. v. d. Inter-Lutheran Commission on Worship, Minneapolis 1978. – Lutheran Book of Worship, Minneapolis 1979. – P.H. Pfatteicher/C.R. Messerli (Hgg.), Manual of the Liturgy, Minneapolis 1979. – K.B. Ritter, Die Eucharistische Feier, Kassel 1961. – Taufe, Eucharistie und Amt. Konvergenzerklärungen, in: H. Meyer u.a. (Hgg.), Dokumente wachsender Übereinstimmung 1931-1982, Paderborn/Frankfurt 1983, S. 545-585.

B. Aufsätze, Monographien: R. Berger, Gabenbereitung und Gabengebet, in: T. Maas-Ewerd/K. Richter (Hgg.), Gemeinde im Herrenmahl. Zur Praxis der Meßfeier, Freiburg 1976, S. 264-271. – J.H. Emminghaus, Vom Empfangen und Geben, in: J.G. Plöger (Hg.), Gott feiern. Theologische Anregungen und geistliche Vertiefung zur Feier der Messe und Stundengebete, Freiburg 1980, S. 170-182. – F. Kalb, Grundriß der Liturgik, München ²1982. – H. Mayr, Das Diakonenamt. Schlüssel zur Lösung der Amtsfrage? In: Diakonie 1985/1, S. 54-57. – Ders., Einverleibung. Predigtmeditation zu 1.Kor 10,16-17, in: FAB 22, 1988/4, S. 145-150. – Ders., Das Lima-Dokument als Anstoß für unsere Abendmahlsfeier, in: Zeitschrift für Gottesdienst und Predigt, Gütersloh 1985/4, S. 27-29. – W. Stählin, Die Feier des Neuen Bundes. Betrachtungen zur Messe, Kassel 1963.

Hans Mayr

2. Präfation

1. Zur Begegnung

Die Gemeinde und ihre Gottesdienste sind der Ort, an dem Gott öffentlich und regelmäßig gelobt wird. Gott will keine Opfer – »Nicht deiner Opfer wegen klage ich dich an; sind doch deine Brandopfer täglich vor mir« (Ps 50,8) –, sondern das Lob und den Dank der versammelten Gemeinde – »Versammelt mir meine Heiligen... Opfere Gott Dank und erfülle dem Höchsten deine Gelübde« (Ps 50,5a.14).

Dieses Lobopfer, das durchgehend den christlichen Gottesdienst prägt, findet seinen stärksten Ausdruck in der Präfation, einem von Salutatio, Sursum corda und Gratias eingeleiteten anamnestischen Lobpreis zwischen Fürbittengebet und Einsetzungsworten, der im Sanctus von der Gemeinde aufgenommen wird. Die Agende I für evangelisch-lutherische Kirchen und Gemeinden bietet dafür 14, die Agende I für die evangelische Kirche der Union 10 Vorschläge für die Sonn- und Festtage im Lauf des Kirchenjahres, die erneuerte Agende 26 Varianten und 10 freiere Formen. Die feste Form mehr oder weniger verlassend, wurden in den Jahren seit 1965 Präfationen gestaltet, die sich in Richtung auf predigende Aussagen an die Gemeinde oder Jesus anrufende Vorträge entwickelt haben. Ob Christhard Mahrenholz das meinte, als er schrieb: »Es müßte überlegt werden, ob es nicht eine Aufgabe echter neuer Gottesdienstgestaltung sei, wenn hier die Tradition der westlichen Kirche verlassen und neue Präfationen geschaffen würden, die etwas mehr von dem ahnen ließen, was die Präfation ursprünglich bedeutet hat«? (Mahrenholz 1963, S. 111). Was hat sie ursprünglich bedeutet?

2. Historische Erklärung

»Praefatio« bezeichnet seit dem 7. Jahrhundert den mit Vere dignum beginnenden ersten Teil (zunächst wohl auch das Ganze) des Eucharistiegebetes. Die Vorsilbe »prae« wird dabei nicht zeitlich im Sinne von

Vorspruch oder Einleitung gebraucht, sondern räumlich wie bei *praelectio, praesidium, praedicatio* (Predigt):»Es war das feierliche Gebet, das vor der Versammlung zu Gott emporstieg« – analog antikem wie altkirchlichem Sprachgebrauch (Jungmann 1949, S. 134). Mit Aufkommen des Stillkanons Ende des 8. Jahrhunderts zerbrach die Einheit der Danksagung in Präfation – nun einleitende »Vorrede« – und den mit Te igitur beginnenden, dem Volke nicht mehr vernehmbaren eigentlichen Kanon. Das Mißverständnis von Präfation als Vorrede verleitete noch Luther dazu, die lateinische Präfation durch eine deutsche Vermahnung zu ersetzen (WA Br 3, S. 462f). Die bei Cyprian (gest. 258) bezeugte Verwendung von *praefatio* für das Sursum corda und die gallikanische Bezeichnung des Gebetes als *contestatio*, feierliches Bekenntnis (Schmidt-Lauber S. 136), machen die Sache klarer, um die es hier geht: Der vorausgehenden Gebetsaufforderung folgt die *contestatio*, eine große Anrufung und ein preisendes Bekenntnis.

»Die Präfation ist eine besonders geprägte Form des Gebetes, die ihrem Aufbau nach in frühchristliche Zeit zurückreicht: ein im Wortlaut festgefügter Eingangsteil und ein in gleicher Weise unveränderlicher Schlußteil umschließen ein Mittelstück, das der Liturg jeweils aus der augenblicklichen Situation des Gottesdienstes und der Gemeinde heraus frei gestaltete« (Mahrenholz S. 111). Ihre Quelle sind mit Sicherheit die Abendmahlsworte Jesu:»Und nahm das Brot, dankte und brach's und gab's ihnen und sprach ...« (Lk 22,19; 1.Kor 11,24). In ihnen strömt die Tradition der alttestamentlich rabbinischen »Berachah«, das Preisen Gottes für seine Taten und Gaben, auch der Segensspruch, den der Jude als Tischgebet vor und nach der Mahlzeit spricht« (TBLNT II/2, 1124). Daraus formte sich im Munde des christlichen Liturgen ein Gebet, mit dem er Dank sagend, wie der Herr des Mahles, das »Brotbrechen« (Apg 2,42) begann. Sein Hauptinhalt war und ist »das von Gott im Werke der Erlösung durch Christus geschenkte Heil« (Jungmann, LThK 8, S. 676). Die Aufforderungen dazu, der einleitende Dialog, bestehend aus den drei Versikelpaaren Salutatio, Sursum corda und Gratias, standen schon bei Hippolyt um 215 fest: durch den Beistand des Herrn sich von allem Irdischen zu lösen, um mit ganzem Herzen bei Gott zu sein und ihm den gebührenden Dank abzustatten. Die umfangreichste der schon aus ältester Zeit auf uns gekommenen Präfationen findet sich im VIII. Buch der Apostolischen Konstitutionen (Ende des 4. Jh. in Syrien entstanden),

der sog. Klementinischen Liturgie. Neigte, wie daraus ersichtlich, der
Osten zu weitschweifenden Danksagungen, hielt sich der Westen
knapp. In seinen Liturgien, zumal den römischen, fing man im 4. und
5. Jh. an, das Zentralthema in Einzelthemen zu zerlegen, die mit dem
Fortgang des Kirchenjahres wechselten und »infolgedessen jeweils nur
einen Teilaspekt des Glaubensgeheimnisses ins Auge« faßten (Jungmann 1949, S. 143). So wurde aus der Präfation ein »Modellgebet«,
dessen Rahmen zwar früh feststand, »dessen wechselnden Inhalt aber
der Bischof jeweils improvisierend neu formt« (Mahrenholz S. 105).
Später legte man den Wortlaut der Präfationen fest, behielt aber den
kirchenjahresmäßigen Wechsel bei, so daß jeweils die Heilstat
gepriesen wurde, deren die Kirche nach dem *proprium de tempore* oder
nach dem *proprium de sanctis* besonders gedachte.
In Luthers Formula missae (1524) ist die Präfation vorhanden: »Wenn
nun Brot und Wein zubereitet ist, soll man also fortfahren (und
singen): Dominus vobiscum, Antwort: Et cum Spiritu tuo. – Sursum
corda, Antwort: Habeamus ad Dominum. – Gratias agamus Domino
Deo nostro, Antwort: Dignum et iustum est. – Vere dignum et iustum,
aequum et salutare, nos tibi semper et ubique gratias agere, Domine
sancte Pater omnipotens, aeterne Deus, per Christum Dominum
nostrum« (MA[3] S. 117). Aber sie ist nur noch in der im Mittelalter
verfallenen Form vorhanden; d.h. das Danksagen besteht nur noch aus
der Einleitung, die zu den Einsetzungsworten überleitet, auf die das
Sanctus folgt, der Inhalt der alten »Eucharistia« ist beseitigt. In der
»Deutschen Messe« (1526) fehlt die Präfation und wird durch eine
Vermahnung ersetzt. »Damit fällt in manchen lutherischen Eucharistien
jegliche Andeutung des *eucharistein* außerhalb der *verba testamenti*
fort...« (Schmidt-Lauber S. 136). Luthers Grundtypen führen fortan zu
einer »Zweigeleisigkeit der Gottesdienstgestaltung«, in die in den
folgenden Jahrhunderten der »Drang nach subjektiver Wahrhaftigkeit
in der Aussage und ihrer möglichst individuellen Formulierung«
eindringt und auch die Präfation ergreift (Reindell S. 499 u. 509). Erst
die Agendenwerke der Restauration und der neuen liturgischen
Bewegungen geben dem ursprünglichen Sinn der Präfation und ihren
überlieferten vorreformatorischen Formen wieder Raum: »Die Präfation
ist keine predigende Aussage an die Gemeinde, sondern eine Comme-
moratio, eine vor Gott geschehende Erinnerung der Heilstaten Gottes
und der himmlischen Geschehnisse, an die wir uns mit unserem
Lobpreis anschließen« (Mahrenholz S. 112).

3. Theologische Erwägung

Die Präfation sagt das Wesentliche über das in der Liturgie nun
Kommende, über den im Sakrament Kommenden aus. Deshalb richtet
sie sich an ihn – und zwar in trinitarischen Anklängen, wie wir sehen
werden – in der Form eines großen Dankgebets. Der Dank ist somit
das Durchgehende des Gottesdienstes, der sich hier in diesem
vermutlich ältesten Stück seiner Liturgie dem Heiligsten nähert. Im
Danken wird gedacht: an das Gegebene; es wird entgegengenommen,
gerühmt und über den Augenblick hinübergetragen ins Künftige; der
Dank öffnet die Augen. Das dritte Glied des einleitenden Dialogs
fordert dazu auf:»Lasset uns Dank sagen dem Herrn, unserm Gott«.
Die Gemeinde antwortet:»Das ist würdig und recht«. Der Name der
Feier leuchtet auf:»Eucharistie«, Danksagung. Der Grundton wird
angeschlagen, den die Präfation nun wiederholt und dessen Angemessenheit sie bestätigt. J. A. Jungmann nennt das den Versuch,»eine
würdige Umrahmung und vor allem einen geziemenden Eingang zu
schaffen«, und erwähnt zwei Gedankenkreise, die damit ans Licht
wollen:»einmal das urmenschliche Bewußtsein, daß wir Gott unserem
Schöpfer und Herrn Anbetung und Huldigung schulden, den Grundakt
aller Religion und allen Kultes; und zweitens die christliche Erkenntnis, daß wir, auserwählt und beglückt mit der herrlichen Berufung, die
uns durch Christus geworden ist, nichts anderes können als danken und
immer wieder danken« (S. 140).

Der unveränderliche Eingang:
In höchster, heute vielfach als wortreich verkannter Feierlichkeit setzt
die Präfation mit aneinander gereihten sinnverwandten Ausdrücken ein.
Sie betonen die sachliche Angemessenheit und persönliche Geschul-
detheit des Dankes: Er haftet der Wahrheit an und hat seine eigene
Würde und sein Gewicht; er ist der Gemeinschaft der im Hl. Geist
versammelten Gemeinde gemäß, ja geschuldet und heilvoll im
zeitlichen wie im ewigkeitlichen Sinn. Er richtet sich an den heiligen
Gott mit Attributen, die ihn als den ganz anderen und von uns
Getrennten preisen; und doch wird es nicht unerlaubt sein,»bei
›heiliger Herr‹ an Gott den Schöpfer; bei ›allmächtiger Vater‹ zugleich
an den Vater Jesu Christi; und bei ›ewiger Gott‹ an Gottes Allgegenwart im Heiligen Geist zu denken. Damit tritt auch das Präfationsgebet
in die Reihe der trinitarisch angelegten Stücke des Ordinariums«

(Reindell S. 460). Gebührend ist es, »semper et ubique« Dank zu sagen, anstatt der immerwährenden Klagebereitschaft Raum zu geben, im fließenden Leben und wo wir uns auch befinden, auf das von Gott Gegebene zu blicken, es sprachlich nachzeichnend zu formulieren, die dadurch gestiftete Beziehung zu erkennen und im Gegebenen Gottes Heil und Wohl entgegenzunehmen. Und dies alles »durch Christus, unseren Herrn«. Wie die Kollektengebete der Kirche schließt der Eingangsteil der Präfation mit dem, der unser Beten, Loben und Danken hinträgt zum Vater, unser Getrenntsein von ihm überbrückt und selbst der uns umschließende Raum ist, in dem wir beten.

Das auswechselbare Mittelstück:
Das Mittelstück begründet den Dank und nennt seinen Anlaß. In der Präfation für jeden Sonntag heißt es: »Den du der Welt zum Heile gesandt hast, auf daß wir durch seinen Tod Vergebung der Sünde und durch sein Auferstehen das Leben haben«. Unser Fürsprecher ist selbst der Heilsträger und -bringer. Er ist gesandt, um uns zu retten, d. h. herauszuholen aus einem Leben, das, fern von Gott und fremd den Testamenten, dem Tod durch die Macht der Sünde anheimgefallen ist. Die Rettung erfolgt dadurch, daß er sich in die von den Verderbensmächten umstellte Welt senden ließ, unser von Sünden entstelltes Leben auf sich nahm und durch seinen Tod sühnte. Gott, der ihn auferweckte und sich dadurch zu seiner Passion bekannte, vergab uns daraufhin die Sünde, d.h. er erließ sie uns aufgrund dieser Gabe und eröffnete uns so das Leben. Dies ist das Zentral-Datum, das die Präfationen preisen, und zwar in immer neuer Ausformung seiner Schritte. So vermittelt jede Präfation eine bestimmte Erkenntnis darüber. In ihrem Mittelstück »wird jeweils die Heilstat Gottes gepriesen, deren die Kirche in dieser Zeit des Kirchenjahres besonders gedenkt« (O. Dietz S. 89). Das Abendmahl ist also Teilhabe an der Menschwerdung Gottes in Jesus Christus; konkret Teilhabe an jener Heilstat, die wir jetzt kirchenjahreszeitlich feiernd begehen. So heißt es in der Präfation am Christfest: »Denn Fleisch ist worden das ewige Wort ...«, in der Fastenzeit: »Denn er hat unsere Sünde auf sich genommen ...«, an Ostern: »Denn es ist geopfert unser Osterlamm: Christus ...«, an Himmelfahrt: »Denn er ist nach seiner Auferstehung den Jüngern leibhaft erschienen ...« und an den letzten Sonntagen des Kirchenjahres: »Durch ihn haben wir, die wir dem Tode verfallen sind, die Hoffnung des ewigen Lebens ...«. Im Vollzug dieser Präfationen

bekennt sich die Gemeinde dazu, daß ihr diese liturgisch laut gewordene Heilstat Gottes im Geschehen des Abendmahls zu ihrer Rettung
übereignet wird.

Der gleichbleibende Schluß:
Die Präfation klingt aus in einem feststehenden bzw. nur manchmal
geringfügig veränderten Schluß. Durch Christus, dem sie untergeordnet
sind, ermächtigt, stehen die Himmelsmächte in einem einmütigen
Gottesdienst, der himmlischen Liturgie, von der vor allem die
Johannes-Apokalypse 7,9-12 und 19,1-10 entschleiernd zu sagen
wußte. Die »zum Abendmahl (Hochzeitsmahl) des Lammes Berufenen«
(19,9) bitten, schon jetzt mit ihren Stimmen eintreten zu dürfen in den
Lobpreis der Engel. Mit einer sprachlichen Schwierigkeit im Deutschen
behaftet – die letzte Zeile »mit einhelligem Jubel dich preisen« läßt nur
mit Mühe erkennen, daß die Caeli caelorumque Virtutes ac beata
Seraphim mit den Engeln, Herrschaften und Mächten »konzelebrieren«
– stellt uns der Schlußteil der Präfation vor nicht geringe Verständnis-
probleme. Durch Analyse, etwa durch die Frage nach himmlischen
Hierarchien, wie bei den Vätern oft geschehen, kommt man ihnen nicht
bei. Wir folgen vielmehr Peter Brunner und machen uns das Wesen
einer solchen, himmlischen und irdischen Gottesdienst verbindenden
Akklamation klar. Das Entscheidende an ihr ist, daß, wie das Volk
dem einziehenden König anders als dem abwesenden huldigt, die
Worte des Bekennens in der Gegenwart des Herrn ausgesprochen
werden und die Herrschaft dieses Herrn anzeigen. Die Gemeinde, die
noch unterwegs ist, bittet, mit den Engeln, den »Kreaturen, die dem
Geheimnis des dreieinigen Gottes unmittelbar gegenüberstehen« und
daher »die exemplarischen Träger des Lobes Gottes« sind, vereint sein
zu dürfen im unaufhörlichen Rühmen der Majestät Gottes (vgl.
Brunner S. 169).
Das macht die Präfation zu einem einzigartigen Stück des christlichen
Gottesdienstes. »Die Verherrlichung des dreieinigen Gottes und die
Anbetung des Kyrios Jesus im Gottesdienst der Kirche ist die einzige
Stelle im Kosmos, in der sich jetzt schon mit dem unaussagbaren
Hymnus der Engel und dem verborgenen Lobpreis der außermensch-
lichen Kreaturen die Stimme des Menschen vereint« (Brunner S. 267).
Das bestätigt rückwirkend die Angemessenheit des einleitenden
eucharistischen Dialogs. »Die Herzen in die Höhe! Wir erheben sie
zum Herrn«. Macht sie von allen jetzt nicht zuständigen Gedanken,

Gefühlen, Stimmungen und Beschwernissen los! Können wir das und vermögen wir überhaupt, wozu wir hier aufgerufen werden?»Es ist darum weder Zufall noch Willkür, daß ... dieser Aufforderung ... der Gruß vorangeht ›Der Herr sei mit euch – und mit deinem Geiste‹« (Stählin S. 122f). Nur durch den Beistand des Heiligen Geistes, in seiner Gegenwart und durch die von ihm ausgehende Kraft haben wir das »aufgehobene Gemüt« (Meister Ekkehart), zu dem die Versikelpaare die feiernde Gemeinde führen wollen.

4. Homiletische Besinnung

Was historisch erklärt und theologisch verstanden wurde, soll nun auf Anrede an eine heutige Gemeinde hin bedacht werden. Dazu ist es zunächst nötig, diese Gemeinde unter dem Gesichtswinkel des zu verkündigenden »Textes« zu betrachten. Wenn man mit Luther zuerst nach der »miseria nostra« fragt, die angesichts dieses liturgischen Stückes zum Vorschein kommt, dann ist es die Dominanz der Unzufriedenheit, der Resignation, des Nichtglücklichseins, der Verdrossenheit, des glanzlosen Alters, der sinnenttäuschten Jugend, der Fixierung auf das Negative, der unerleuchteten Augen, mit einem Wort – der Danklosigkeit. Befangen darin haben wir als Gemeinde (und wir Prediger sind und bleiben auch immer ihre Glieder) wohl die Präfation vielmals erlebt und rituell ehrfürchtig aufgenommen, wurden von den uns bekannten Heilstatsachen in altehrwürdigen, aber eben alten Formulierungen auch erreicht, aber nicht aufgebrochen und haben sie in ihrer Weite und Tiefe vielleicht nie mit der Seele begriffen. Daran wird eine doppelte Bedürftigkeit erkennbar:
a) Die Gemeinde bedarf der verkündigenden Erschließung und Zueignung der Präfation, um die Liturgie (auch) an dieser Stelle verstehend und beteiligt mitvollziehen zu können.
b) Die Gemeinde bedarf der verkündigenden Erschließung und Zueignung der Präfation, um ins Lob und in den Dank gerufen und mit der Kraft dazu ausgestattet zu werden. Darin dürfen wir (wiederum mit Luther) die »misericordia Domini« sehen, mit der sich Gott durch die Präfation über seine Gemeinde erbarmt.
Das Bemühen, die Gemeinde im »Text« aufzusuchen, ergibt drei »dogmatische« Schwerpunkte: a) Dank sagen; b) die Sendung des Sohnes zum Heil der Welt; c) einhelliger Jubel. Die persönliche

Besinnung darüber kann hier nicht ersetzt, aber vielleicht durch einige
Gedanken angeregt werden.

a) *Dank sagen*: Ps 50,23: »Wer Dank opfert, der preiset mich, und da
ist der Weg, daß ich ihm zeige das Heil Gottes«. Das also ist die
rechte Weise, Gott etwas zu geben! Dank wird hervorgerufen und ist
eine Haltung, die empfangen und erwidern kann, ist Verehrung und
Liebe aufgrund eines Geschenkes, mit Worten oder durch Zeichen
ausgedrückt. Seine biblische Gestalt ist das Bekenntnis, das Rühmen
und Preisen Gottes. Wunderbarerweise handelt es sich dabei um einen
Weg: er öffnet die Augen, so daß Gott ihnen ein Ziel zeigen kann.

b) *Die Sendung des Sohnes zum Heil der Welt*: Sie wird in den
verschiedenen Präfationen kirchenjahresgemäß konkretisiert. Wir
wählen dafür den Wortlaut der Pfingstpräfation. Der von Gott
auferweckte Sohn verläßt die Welt, um ihr zeiträumlich entschränkt
nahe zu sein wie nie zuvor. Er sitzt zur Rechten Gottes, d.h. dort, wo
der Arm des Herrn überall hinreicht. Und zum Zeichen dessen hat er
(heute) ausgegossen den Heiligen Geist, die unsichtbare, reale
Anwesenheit des lebendigen Christus und seines Wirkens in den
Glaubenden und in der ganzen Welt.

c) *Einhelliger Jubel*: EKG 238,6 »Ach, nimm das arme Lob auf Erden,
mein Gott, in allen Gnaden hin«. Es steigt aus unseren Mißhelligkeiten
auf, auch aus denen unserer gar nicht einhelligen Kirche. Sie werden
hier weder verdrängt noch vergessen. Es ist arm – dieses Lob mit
»unseren Stimmen«; aber es ist doch auch der schon jetzt hervor-
gerufene irdische Anfang des endzeitlichen und immerwährenden
Lobes Gottes. Deshalb darf es auch – unser Verständnis übersteigend
– teilnehmen am Lobgesang gleichfalls zur Schöpfung gehöriger,
geistiger, Gott dienender Kräfte.

Damit stehen wir unmittelbar vor dem Ziel dieser Besinnung – der
Predigt. Ihr letzter Schritt, die Invention, bedenkt ihren Stoff. Ziel der
Predigt: Die Gemeinde soll der Präfation, diesem tragenden und
ältesten Stück des christlichen Gottesdienstes, begegnen und – wenn
Gott seinen Geist gibt – zu Lob und Dank ergriffen werden durch
Öffnung der Augen. Inhalt der Predigt: Das Lob wird hervorgerufen
durch die Verkündigung der Heilstat Gottes, derer wir heute besonders
gedenken und an der wir durch die Eucharistie (Abendmahl) Anteil
erhalten. Eigenart der Predigt: a) Die historische Erklärung steht im
Hintergrund, tritt aber nicht hervor; b) Ps 50,23 dient als Erschlie-
ßungshilfe; c) Einleitung: Abendmahl am Abend des Pfingstfestes (am

Beginn einer Pfarrer-Tagung). Überleitung: Was ist eine Präfation? Hauptteil: gegliedert nach Eingang, Mittelstück und Schluß der Präfation. Schluß:»Die größte Kraft des Lebens ist der Dank« (Hermann Bezzel).

5. Zur Verkündigung

Die Präfation für Pfingsten:»*Wahrhaft würdig und recht, billig und heilsam ist's, daß wir dir, heiliger Herr, allmächtiger Vater, ewiger Gott, allezeit und allenthalben Dank sagen durch Christum, unsern Herrn. / Denn er ist aufgefahren über alle Himmel und hat sich gesetzt zu deiner Rechten und ausgegossen den verheißenen Geist über die Kinder seiner Gnade. Des freut sich und frohlocket der Erdkreis und rühmen alle Völker mit mannigfaltigen Zungen. / Darum singen wir mit allen Engeln und Erzengeln, mit den Thronen und Herrschaften und mit dem ganzen himmlischen Heere deiner Herrlichkeit einen Lobgesang.*« Amen.

I.

Wir feiern Abendmahl am Abend des Pfingstfestes. Was uns angerührt hat vom Wehen seines Geistes, beginnt wieder zurückzutreten. Die Freude, in die wir hineingenommen werden sollten – wenn wir es nur geschehen ließen –, wird stiller. Die Predigten, die wir gehört oder gehalten haben, sind verklungen. Es ist wie am Osterabend bei den Emmausjüngern: der Herr stellt sich, als wolle er weitergehen. Da bitten wir ihn über dem Tag, der sich geneigt hat und nun enden will, daß er bleibe. Und er läßt sich bitten. Er bleibt und hält mit uns das Heilige Abendmahl. Das ist die große Freude, die über einem Abendmahl liegt, ganz gleich, ob es an Ostern, Pfingsten oder wann auch immer gefeiert wird.
Der Herr wird in diesem Gottesdienst den Abend mit uns teilen. Wir wollen uns auf die Gemeinschaft mit ihm, der verborgen und doch so greifbar gegenwärtig ist, bereiten, indem wir ein Stück der Liturgie betrachten; denn betrachten und bereiten hängen aufs engste zusammen.

II.

»Präfation« heißt Vorspruch. Sie umreißt die Haltung, in der die Gemeinde das Mahl des Herrn begeht. Darum ist die Präfation inhaltlich ein großes Dankgebet. Genau besehen hat sie den Charakter eines Modellgebetes; d.h. Anfang und Schluß stehen fest. Auswechselbar und veränderlich dagegen ist das Mittelstück. In ihm wird jeweils die Heilstat Gottes gepriesen, derer die Kirche in dieser Zeit des Jahres besonders gedenkt.

Ihren Ort hat die Präfation in der Abendmahlsliturgie zwischen den einleitenden drei Versikelpaaren und dem Sanctus, das die Gemeinde singt. Sie steht also am Eingang der Abendmahlsfeier, die von ihr ihren griechischen Namen empfing: Danksagung, Eucharistie.

III.

Was bedeutet das große Dankgebet, wenn wir miteinander das Herrenmahl feiern? Ein Psalmwort drückt das in unvergleichlicher Weise aus: *»Wer Dank opfert, der preiset mich; und da ist der Weg, daß ich ihm zeige das Heil Gottes«*. In diesem Wort wird das Eindringen in die Geheimnisse Gottes an die Dankbarkeit gebunden. Das gehört in der Tat zu den Erfahrungen des Glaubens: Undank geht immer mit einer Verengung des Blickes einher. Ein undankbarer Mensch ist gebannt vom Negativen. Er fühlt sich immer benachteiligt. Undank hat etwas Heilloses. Er verleiht geschlossene Augen. Dankbarkeit hingegen erweitert den Horizont. Ein dankbarer Mensch ist erfüllt von den Erweisungen Gottes. Er fühlt sich immer beschenkt. Dankbarkeit hat etwas Heilsames. Sie verleiht geöffnete Augen.

Der Zusammenhang von Danken und Erkennen gilt auch in bezug auf das Abendmahl. Dem Denkenden wohl auch, aber in erster Linie dem Dankenden gewährt Gott Erkenntnis des Heils; denn Danken ist ein der Gnade nahestehendes Denken. Deshalb hebt das eucharistische Eingangsgebet mit dem Satze an:»Angemessen und richtig, selbstverständlich notwendig und heilvoll ist es, daß wir Gott durch Jesus Christus danken.« Durch Abendmahlsdank wächst uns Abendmahlserkenntnis zu.

IV.

Jede Präfation übergibt uns eine ganz bestimmte Erkenntnis, und zwar so, daß das Mittelstück, das den Dank begründet, jeweils ein Ereignis der Geschichte Jesu hervorhebt. Dadurch wird zum Ausdruck gebracht: Abendmahl ist Teilhabe an der Menschwerdung Gottes in Christus. Und damit es ganz konkret werde: Teilhabe an jenem Geschehen, dessen wir am heutigen Tage besonders gedenken. Die Pfingstpräfation wiederholt zunächst die Himmelfahrt: »*Christus ist aufgefahren über alle Himmel und hat sich gesetzt zur Rechten Gottes.*« Das Wort »*Himmel*« besagt in diesem Zusammenhang: er geht ins Verborgene. Die »*Rechte* Gottes« bezeichnet den Ort des Hingangs Jesu genauer: er hat Gottes Reichweite, er ist überall, also auch auf Erden. »*Himmelfahrt*« heißt: »*Jesus Christus herrscht als König.*« Jesus Christus herrscht als König unabhängig davon, ob es die Menschen wissen oder nicht. Aber an Pfingsten gab es ihnen Gott zu wissen. Die Zeugen des Weggehens Jesu wurden von seiner unsichtbaren Gegenwart ergriffen. Das wirkte zündend und ging durch vollmächtige Verkündigung auf andere über. Die Welt spürte zum ersten Mal etwas von der Weltherrschaft Christi – durch Wort und Geist. Wer sich nun dessen zu freuen, wer zu frohlocken und zu rühmen begann, über den war Gottes Geist gekommen; denn Christus einen Herrn heißen kann man nur im Heiligen Geist. Deshalb fährt die Pfingstpräfation fort: »*Er hat ausgegossen den verheißenen Geist über die Kinder seiner Gnade. Des freut sich und frohlocket der Erdkreis und rühmen alle Völker mit mannigfaltigen Zungen.*« Die enge Verklammerung von Himmelfahrt und Pfingsten in der Pfingstpräfation ist von stärkster theologischer Aussagekraft: An Pfingsten wird Christi Himmelfahrt aktuell. Da werden Menschen von Christus ergriffen. Da beginnt der Herr in der Gemeinde und in ihren Diensten zu leben. Da entsteht Kirche für die Welt. Da wird das »*Du durchdringest alles*« erfahrbar. Da wird die Gegenwart des Erhöhten und sein Eingriff in mein Leben zur ständigen Möglichkeit, wann und wo er es will.

Er will es im Heiligen Abendmahl. In ihm wird der Verborgene greifbar, der Auferstandene kondeszendent, der Himmel irdisch, der Allmächtige arm, der Herrschende mein Herr. Sein Leben soll mein Leben werden, seine Kraft in meiner Schwachheit walten, sein Wesen meinen Willen wandeln. Der erhöhte Christus will mir an seinem

Tische sein irdisches Leben schenken, damit er es fortan in mir führe. Denn wenn wir an Pfingsten Abendmahl feiern, empfangen wir Teilhabe an der königlichen Kraft Christi, Teilhabe am Heiligen Geist. Auf diese Gabe lenkt uns die Präfation für Pfingsten.

V.

Die Präfation klingt aus in einem stets gleichbleibenden, höchstens im Wortlaut etwas veränderten Schluß :»*Mit allen Engeln und Erzengeln, mit den Thronen und Herrschaften und mit dem ganzen himmlischen Heere singen wir deiner Herrlichkeit einen Lobgesang.*« In ihm wird unser armes Lob auf Erden verbunden mit der Anbetung der Engel und aller Gott dienenden unsichtbaren Mächte. Bedeutsam ist, daß der letzte, zum Sanctus überleitende Satz diesen Dank zu einem dauernden macht: »*Wir lobsingen ohne Ende.*«
Dauernder Dank in einem Menschenleben ist geistgewirkt. Es spricht dann ein von unserer stets vorhandenen Klagebereitschaft grundsätzlich unterschiedener Geist aus uns. Wie vieles von dem, was wir denken, reden und tun, auch beten, muß Gott verachten, weil der Dank fehlt, der, was gestern war und heute ist, im Vertrauen aufbewahrt auf morgen. Aber der in Jesu Abendmahl empfangene Geist ist ein Geist des Dankens, Rühmens und Lobens. Durch ihn verliert alles, was Gott an uns gewendet hat, den Charakter der Flüchtigkeit und wird gleichsam wertbeständig. Deshalb gehört der dauernde Dank zu den Kennzeichen der christlichen Existenz.

VI.

Durch das große Dankgebet wird uns Erkenntnis der Abendmahlsgabe geschenkt. Durch die Abendmahlsgabe wird uns der Geist der Dankbarkeit zuteil. Die größte Kraft des Lebens ist der Dank. Mit ihm auf den Lippen wollen wir uns zum Tisch des Herrn begeben. Mit ihm im Herzen wollen wir weggehen und dann einen neuen Anfang machen, ihn zu leben; denn er lebt in uns. Amen.

Literatur:
P. Brunner, Zur Lehre vom Gottesdienst der im Namen Jesu versammelten Gemeinde, in: Leiturgia I, Kassel 1954, S. 83-364. – M. Dibelius, Die Mahlgebete der Didache (1938): Botschaft und Geschichte, Bd. 2, Tübingen ²1956, S. 117-127. – M. Dietz, Gebetsklänge aus Altspanien. Präfationen des altspanisch-westgotisch-mozarabischen Ritus mit geschichtlichen und liturgischen Einführungen, Bonn 1947. – O. Dietz, Unser Gottesdienst, München ³1989. – K. Gamber, Liturgie übermorgen. Gedanken über die Geschichte und Zukunft des Gottesdienstes, Freiburg 1966, S. 214ff. u. 22ff. – H. Goltzen, Eucharistie – Entfaltung, Fehlentwicklung und Wiedergewinnung des Eucharistischen Gebets im Mahl des Herrn, in: Th. Sartory OSB (Hg.), Die Eucharistie im Verständnis der Konfessionen, Recklinghausen 1961, S. 21-143. – J. A. Jungmann, LThK 8, S. 675-676. – Ders., Missarum Sollemnia. Eine genetische Erklärung der römischen Messe, Bd. II, Wien 1949, S. 140-155. – F. Kalb, Grundriß der Liturgik. Eine Einführung in die Geschichte, Grundsätze und Ordnungen des lutherischen Gottesdienstes, München ²1982, S. 151-152. – G. Kugler, Feierabendmahl. Zwischenbilanz – Gestaltungsvorschläge – Modelle, Gütersloh 1981. – Ch. Mahrenholz, Kompendium der Liturgik, Kassel 1963. – Ders./H.v. Schade (Hg.), Abendmahlsordinarien, Hamburg 1972, S. 13-22 (Reihe Gottesdienst, Heft 4). – H. Nitschke (Hg.), Abendmahl, Liturgische Texte, Gesamtformulare, Predigten, Feiern mit Kindern, neue Formen, Besinnungen, Gütersloh 1977, S. 38. – B. Opfermann, Die heutigen liturgischen Sonderpräfationen, in: Theologie und Glaube 46, Paderborn 1956, S. 204-215. – C. Peisker (Hg.), Das Wort zum Abendmahl, Dienst am Wort 37, Göttingen 1980, u.a. S. 64ff. – W. Reindell, Die Präfation, in: Leiturgia II, Kassel 1955, S. 453-521. – K. B. Ritter, Die eucharistische Feier. Die Liturgie der evangelischen Messe und des Predigtgottesdienstes, Kassel 1961, S. 193-281. – H.-Ch. Schmidt-Lauber, Die Eucharistie als Entfaltung der Verba Testamenti, Kassel 1957, S. 133-138. – W. Stählin, Die Feier des neuen Bundes. Betrachtungen zur Messe, Kassel 1963, S. 124-126. – V. Thalhofer, Handbuch der Katholischen Liturgik, Bd. II, Freiburg 1891, S. 175-189. – A. J. Wegman, Geschichte der Liturgie im Westen und Osten, Regensburg 1979. – C. Zippert (Hg.), Abendmahl – Gottesdienste, Predigten, Gebete. Gottesdienstpraxis, Serie B: Arbeitshilfe für die Gottesdienste zu den Festzeiten und für Kasualien, Gütersloh 1987, S. 120-126.

Manfred Seitz

3. Sanctus

1. Zur Begegnung

Unser gottesdienstliches Sanctus aus der »Abendmahlsliturgie« kann nur mit einer gewissen Künstlichkeit isoliert betrachtet werden. Denn es ist Bestandteil des großen eucharistischen Gebetsbogens, der Abendmahlseulogie, eine hymnische Gemeindeakklamation inmitten der Berakah zwischen der sog. Präfation und dem Segensgebet, das die Einsetzungsworte (als eine Art eingefügter narrativer Anamnese) umschließt und zum Amen und Vaterunser der Gemeinde führt. (Siehe S. 177ff und S. 201ff.) Dieses Sanctus eigens zum Gegenstand einer sinnaufschließenden Predigt zu wählen, hat dennoch guten Grund. Wird der Prediger mit einer solchen Hinführung nicht zum eigenen Kastellan (scheu verwunderten Betrachtern altertümliche Seltsamkeiten erläuternd), d.h. führt liturgiedidaktische Bemühung nicht in historisierende Trockengefilde, so kann eine Sanctuspredigt wohl zum ehrfürchtigen Wahrnehmen von Dimensionen des Gotteslobes und des Gottesdienstes führen, die unter der Abnutzung langen Brauchs oder dem Staub selten genutzter Fremdheit unerkennbar wurden. Denn es hat seine Nöte mit diesem Sanctus. Zwar ist es nach seinem Fortfall in den originär reformatorischen Abendmahlsordnungen längst in lutherischen und reformierten Agenden wieder aufgenommen und den gottesdienstlichen Gemeinden bekannt. Daß es aber nach Wortlaut und Melodie vertraut ist, macht es womöglich zugleich verdächtig, zum Ballast der Tradition zu zählen, als archaisches Relikt zwar wertvoll, aber fremd zu sein. Und statt es etwa in der frischeren Gestalt des gemeinsamen ökumenischen Wortlautes deutscher Sprache und seinem veränderten Notenkleid in lebendigeren Gebrauch zu überführen, fällt es im Konfliktfall schmerzlos Abendmahlsgestaltungen zum Opfer, die Verständlichkeit und Heutigkeit zur Norm erheben. Wo die Gegenwart Christi in der Mahlfeier zur Funktion schöner Gruppengemeinschaft wird, wo die Rezitation der Einsetzungsworte als einziges Essential evangelischer Abendmahlsfeier alles übrige beliebig erscheinen läßt, gehen Räume und Horizonte verloren, für die das Sanctus und sein Gebetszusammenhang stehen. Ist dergleichen anders über 2000 Jahre und mehr hinwegzubringen?

2. Historische Erklärung

Die Herkunft des Sanctus (jüdisch »Keduscha«) aus dem täglichen Gebet des synagogalen Gebrauchs läßt auf sehr frühe christliche Übernahme schließen. Zeugnisse dieser Tradition siehe Offb 4,8 und 1.Clem 34. »Wie es freilich seinen Weg in das eucharistische Gebet nahm, ist in Geheimnis gehüllt« (Cuming S. 355). »Der universelle Gebrauch des Sanctus ist in der Tat nur schwer zu erklären, wenn seine Einführung nicht auf die Zeiten zurückgeht, als die Grundgestalt des christlichen Gottesdienstes ihre Form fand, d.h. wahrscheinlich nicht später als zu der Zeit, da sich aus synagogaler Schriftlesung und christlicher Kommunionfeier der klassische Typ der eucharistischen Liturgie formte« (Brilioth S. 24f).

An unserem Te Deum (EKG 137) ist noch erkennbar, daß das Dreimalheilig ganz in den Fluß einer zusammenhängenden Preisung hineingenommen ist. So war auch das Sanctus anfänglich nichts als ein Teil des Lobes auf Gottes Schöpfungstaten, das in der jüdischen Berakah wurzelt. »Bei der Erwähnung der Erschaffung der Welt, der Menschen und der Engel traten diese nach biblischem Bericht gleichsam selbst in Funktion mit dem Gesang des Dreimalheilig (Jes 6,3 und Dan 7,10 verbindend). Aber schnell bekam das Sanctus akklamatorischen Charakter. Die Zuhörer kannten den Text und stimmten ein« (Emminghaus S. 241).

Das Erstaunliche ist, daß auch die unseren Gemeinden meist vertraute Melodie des Sanctus (Neuenrode 1564) über reformatorische und gregorianische Vorformen auf einen jüdischen Ursprung im Alenu-Gebet des 3./4. Jahrhunderts zurückgeht, so daß nach Text und Melodie des Dreimalheilig hier Juden und Christen im Gotteslob vereint sind (Schulz).

Mit Ausnahme der Hippolytischen Kirchenordnung erscheint dann das Sanctus seit Ende des 4. Jahrhunderts schon fast als fester Bestandteil der wichtigsten frühen Abendmahlsliturgien. Die strömende Fülle eines pneumatisch-doxologischen, ursprünglich auch improvisierten Betens weicht jedoch der präzisen Knappheit der lateinischen Formulierung. Die uns überkommenen Handschriften verraten zudem auch optisch eine innere Entwicklung. Noch im 8. Jahrhundert nämlich folgt der eucharistische Gebetstext (Te igitur) dem Sanctus geradezu ohne Zeilenabstand. Kalligrafisch hervorgehoben ist einzig der Präfationsbeginn mit dem vere dignum. Seit dem 10. Jahrhundert aber wird der Wandel erkennbar: durch ein ganzseitiges Kreuz als Kanonbild vom Vorhergehenden getrennt, hebt nun nach dem Sanctus als »Kanon« der verbindliche Wortlaut des eigentlichen Meßgebetes an. So wurde das Sanctus vom Überschwang einer biblischen Assoziation im Fluß des Betens über dessen Unterbrechung durch die akklamierende Gemeinde zum Auslöser einer sinnwidrigen Trennung zwischen »Präfation« (= Vorrede) und »Kanon«.

Luther und andere Reformatoren haben diesen Zustand ohne Kenntnis der Entwicklung vorgefunden. Im Kampf gegen das Meßopferverständnis ihrer Zeit strichen sie fast überall den Kanon bis auf die biblischen Prinzipalstücke der Einsetzungsworte und des Vaterunsers. Luther ersetzt die nun vollends isolierte Präfation, als »Vorrede« verstanden, durch eine »Anrede«, d.h. durch Abendmahlsvermahnung und Paraphrase des Vaterunsers und formt das Sanctus liedhaft zum Kommuniongesang um (EKG 135: Jesaia dem Propheten das geschah). »Der Verlust des Sanctus in seiner alten Form ist eine der schwerwiegendsten Fehlleistungen der Deutschen Messe Luthers. Dennoch bezeugt der Gebrauch der metrischen Umdichtung des Sanctus vielleicht sogar noch umso bestimmter, wie die eucharistische Handlung für Luther mit derselben numinosen Heiligkeit umgeben ist, die es der Alten Kirche so einleuchtend machte, diese Feier des Mysteriums mit dem Lobgesang der Seraphen auf Gottes Herrlichkeit zu verbinden« (Brilioth S. 123). Der Rationalismus beseitigt die schwach gewordenen liturgischen Überlieferungen. Die preußische Agende (1822/95) mit ihrer großen Beispielwirkung nimmt das Sanctus wieder auf, wenngleich sinnwidrig vom Altarsakrament gelöst als feierliche Vorbereitung auf die Predigt. Es bleibt bei uns den neulutherischen Restauratoren vorbehalten, dem Sanctus seinen rechten Ort und Brauch zurückzugeben. Erst das 20. Jahrhundert jedoch hat infolge der patristischen und biblischen Studien als Ergebnis liturgischer Bewegung und ökumenischer Annäherung die Wiedereinführung des Sanctus in die eucharistische Gebetsstruktur ermöglicht.

Neben dem Sanctus sind es andere Akklamationen, die die unverzichtbare Rolle der örtlichen ekklesia als des Subjektes der eucharistischen Feier deutlich machen. Das gräzisierte Hosianna wurde schon im synagogalen Brauch aus einer flehentlichen Bitte (Ps 118,25f) zum Preis auf den Helfer. Der Ruf der Menge beim Einzug Jesu (Mt 21,9; vgl. EKG 95,6) nimmt ihn auf. Im Lied von der »hochgebauten Stadt« schließlich wird das Hosianna zum Inbegriff himmlischen Lob- und Freudengesanges (EKG 320). Das »Kommen« hat sakramentalen, adventlichen, eschatologischen Charakter. Die Einleitung »gelobt sei« (lat. *benedictus*, hebr. *baruch*) weist auf jüdische Gebetsgepflogenheit (vgl. Röm 9,5). Die Zusammenfügung mit dem Sanctus kann im Zusammenhang mit den arianischen Kämpfen um die Gottheit Christi erfolgt sein. Sie setzt eine trinitarische Deutung des Dreimalheilig voraus. »Es ist, als wolle die Liturgie durch die Anfügung des Benedictus deutlich machen, daß die Herrlichkeit Gottes uns in Christus aufleuchtet. Unsere Gottesschau ist der Blick auf Christus (Joh 14,9)« (Schnitzler S. 219).

3. Theologische Ewägung

Engeltheologisch sei das Problem »in die Form der provokatorischen Frage gefaßt, ob es nicht einfach deswegen Engelvorstellungen gibt, weil Engel sind« (Mann S. 94f). Oder: »Woher hat der Mensch das Verlangen und die Fähigkeit, solche Vorstellungen zu bilden, wenn nicht von dem, der ihn geschaffen hat und uns verkünden läßt: ›Ihr werdet sein wie die Engel‹?« (Planck S. 321). Alle großen streng monotheistischen Religionen kennen die Engel. Immer erscheint die Welt der religiösen Macht gestuft und zugleich »gequantelt und gestaltet, genauso wie die äußere Welt der Natur und die innere der Seele« (Mann S. 94f). Wo aber der Mantel fällt, fällt auch der Herzog. Mit dem Verlust der Engel (und der Heiligen) droht dem Gottesglauben Entleerung.

Es ist nicht schwer, unsere Schwierigkeiten mit dem Engelglauben zu erklären. Vieles steht ihm entgegen. Auch in der Konsequenz der Rechtfertigungslehre scheint es zu liegen, daß menschliche Hoffnung sich an keine anderen Nothelfer wende denn an Gott und seinen Christus allein. Literatur und bildende Kunst spiegeln den Auflösungsprozeß. Theaterfiguren und Putten, Bilder eines Kinder- und Köhlerglaubens, vielleicht Konstrukte theologischer Esoteriker blieben von der Engelwelt zurück, und man wird auch zurückfragen müssen, »ob die neuzeitliche Bestreitung der Wirklichkeit der Engel nicht vielleicht

durch die vorausgegangene Verobjektivierung ihrer Wirklichkeit in
Lehre und Kultus geradezu herausgefordert worden ist«? (vgl. Schlink
S. 179).
Vielleicht ist der Tiefpunkt einer neuzeitlichen Engelfremdheit jedoch
bereits überschritten. Die Schmerzen und Ängste unseres Jahrhunderts
werden dazu beigetragen haben. Wir denken an Barlachs Schweben-
den, Verstummten. Das empirische Denken ist seiner Grenze gewahr
geworden. Die Aufklärung hat ihre Aufklärung gefunden. Welche
Erfahrungen mögen hinter den Engelbildern bei Paul Klee und Marc
Chagall stehen? Rilke nennt sie »frühe Geglückte«, »Gelenke des
Lichts«, »Räume aus Wesen«. Er und andere buchstabieren Ahnung.
Und erstmals in unserem geistigen Umfeld thematisiert auch die
Theologie wieder die heiligen, die lieben Engel, vor allem Karl Barth
(KD III, 3, § 51, auf 200 engbedruckten Seiten).»Für alle, die meinen,
den Widerstreit zwischen Gott und Mensch zu einem Angriff des
Schöpfers auf die geschöpfliche Welt ummünzen zu sollen, ist die
dogmatische Angelologie bestimmt« (Elert S. 259).
Mag sein, daß das Lebensgefühl und die theologische Durchdringung
einander noch widerstreiten. Leichter als von Engeln zu lehren, ist es,
Geschichten von ihnen zu erzählen und Lieder zu singen oder Bilder
zu beschauen. Ihr Dienst um unseretwillen liegt uns näher als die
Ergründung ihres geschöpflichen Seins. Noch bis gestern war zudem
wenig Platz in der pastoralen Schulung und Praxis für den Wert des
Unbeweisbaren, des Symbolischen und Bildhaften. Noch immer
herrscht viel Mangel an Phantasie, an Zärtlichkeit und Emotion auch
im Bereich der gottesdienstlichen Gestaltung. Ansatzweise jedoch
drängen sich Fragen und Einsichten auf: Wird – engellos – nicht für
den Menschen »das ›Sichtbare‹ in einer Weise verabsolutiert und so
sein Weltverständnis in einer Weise verengt, daß er die Offenheit für
die unerkannten Dimensionen der Schöpfung verliert und schließlich
auch blind wird für Gottes freies Wirken inmitten der sichtbaren
Welt«? (Schlink S. 180). Und wo die kosmische Dimension des
Gottesdienstes (Ps 148) und der gemeinsame Lobpreis mit den Engeln
unverständlich geworden sind, »wird auch das Verhältnis des Menschen zur Umwelt gestört, und die außermenschliche Kreatur schließlich nur noch unter dem Gesichtspunkt technischer Verwendbarkeit
betrachtet« (Schlink S. 577). Vielleicht sind die Engel eine seinshafte
Entsprechung der seelischen Elemente, die C.G. Jung die Archetypen
nannte? Gottes Wesen ist Liebe (1.Joh 4,16). Liebe aber ist und übt

Mittlerschaft. Der Zusammenhang von christlichem Gottesglauben mit der Wirklichkeit vermittelnder Seinsmächte könnte daher enger sein, als unser Spiritualismus zuzugeben vermag. Eine Religion wie die christliche, deren Wesen Vermittlung von Transzendenz und Immanenz ist, »kann nicht auf emanzipatorische Zwischeninstanzen grundsätzlich verzichten, wenn sie zugleich an göttlichen Hypostasen wie Sohn und Geist festhalten will« (Mann S. 93). Andere durchaus dingliche Vermittlungsgrößen sind uns selbstverständlich: Wasser, Brot, Wein und ein im Rotationsdruck hergestelltes Buch als Heilige Schrift. Für alles das hat die Theologie des Wortes Verstehensrahmen geschaffen. Engelvorstellungen müssen nicht mythologistisch sein, so wenig wie die genannten dinglichen Vermittlungsgrößen magisch sein müssen. Und schließlich ist es ebenso demütigend wie tröstlich und erhebend für uns Menschen, mit den Engeln und ihrem Dienst anzuerkennen, daß trotz der Abkehr der Menschen von Gott ER selbst nie ohne geistige Geschöpfe geblieben ist, die ihm im freien Ja ihrer personalen Entscheidung die Ehre geben (auch Hes 1 und 10; Lk 2,13f).

Niemand weiß, ob solche Einsichten und Klärungen sich herumsprechen und durchsetzen werden, und ob sie mit vielfach noch stummen Existenzerfahrungen und Glaubenssensorien unserer Zeit zusammenkommen werden. Bonhoeffers Zeilen von der wunderbaren Bergung durch die »guten Mächte« haben wie mühelos ihre Rezeption in Gottes Volk gefunden. Viele unserer Gebete und Lieder für Abend und Morgen sowie zur Begleitung durch den Tod gleichen schlafenden Potenzen. »Ach, Herr, laß dein lieb Engelein« in Bachs Vertonung, Paul Gerhardts »Breit aus die Flügel beide...«, sind sie neuer Füllung fähig oder Platzhalter neuen Ausdrucks verwandelter Erfahrung derselben geistlichen Realitäten? Auch das Sanctus ist solcher Verlebendigung fähig und bedürftig. Es sei der Gemeinde erneut nahegebracht.

In Hebr 12,22-24 ist vom »Hinzukommen« der Gemeinde zum Gotteslob der Engel die Rede. In der eucharistischen Mahlfeier öffnet sich der Himmel. Ähnlich wie zwischen dem Propheten und Gott fallen auch in der sakramentalen Nähe des Herrn die Vorhänge vor dem Allerheiligsten (Mt 27,51) und dürfen die am Tisch Versammelten (Ps 23,5) »den König sehen in seiner Schöne« (Jes 33,17). »Nur ›Heilige‹ können diesen Lobpreis, die Theo-logia im Ursinne, anstimmen, weil das Pneuma sie dazu befähigt« (Reindell S. 463 u. 471).

4. Homiletische Besinnung

Wichtig sind vielleicht Erwähnungen der jüdischen Abkunft des
Sanctus, seiner frühen und universellen Verbreitung, die Erfahrung
seiner Unverzichtbarkeit aus der Geschichte der evangelischen
Liturgien, die Einsicht in die Unverwechselbarkeit seiner Funktion in
der christlichen Mahlfeier. Nicht zuviel Historisches! Weder Apologie
für die hl. Engel noch zuviel Bestreitung falscher Formen ihrer
Darstellung und Verehrung sollen dominieren. Biblisch-liturgische
Sprache von Rang und Allgemeinheit des Sanctus sind notwendig
analogisch. Mit wenigen, ein weites Bedeutungsfeld eröffnenden
Worten erlaubt ein solcher Text ungezählten Menschen in unterschiedlichsten Situationen die Identifizierung. Restringierter Sprachcode
ist großkirchlich, nicht gruppenspezifisch, auch wenn die aktuelle
Gottesdienstgemeinde zahlenmäßig klein ist. Texte von solcher
Konstanz sind »pneumatisch klassisch« (P. Brunner), offenbar un-
zerschleißbar, jedenfalls unübersetzbar und unersetzbar. Als geistliche
Schwerefelder erinnern sie daran, daß es im christlichen Kult einen
legitimen Weg auch von außen nach innen gibt. Die Sprache der Predigt wird diesem Modus zumindest in ihren kerygmatischen Teilen
nahebleiben. Das Kommen Jesu (vom Adventus jeder Dimension bis
zur Tischbitte) ebenso wie die großen Themaworte des Sanctus von der
Herrlichkeit (*doxa, kabod*) und Heiligkeit des Dreieinigen Gottes
vertragen für ihre Verkündigung weder das »fremde Feuer« geborgter
Plerophorie noch die trotzige Verschanzung hinter den Begrenzungen
eigener Sicht. Evangelische Predigt bleibe nicht hinter biblischen
Linien zurück.

Dem universalen, menschheitlichen und kosmischen Rang des
Erlösungswerkes Christi kann nur eine Festbegehung entsprechen, die
selber nicht durchgehend situationell oder provinziell oder kon-
fessionell je nach Ort und Stunde »gemacht« ist, sondern Züge
universaler Liturgie enthält. Das Sanctus gehört dazu. Der Prediger
entlaste sich daher hier von dem Gefühl der Verantwortung, alles
tragen und begründen zu sollen, was das Gottesvolk längst und überall
übernommen hat.

Das Notwendige und das Überfließende gehören im Gottesdienst
ebenso zusammen (vgl. Lk 10,39.42 mit Joh 12,3) wie andererseits das
Notdürftige und das Überflüssige. »Wo das Eine und Notwendige
geschieht, das unum necessarium, die hörbereite Hingabe an den Herrn,

da ist auch der überfließende Ausdruck von Klage und Lob nicht fern. Kein Gedanke also, daß das Überfließende das Überflüssige sei. Aber es gibt eine Praxis des Notdürftigen. Liturgischer Reduktionismus einer bestimmten Art schafft Leerräume, die sich mit Unwesentlichem füllen. Wer – anders als Jesus – nicht aus Wenigem viel macht, hat ein Brockenproblem eigener Art« (Henkys S. 205).

Situationsbezug, Weltorientierung und Inkulturierung des Gottesdienstes sind inkarnatorisch zwingend und wesentlich. Der »Nützlichkeits«- Erweise und entsprechenden Gestaltungen von Gottesdiensten ist Legion. Aber es kann darob der Gottesdienst als Vorgeschmack der eschatologischen Preisung, Anbetung und Anrufung der Hl. Dreifaltigkeit nicht entfallen. Ist der christliche Gottesdienst nicht mehr auch die »Hinreise« in das kommende Gottesreich und in das obere Jerusalem, so wird keine Vision die Hoffnung für die Verwandlung der Welt mehr wachhalten. Nur an der Schwelle des Gottesreiches stehend vermögen wir zu erkennen, was der Welt in Wahrheit nottut. Außer archaischen, immer wiederholten Formelementen, die den Gottesdienst zum Vehikel der Überschreitung jeder (flachen wie tiefen) Selbstbezogenheit zu machen vermögen, braucht er ein Element des Ekstatischen, das bei uns wohl vor allem in seiner Musikalität besteht. Das Sanctus zu singen ist daher die einzige angemessene Weise, seine Worte wiederzugeben, denn Engel und Erzengel sind nicht von der Art, sich in Hör- und Gebetsgemeinschaften zu erschöpfen.

Die Erinnerung an die alle andere Rücksicht übersteigende Pflicht des ersten Gebotes, an das Soli Deo Gloria, an die Rangstellung der Vaterunserbitten, an These I der Barmer Erklärung möge zur Freude führen, der Welt darin zu dienen, daß sie selbst einmal nicht das Thema ist, sondern daß das Licht der anhebenden doxa Gottes auf sie fällt.

Die Nähe des Sanctus-Benedictus zum Rüstgebet (»eingehen in dein Heiligtum«), jedenfalls aber auch zum vertrauten, nahezu allsonntäglichen Gloria als Gesang der Himmlischen und zur ersten Vaterunserbitte kann helfen, die vertikale, mysterienhafte Dimension des Gottesdienstes zu erschließen. Der Goldhintergrund eines Altarschreines, das Blau der gewölkten Kirchendecke, Engelmusikanten an der Orgel – sie können vielleicht der Blickgewöhnung entrissen und in ihrem Zeichen- und Verheißungscharakter vorübergehend neu erschlossen werden. Singen und Klingen des Gottesdienstes werden in ihrer Gottbezogenheit als Anbruch des Endgültigen hörbar werden können. Musica sacra praeludium vitae aeternae. »Loben ist hörbare innere Gesundheit«, sagt C.S. Lewis. Man kann sich von ihm bis an die Schwelle der Einsicht führen lassen, warum das Halleluja-Hosianna der Engel und Seligen in Ewigkeit gerade nicht abschreckend langweilig sein wird. Als mühelos strömender, gemeinschaftlicher, ganzheitlicher Ausdruck bewundernder Liebe vor dem allerwürdigsten »Gegenstande«, dem heiligen und schönen Gott, ist solches Lob Erfüllung der Menschenbestimmung und daher Seligkeit. Es gibt schwache irdische Analogien dafür in der Jedermannserfahrung. Und es gibt seltene, meist freilich nur klägliche Ansätze in unseren Gottesdiensten (Vom Loben S. 197). Liturgie ist Lebensform, nicht »Verschönerung« der Kirche.

5. Zur Verkündigung

»Jesaia dem Propheten das geschah.« Was er in Furcht und Verzückung wahrnahm, ging ein in das unverlorene Überlieferungsgut und Glaubenswissen des Gottesvolkes, unaufhörlich rezitiert und repetiert, und dient fortan auslösend und deutend Erfahrungen ähnlicher Art. So mehrt sich die assoziative Fülle. Es kommt der Sohn. Von der Ankündigung seiner wundersamen Geburt bis zur Rückkehr in die Glorie des Vaters – die Engel sind immer dabei, die »Menge der himmlischen Heerscharen« und »die Männer in weißen Kleidern«, bis er kommen wird in Herrlichkeit »mit seinen Engeln« (Mt 16,27).

Unterdes reihen sich die Mahlfeiern seines Kommens, seines Bleibens, seines Bundes und der Speisung und Sendung des priesterlich-prophetisch dienenden Volkes. Der ganz andere ist es, der Herr und der Heilige, der gepriesen und bezeugt wird in überweltlicher Ehrfurcht.

Zugleich aber wird er als der Bruder und Diener begrüßt und als das Brot empfangen, irdisch und greifbar, und den Menschen ausgeliefert. In Wort und Weise sind Sanctus, Hosianna und Benedictus das Medium dieser unaussprechbaren Spannung. Mit Liedern und Gebeten, mit Kyrie und Gloria klingt es zusammen. Daß die Herrlichkeit Gottes einst die ganze Erde erfüllen und in ihr erkennbar sein werde, gehört zu den Merkmalen der verheißenen künftigen Heilszeit (Ps 97; 4.Mose 14,21; Jes 40,5; Röm 5,2; Offb 21,11). Ihren Anbruch nimmt die Gemeinde preisend vorweg in der Doxologie des Vaterunsers wie im

Sanctus. Inmitten dieses Chores stehen auch wir, ein wenig verlegen und scheu. Bleiben uns also Präfation und Sanctus als Merkposten erhalten!

Besser freilich entfaltet sich ihr Gehalt, wenn die Rühmung Gottes und seiner Werke sich von der Präfation her im eucharistischen Gebet fortsetzen kann: ewiger Ratschluß, Schöpfung, Fall, bewahrender Bund, die Sendung des Sohnes (... der in der Nacht, da er verraten ward...) und des Geistes, der Weg durch die Zeiten, der Blick auf die Vollendung und das Leben in der großen Gemeinschaft. Hier spricht die Kirche aus, was sie glaubt, bekennt und feiert. Die Engel inzwischen fahren hinauf und herab auf des Menschen Sohn (Joh 1,51). Was auf ihrer Seite so persönlich und gewissenhaft ist, darf von uns nicht unpersönlich und sorglos bleiben. Nötig haben wir sie alle. Wollen wir sie mit Worten greifen, erklären und begründen, so entschwinden sie uns. Wo wir aber singen, schauen, erzählen, da bleiben Erfahrung und Ahnung von ihnen wach. Wir wagen schließlich einzustimmen: Benedictus – Hosianna – Sanctus. Um mit Worten von Rudolf Bohren zu ermutigen:»... Könnte ich beten ... Immer nur diese Seufzer, diese Gebetsfetzen, Gebetsgerinsel, das ist doch nichts. Heute ist der Tag, den der Herr gemacht hat. Ich will mich aufschwingen zu himmlischer Rede, will anbeten und lobpreisen, in der Symphonie der Engel, der Vögel, der Bergwinde, Meerwinde und Wüstenwinde, im Aufwind aller Heiligen sende ich empor mein Gebet, das ich belade mit dem leichten Zweifel an allen ... Gebetskünsten, auch den meinigen, und das ich trotzdem emporsende, empor zu Dir, der du ein Gott bist der Verzweifelten, dem ich nichts bringen kann als das Ganzopfer meiner Halbheit, – und die Bitte um Nachsicht« (Bohren S. 78f: Sonntagmorgen).

Literatur:
R. Bohren, Texte zum Weiterbeten, Neukirchen 1978. – Y. Brilioth, Eucharistic Faith and Practice, London 1930. – G.J. Cuming, The First Three Centuries, in: Ch. Jones/G. Wainwright/E. Yarnold (Hgg.), The Study of Liturgy, London 1978, S. 353ff. – W. Elert, Der christliche Glaube, [5]1960. – J. Emminghaus, Die Messe – Wesen, Gestalt und Vollzug, Leipzig 1980. – J. Henkys, Die Bedeutung des Musischen für den Gemeindeaufbau, CL 33 (1980) 6, S. 200ff. – C.S. Lewis, Christliche Dimension, Leipzig 1976. – U. Mann, Das Wunderbare. Wunder, Segen und Engel (HST 17), Gütersloh 1979.

– E. Petersen, Das Buch von den Engeln, München 1935. – O. Planck, Unsere Verbindung mit der oberen Welt, in: Die Katholizität der Kirche, hg. von H. Assmussen und W. Stählin, Stuttgart 1957, S. 309ff. – W. Reindell, Die Präfation, in: Leiturgia II, Kassel 1955. – E. Schlink, Ökumenische Dogmatik, Göttingen 1983. – Th. Schnitzler, Die Messe in der Betrachtung, Bd. II, Freiburg 1957. – F. Schulz, Die jüdischen Wurzeln des christl. Gottesdienstes, JLH 1984. – W. Stählin, Die Feier des Neuen Bundes, Kassel 1963.

Hermann Lins

4. Einsetzungsworte (Eucharistisches Gebet)

1. Zur Begegnung

Die Einsetzungsworte (*verba testamenti*) sind seit dem 3./4. Jahrhundert unverzichtbarer Bestandteil jeder Abendmahlsfeier. Außerdem gehören sie in den vier neutestamentlichen Fassungen zur Epistel und zu den Predigtperikopen des Gründonnerstags (1.Kor 11,23-26 II; Mk 14,17-26 III; Mt 26,20-30 M) sowie zu den Passionslesungen (Palmsonntag Mt, Dienstag der Karwoche Mk, Mittwoch Lk). Die liturgischen Einsetzungsworte umfassen den Bericht und die Christusworte (Brotwort, Kelchwort, Anamnesenbefehl). Sie wurden vom Mittelalter bis zum Zweiten Vatikanum leise gesprochen (Stillkanon), durch die Reformation aber der Gemeinde wieder zu Gehör gebracht. Luther gab ihnen den Evangelienton, verstand sie somit als Verkündigung (Deutsche Messe 1526). Vereinzelt werden die Einsetzungsworte auch als Spendeformel verwendet.

2. Historische Erklärung

Die liturgische Fassung der *verba testamenti* ist nicht einheitlich. Zunächst waren die Christusworte das Kontinuum, während der Bericht variierte. Es finden sich interpretierende oder ausschmückende Beifügungen über den biblischen Wortbestand hinaus, z.B.»in seine heiligen und ehrwürdigen Hände, erhob die Augen zum Himmel, zu dir, seinem Vater, dem allmächtigen Gott, sagte dir Lob und Dank«, »diesen erhabenen Kelch in seine heiligen und ehrwürdigen Hände, sagte dir Lob und Dank« (römischer Kanon, zuletzt im Meßbuch Pauls VI. 1970, Erstes Hochgebet). Neben dem freien Umgang mit dem Bericht fällt an diesem Beispiel der Einschub einer Anrede des Vaters auf: Die verba testamenti sind Teil eines Gebets, das mit ihnen Bezug nimmt auf die Stiftung Christi.»Die Angleichung an den biblischen Wortlaut ist ... Zeichen späterer Formgebung« (Lietzmann S. 29). Am Ende dieser Entwicklung steht die Reformation, die sich um Aufnahme

möglichst jedes einzelne Wortes der biblischen Zeugen bemühte unter
Ausscheidung aller liturgischen Zusätze (Schmidt-Lauber S. 14ff.33).
Eine weitere formale Beobachtung führt zu theologischen Unter-
schieden: In der Tradition wird der Einsetzungsbericht durch relativi-
schen Anschluß in das Eucharistiegebet eingefügt. Schon das erste uns
bekannte Formular gibt ihm eine ausführliche, das Leiden Christi
deutende Einleitung: »*Qui voluntatem tuam complens ... qui cumque
traderetur voluntariae passioni, ut ...*« (Hippolyt um 215, Hänggi/Pahl
S. 81). Luther folgt in seiner Formula missae et communionis (FMC
1523) noch der römischen Vorlage »*Qui pridie quam pateretur accepit
panem ...*« (WA 12, S. 212). Seit der Deutschen Messe (DM 1526)
beginnen die evangelischen Ordnungen aber stets mit einem von allem
Vorhergehenden abgehobenen Neueinsatz: »Unser Herr Jesus Christus,
in der Nacht ...« (WA 19, S. 97; vgl. die Ordnungen im 16./17. Jh.
[Coena Domini I] bis zu den Agenden I 1955 bzw. 1959): Die
Einsetzungsworte sind Proklamation, Verkündigung. Die Erneuerte
Agende 1990 kehrt zur altkirchlichen Tradition zurück, die lutherische
Sonderform bleibt jedoch in drei von vierzehn neuen Eucharistiegebe-
ten (Nr. 488 [vgl. auch S. 58 u. S. 82], Nr. 492f) und in der Variante
C 1 erhalten.
Die Einsetzungsworte gehören zur ältesten schriftlich fixierten
Gemeindetradition. Ob Mk 14 älter ist als 1.Kor 11 (vgl. Pesch 1983,
S. 113ff), ob sich aus den neutestamentlichen Berichten verschiedene
Mahltypen ableiten lassen (so schon Lietzmann S. 249ff) und ob die
Exegeten »heute nicht mit Sicherheit genau ermitteln können, was
Jesus tat, sagte oder intendierte« (Reumann XII. 49), kann bei der
Frage nach der Bedeutung der Einsetzungsworte für den Gottesdienst
der Diskussion der Exegeten überlassen bleiben. Wichtiger sind für uns
die entscheidenden Wegmarken der Entwicklung.
Die Kirche hat das Sättigungsmoment ausgeschieden. Die Handlungen
mit dem Brot (zu Beginn des Mahles) und mit dem Kelch »nach dem
Abendmahl« wurden zusammengelegt (»*Four-Action-Shape*« statt
»*Seven Actions*«, vgl. Dix S. 48ff): Wir nehmen Brot und Wein, sagen
Dank über beiden, brechen das Brot und geben beides. Zudem verlegte
man das Mahl vom Abend auf den Morgen des Herrentages. Das
eschatologisch Neue und Einzigartige der Stiftung Christi läßt den
Stiftungsrahmen hinter sich. Aus der jüdischen *beraka* über den
einzelnen Speisen wird die christliche *eucharistia* über Brot und Wein.
Zentraler Inhalt der Danksagung ist nun das Christusgeschehen, auf das

Gottes Zuwendung zu den Vätern zuläuft und mit dem die Vollendung des Reiches antizipierbar wird.

Das Herrenmahl »war offenbar von Anfang an – neben der einmaligen Taufe – der spezifische Gottesdienst der Christen« und wurde »in der Epoche der frühen Reichskirche dann auch zum zentralen Gottesdienst der Kirche« (Kretschmar S. 231), in dem die innergemeindliche Verkündigung ihren Ort hat. Die Ableitung eines selbständigen Predigtgottesdienstes aus dem Neuen Testament hat schon O. Cullmann widerlegt (Urchristentum und Gottesdienst S. 30ff). Eine spezifisch konsekratorische Bedeutung erhalten die Einsetzungsworte erst im 4. Jahrhundert, obwohl die eucharistischen Gaben schon früh mit kräftigen Begriffen wie »heiligen, verwandeln« bedacht werden und über eine typologische Auslegung alttestamentliche kultische Begrifflichkeit (Priester, Opfer, darbringen), die das Neue Testament bewußt vermeidet, Einkehr hält. In vornizänischer Zeit galt die ganze gottesdienstliche Handlung als das die Elemente Heiligende, also der schlichte Gehorsam gegen Christi Befehl »Solches tut zu meinem Gedächtnis«. Mit der festen Ansiedlung der Kirche in der Welt schwinden die eschatologische Dimension des Gottesdienstes und die ganzheitliche Erfahrung des Heilsgeschehens.

Es wird nun nach einem Konsekrationsmoment gefragt. Der Osten macht den Anfang und erklärt die Epiklese für konsekratorisch (Kyrill von Jerusalem). Der Westen antwortet mit richtigem Instinkt, aber auf der gleichen Ebene einer verengten Fragestellung mit der Rezitation der Herrenworte (»*Accedit verbum ad elementum et fit sacramentum*«, Augustin). Der Osten überwindet schon bald die punktuelle Konsekration durch eine die ganze Feier umfassende dramatische Nachbildung von Kreuz und Auferstehung: Zu Beginn der Eucharistie wird in der Hostie bereits der geopferte Christus verehrt, die Epiklese des Eucharistiegebets bezeichnet dann seine Auferstehung. Der Westen kommt von dem punktuellen Konsekrationsmoment nicht mehr los mit weitreichenden Folgen: Das Interesse verlagert sich von der *koinonia* auf die Elemente, die Gemeindekommunion geht verloren, der Opfergedanke überwuchert die Frömmigkeit, das Eucharistiegebet wird nahezu unkenntlich durch immer neue offertoriale Einschübe (je näher der Wandlung, desto wirksamer), die priesterliche Weihegewalt multipliziert das Meßopfer, die Gläubigen geraten in Ungewißheit ihres Heils, die eucharistische Spiritualität wandert aus dem Gottesdienst aus (Fronleichnam, Lüttich 1246). Welch ein Wandel gegenüber der vor-

nizänischen Kirche, in der die Gläubigen das eucharistische Brot mit
nach Hause nahmen, damit es als erste Speise den Alltag mit Christus,
der Gemeinde, ihrer Festfreude, Erwartung und Diakonie verbindet!
Die selbständige kultische Verehrung der Hostie kam erst im 11. Jahr-
hundert auf (Elevation um 1200 in Paris). Die Reformation beseitigt die spätmittelalterlichen Auswüchse
priesterlichen Opferhandelns. Sie befreit die gebundenen Gewissen
durch die Wiederentdeckung des *pro vobis* der Einsetzungsworte. Sie
gewinnt die Gemeindekommunion zurück. Aber sie reduziert die
Abendmahlsliturgie, indem sie nicht nur die Darbringungsformeln des
alten Kanons eliminiert, sondern mit diesem zugleich auch das
Danksagen der Gemeinde, das allerdings nicht völlig verlorengeht,
sondern sich in Lied und Verkündigung verlagert. Luthers fundamen-
tales Mißverständnis der Präfation als Vorrede (Brief vom 26.3.1525
an Nikolaus Hausmann, WA Br 3, S. 462,11ff) macht aus der
Danksagung eine Vermahnung: Aus dem Gebet wird eine Anrede der
Gemeinde. Luther übernimmt dabei spätmittelalterliche Fehldeutungen
der (hörbaren) Präfation (z.B. Albertus Magnus, de myst. missae 3,1),
nach denen das Eucharistiegebet erst mit dem *Te igitur* des (Still-)
Kanons beginnt. Auch in der DM 1526 findet sich statt der Präfation
eine »Vermahnung«, als Vaterunserparaphrase inhaltlich ohne Anklang
an die Danksagung (WA 19, S. 95f).
Die meisten Kirchenordnungen des 16./17. Jahrhunderts reduzieren mit
der DM 1526 die Abendmahlsliturgie auf die Einsetzungsworte,
obwohl Luther den Wittenberger Brauch ausdrücklich nicht als
verbindlich erklärt hatte (WA 19, S. 73,1ff). Daneben hat es aber
immer auch die altkirchliche Liturgietradition gegeben, die – mit der
FMC 1523 – das Danksagen zumindest mit einer Präfation zum
Ausdruck brachte, die über die Altpreußische Agende (1822/1829/
1895) wieder allgemeine Verbreitung fand. In den Agenden I finden
sich im Postsanctus (EKU, Erste Form) und darüber hinaus in
Anamnese und Schlußdoxologie (Luth., Form B) weitere Teile des
Eucharistiegebets. In der Erneuerten Agende 1990 ist das Eucharistiegebet wieder Normalform eucharistischer Liturgie geworden.

3. Theologische Erwägung

Für Luther sind die Einsetzungsworte Wort Gottes in dreifacher Bedeutung: Sie sind erstens Stiftungsworte, mit denen Christus das Sakrament einsetzt und seine Gemeinde zur Feier des Herrenmahls ermächtigt. Sie sind zweitens Vollzugsworte, mit denen Christus selber die verheißene Gabe schafft und darreicht. Und sie sind drittens Testamentsworte, deren Verkündigung unseren Glauben wecken und stärken soll, denn in ihnen ist das ganze Evangelium wie in einer kurzen Summa zusammengefaßt (Knolle S. 88ff).

Daß die Rezitation der Einsetzungsworte und die Kommunion der Gemeinde – und nichts anderes – für das Abendmahl konstitutiv sind, hat Luther schon in der FMC 1523 angedeutet (WA 12, S. 214,5ff) und in der DM 1526 exemplarisch veranschaulicht, indem er Brot- und Kelchhandlung wieder teilt und jeweils nach der Konsekration eines Elementes dessen Austeilung vorsieht (WA 19, S. 99,4ff). Zwar eignet sich diese Form kaum für die Abendmahlsfeier einer größeren Gemeinde – sie ist auch nur von wenigen frühen Kirchenordnungen übernommen worden (z.B. Braunschweig 1528, Coena Domini I, 49) und schon aus technischen Gründen kaum praktikabel –, aber sie bringt das reformatorische Anliegen klar zum Ausdruck: Einsetzungsworte und Austeilung konstituieren das Sakrament.

So eindrucksvoll die Reduktion der Liturgie auf Christusworte und Spendung im Kampf gegen priesterliches Opferhandeln gewesen sein mag, sie wird als liturgisches Formprinzip der Stiftung kaum gerecht: Christus hat nicht gesagt, »Rezitiert den Einsetzungsbericht«, sondern »Solches tut zu meinem Gedächtnis«. Das heißt, die Gemeinde soll Brot und Kelch nehmen, über beidem Dank sagen, (das Brot zur Verteilung brechen) und die Gaben austeilen. Der Stiftungszusammenhang ist in den apostolischen Gemeinden und in der frühen Kirche stets mit einer Abendmahlseulogie hergestellt worden, in deren Rahmen auf den Einsetzungsbericht Bezug genommen wurde (Wir danken dir und feiern das Mahl, *weil* unser Herr Jesus Christus ...). In der ostsyrischen Anaphora Addai und Mari können die verba testamenti sogar fehlen (Hänggi/ Pahl S. 374).

Die Einsetzungsworte legitimieren die kirchliche Mahlfeier, aber sie verlangen nach einer angemessenen Entfaltung, zu der vor allem das Danksagungsgebet über den Gaben gehört, »das nach apostolischem Zeugnis und nach dem Vorbild Christi nicht fehlen soll«, weil

206 Hans-Christoph Schmidt-Lauber

»stiftendes Wort Christi und Eulogie zusammengehören« (Brunner S. 347f, vgl. S. 223ff). Es ist darum nicht mehr möglich, die Einsetzungsworte gegen Danksagung, Christusanamnese und Anrufung des Geistes auszuspielen (vgl. 1.Tim 4,5), zumal die Gefahr des offertorialen Mißbrauchs, der »Darbringung für« nun wirklich nicht mehr zu befürchten ist.

Die Lima-Erklärung zur Eucharistie (1982) nimmt das reformatorische Anliegen einerseits auf, indem sie den Wortcharakter des Abendmahls und damit die Einheit von Wort und Sakrament hervorhebt (»Da die ›Anamnese‹ Christi den zentralen Gehalt des gepredigten Wortes wie des eucharistischen Mahles ausmacht, stärkt eines das andere«, n. 12). Andererseits entfaltet sie die Bedeutung der Eucharistie als Danksagung an den Vater, als Christusanamnese, als Epiklese sowie als Gemeinschaft der Gläubigen und als Mahl des Gottesreiches. Sie weist damit auf eine neue liturgische Konkretion des altkirchlichen Erbes. Wichtig ist dabei allerdings, daß diese fünf Grundaussagen die ganze Eucharistie betreffen und nicht von bestimmten liturgischen Gebeten abhängen: Die Eucharistie ist als Ganze Danksagung an den Vater, auch wenn es kein Eucharistiegebet gibt. Sie ist Christusanamnese, auch wenn sein Gedächtnis weder im Gebet noch in der Verkündigung besonders artikuliert wird. Sie ist Bitte um die Sendung des Geistes, auch wenn eine liturgische Epiklese vermieden wird.

So gehören Einsetzungsworte und Eucharistiegebet wesensgemäß zusammen. Die Erneuerte Agende 1990 hat dieser Erkenntnis Rechnung getragen, so daß der deutschsprachige Protestantismus sich in unserer Generation wieder der gesamtkirchlichen Tradition öffnet. Der Charakter des Sakraments als Gabe Gottes wird dadurch nicht verdunkelt, daß die Gemeinde mit ihren Worten Dank sagt, Christi gedenkt und das Kommen des Geistes auf Gemeinde und Gaben erbittet. Wie die Verkündigung, so ist auch das Abendmahl der Gemeinde als ihr »Tun« aufgetragen und nicht auf formelhafte Vollzüge beschränkt. Gott hat sein Handeln an das gehorsame Handeln seiner Gemeinde gebunden. Darum »ist es nötig, die Rezitation der Abendmahlsworte aus ihrer Isolierung zu befreien und sie wieder hineinzunehmen in das große Abendmahlsgebet, das sogenannte ›eucharistische Hochgebet‹« (Kühn S. 303 u.ö.).

Eucharistein und *eulogein* bedeuten sowohl Dank sagen als auch segnen. Die neuere Forschung hat die Verwurzelung der *anamnesis* im hebräischen *zakar*-Geschehen aufgezeigt: Indem die Gemeinde das

Gedächtnis Christi hält, wird er selbst mit allem, was er für uns getan
hat und was zur Vollendung seines Reiches noch aussteht, in der Mitte
der Gemeinde handelnd gegenwärtig.

4. Homiletische Besinnung

Eine Predigt über die Einsetzungsworte im Gottesdienst gibt Gelegenheit, der Gemeinde die Gabe des Herrenmahls und den eucharistischen
Charakter ihres Gottesdienstes zu verdeutlichen. Gegenwärtig vollzieht
sich eine Neuerschließung der Eucharistie, die sich auch in der Statistik
niederschlägt: Zwischen 1963 und 1987 hat sich die Zahl der Abendmahlsfeiern im Gemeindegottesdienst um 49% erhöht, die der Kommu-
nionen (bezogen auf die Mitgliederzahl) von 25% auf 38%. Mehr als
jeder vierte Hauptgottesdienst ist mit der Mahlfeier verbunden, wobei
der Rückgang der an den Predigtgottesdienst angehängten separaten
Abendmahlsfeiern von 61% auf 12% zugunsten des Hauptgottesdienstes mit Predigt und Abendmahl besonders aufschlußreich ist
(ABlEKD Statistische Beilage, zuletzt Nr. 5/1989 für 1987).
Wie die römische Kirche seit 1910 die nach dem 4. Jahrhundert
abnehmende Gemeindekommunion wiedergewonnen und mit dem
neuen Verständnis der Kirche als Volk Gottes im Zweiten Vatikanum
die »volle und tätige Teilnahme des ganzen Volkes« zur Grundlage der
liturgischen Erneuerung gemacht hat (SC 14), so ist auch in der
evangelischen Kirche mit der Jüngeren Liturgischen Bewegung, im
Kirchenkampf, in der ökumenischen Begegnung von Arnoldshain/
Leuenberg bis Lima und in der »Abendmahlsbewegung« unserer Tage
(P. Cornehl, vgl. Kühn S. 259ff) die ekklesiologische Bedeutung des
Herrenmahls neu entdeckt worden. Kirche als Leib Christi wird durch
den Empfang des Leibes (und Blutes) Christi aktualisiert, sichtbar und
erfahrbar (1.Kor 10,16f).
Dies ist in der Tat eine Neu- oder Wiederentdeckung, denn die
reformatorische Theologie und mehr noch die Abendmahlspraxis der
evangelischen Kirchen konzentrierte sich auf die persönliche Zueignung der Vergebung und vernachlässigte den Gemeinschafts- wie
den Danksagungsaspekt der Eucharistie.
Aufgabe der Predigt wird es deshalb sein, mit seelsorgerlicher
Behutsamkeit – damit die persönliche Christusbegegnung, die Andacht
und der Aspekt von Schuld und Vergebung als legitimes Erbe der

Reformation nicht verlorengehen – einladend aufzuzeigen: »Das
Abendmahl hat den Sinn, Ort und Geschehen der zentralen Christusbegegnung der Gemeinde zu sein und zugleich Ort und Geschehen, wo
die Gemeinde als Gemeinschaft immer neu begründet wird.« Es wird
»zum Ort des ständigen Verwandeltwerdens der Gemeinde in den Leib
des Gekreuzigten, zum Ort der Geborgenheit, ... der Versöhnung und
Vergebung, ... der Klage, ... des Dankens und der Freude, ... des
Teilens« (Kühn S. 293f).
Man beachte, daß diese »zentrale Christusbegegnung« in einem Mahl
geschieht. Gemeinsames Essen und Trinken hat eine Kommunikation
stiftende Funktion, bewirkt »Vergemeinschaftung«, ist Symbol für
gewährte und vollzogene Gemeinschaft und Liebe (vgl. Josuttis/
Martin). Doch wird bedacht werden müssen, daß nicht erst die Ver-
bindung mit einer Agape den Mahlcharakter der Eucharistie sichtbar
macht, sondern daß Christus uns sein Mahl in diesem Brot und diesem
Kelch geschenkt hat. Der spezifische Unterschied zu allen anderen
Mählern, auch den religiösen, liegt in dem Bezug zum Opfertod Christi
(Blut, gegeben/vergossen) und in der Aufgabe, das Christusheil zu
vermitteln. Wohl aber stellt sich die Frage, ob getauften Kindern die
Vergewisserung ihrer Zugehörigkeit, Geborgenheit und des mitgeteilten
Lebens vorenthalten werden darf. Besonders wichtig wird für die Pre-
digt die wiederentdeckte Dimension der Danksagung über den Gaben,
in der deren Segnung geschieht. Sie verbindet die Christen nicht nur
mit alter Tischsitte, sondern mit einer Grundhaltung der jüdischen
Gemeinde, in der das Lob des Schöpfers und der Dank für seine
Zuwendung in der Geschichte seines Volkes das ganze Leben begleitet
und prägt. Die Christusanamnese als neuer Inhalt der Danksagung und
die Epiklese in ihrer dreifachen Ausrichtung auf die Gaben, auf die
Gemeinde und auf die eschatologische Vollendung geben der *beraka/*
eucharistia der Kirche wie von selbst eine trinitarische Struktur.
Von hier aus ergeben sich neue Bezüge zur Welt als Schöpfung und
Geschichte, die den Gottesdienst der Gemeinde vor Weltflucht und
Esoterik bewahren und die Bitte als Teil des eucharistischen Gebets
legitimieren (vgl. das urchristliche *Maranatha* und die Kommunikan-
ten-Epiklese bei Hippolyt, Hänggi/Pahl S. 81).
Endlich wird das Miteinander von Gabe- und Gebetscharakter, wie es
vor allem die Lima-Erklärung zur Eucharistie darlegt, Gegenstand
homiletischer Überlegungen, wobei dann der Mitvollzug der Gemeinde
artikuliert wird (»Solches tut«).

5. Zur Verkündigung

In einer einzigen Predigt wird man diesen Text sicher nicht auszu-
schöpfen vermögen; dazu ist er theologisch zu komplex und zu stark
mit unterschiedlich akzentuierter Praxis verbunden. Der Prediger sollte
den Mut haben zu eigener Entscheidung über die für seine Predigtge-
meinde angemessene Schwerpunktsetzung und damit zur Auswahl.
1. Es könnte die dreifache Bedeutung der Einsetzungsworte als Wort
Gottes nach Luther Thema werden, wobei die dritte eine neue
Entfaltung der Danksagung ermöglicht, nachdem die Gründe für die
hierbei restriktive Liturgik der Reformationszeit hinfällig geworden
sind.
2. Von der unserer Generation neu erschlossenen *anamnesis* aus (»zu
meinem Gedächtnis«) ließen sich der innere Zusammenhang von Wort
und Sakrament (und damit die Einheit des Gottesdienstes) und dann
auch die eschatologische Dimension der Christusanamnese aufzeigen.
Als Einstieg dazu könnte vielleicht Martin Luther Kings »I had a
dream« (1963) dienen. Weitere Schwerpunkte könnte man finden in
3. dem Mahlcharakter der Stiftung Christi,
4. dem Miteinander von Handeln Gottes und Handeln der Gemeinde
(Gabe- und Gebetscharakter der Eucharistie),
5. der Kirche als durch den Empfang des Leibes Christi aktualisiertem
Leib Christi und
6. der gemeinsam erfahrenen Zuspitzung der Christusbegegnung auf
das *pro me*.
Nur sollte darauf geachtet werden, daß bei all diesen Themen *dieser*
Text ausgelegt wird. Für bestimmte in der heutigen Diskussion
wichtige Themen – wie etwa die epikletische Dimension der Eucharistie oder auch die *koinonia* – sind andere Texte geeigneter. Auch
sollten die beiden vorhergehenden Predigthilfen beachtet werden, vor
allem, wenn das Eucharistiegebet einbezogen werden soll.
7. Es kann aber auch versucht werden, die Einsetzungsworte möglichst
umfassend auszulegen. Dabei muß man darauf achten, daß es sich
nicht um einen der vier neutestamentlichen Berichte, sondern um den
aus ihnen erwachsenen liturgischen Text handelt. Das entlastet den
Prediger von exegetischen Spezifika, die gelegentlich einer Predigt
über eine der Perikopen zur Sprache kommen können. Das belastet ihn
aber zugleich mit der Interpretation einer Perikopenharmonie vom
Gottesdienst her und auf den konkreten liturgischen Gebrauch hin.

Ein solcher Versuch sei zum Abschluß skizziert. Dazu ein – vielleicht
überraschendes – Lutherzitat aus dem Jahr der CA 1530:»Ich wil zur
Eucharistia gehen, das ist: Ich wil zur dancksagung gehen, nemlich zu
dem ampt, da man Gott danckt und lobt jnn seinem Sacrament« (WA
30/2, S. 601; vgl. auch ApolCA XXIV 66f.76f). Auch wäre es gut,
sich mit den *berakot* bei jüdischen Gast- bzw. Festmählern vertraut zu
machen (Strack-Billerbeck IV, S. 62ff.611ff; Schmidt-Lauber, S. 44-
48).

Eucharistie = Danksagung, Gabe und Gedächtnis oder:»Ich will zur Eucharistia gehen«

Einleitung: Eine neue Bezeichnung
»Eucharistie« kommt aus dem Einsetzungsbericht, pars pro toto
(wie»Brotbrechen« für das Abendmahl) auch für den Gottesdienst
insgesamt gebraucht, über die Ökumene neu gewonnen, aber schon
Luther bekannt (Zitat).

I. Teil   Unser Auftrag: Danksagen über Brot und Wein
1. die jüdische Sitte des Tischgebets beim Gemeinschaftsmahl und
besonders beim Festmahl (Beispiele), Inhalt: Schöpfung, Passa. Wir
loben Gott mit dem Messias der Juden.
2. das Heilsereignis in Christus als neues Zentrum christlicher
beraka (Beispiel: eucharistisches Gebet, trinitarische Gliederung,
Bitte um Vollendung). Wir loben Gott für den Christus der Völker.

II. Teil   Er ist die Gabe: Für uns zur Vergebung
1. das völlig Neue: Leib (Person) und Blut (Opfer) in Brot und
Wein für uns. Er sucht und begegnet uns im Mahl.
2. Vergebung der Sünden, Summa des Evangeliums (Luther), Leib
Christi und Gemeinde/Kirche. Er stiftet Gemeinschaft mit Gott und
unter den Seinen.

III. Teil   Zu seinem Gedächtnis: Mitten unter uns
1. die hebräische *zakar*-Vorstellung: aktive Repräsentation und auch
Antizipation (Beispiele bei Schmidt-Lauber S. 66ff). Er nimmt uns
in die Heilsgeschichte hinein.
2. wir sollen»tun«, Gott braucht uns alle, Gottesdienst als *actio
ecclesiae*, die Freude macht. Er nicht mehr ohne uns.

Schluß   Darum will ich zur Eucharistia gehen ...

Literatur:
Quellen: Erneuerte Agende. Vorentwurf, Hannover/Bielefeld 1990. – A.
Hänggi/I. Pahl, Prex eucharistica, Fribourg 1968. – I. Pahl, Coena Domini I,
Freiburg/Schweiz 1983. – H.L. Strack/P. Billerbeck, Kommentar zum NT aus
Talmud und Midrasch IV, München 1928.

Exegese: J. Betz, Eucharistie in Schrift und Patristik, Freiburg 1979. – J.
Jeremias, Die Abendmahlsworte Jesu, Göttingen [4]1967. – M. Josuttis/G.M.
Martin, Das heilige Essen, Stuttgart/Berlin 1980. – H.J. Klauck, Herrenmahl
und hellenistischer Kult, Münster 1982. – Th. Knolle, Luthers Reform der
Abendmahlsfeier in ihrer konstitutiven Bedeutung, in: V. Herntrich/Th. Knolle
(Hg.), Schrift und Bekenntnis, Hamburg 1950, S. 88-105. – R. Pesch, Wie
Jesus das Abendmahl hielt. Der Grund der Eucharistie, Freiburg [3]1979. –
Ders., Das Evangelium in Jerusalem. Mk 14,12-26 als ältestes Überlieferungs-
gut der Urgemeinde, in: P. Stuhlmacher (Hg.), Das Evangelium und die
Evangelien, Tübingen 1983, S. 113-155. – J. Reumann, The Supper of the
Lord, Philadelphia 1985. – Ferner Kommentare zu Mk (Gnilka, Pesch,
Schmithals) und 1.Kor (Conzelmann, Klauck).

Liturgiegeschichte und Theologie: P. Brunner, Zur Lehre vom Gottesdienst der
im Namen Jesu versammelten Gemeinde, in: Leiturgia I (1954), S. 83ff, bes.
S. 238ff. – O. Cullmann, Urchristentum und Gottesdienst, Zürich [4]1962. – G.
Dix, The Shape of the Liturgy, London [2]1945. – G. Kretschmar, Art.
Abendmahlsfeier. I. Alte Kirche, in: TRE 1, S. 231-278. – U. Kühn,
Sakramente, HSystTh 11, 1985. – H. Lietzmann, Messe und Herrenmahl, Bonn
1926. – H. B. Meyer, Eucharistie (GdK 4), 1989. – H.-C. Schmidt-Lauber, Die
Eucharistie als Entfaltung der Verba Testamenti, Kassel 1957.

Hans-Christoph Schmidt-Lauber

5. Vaterunser

1. Zur Begegnung

Das Vaterunser (*oratio dominica*, Herrengebet) begegnet uns als bekanntestes und wichtigstes Gebet in wohl allen Gottesdiensten. Man kann dabei drei Funktionen unterscheiden:
1. In der Eucharistiefeier dient es der Vorbereitung auf die Kommunion, und zwar sowohl wegen der vierten (Brot-) als auch wegen der fünften (Vergebungs-) Bitte. Bis ins 20. Jahrhundert hinein bleibt das Vaterunser in der Abendmahlsliturgie auch der lutherischen Kirchen ohne Doxologie (Haußleiter S. 445,47ff). Die unterschiedliche Stellung vor der Kommunion (herkömmlich, Luth. Agende I, Form B, Erneuerte Agende 1990) oder vor den Einsetzungsworten (Luth. Agende I, Form A) ändert nichts an der Funktion als Rüstgebet (Klaus S. 536ff) oder Kommuniongebet (Stalmann S. 151). Tischgebet (Mahrenholz S. 106 u.v.a.) ist eine irreführende Bezeichnung, die allenfalls für das aus der jüdischen *beraka*-Tradition entwickelte Eucharistiegebet zutreffen würde.
2. Im Predigtgottesdienst beschließt das Vaterunser regelmäßig den Gebetsteil vor dem Schlußsegen und fügt sich deshalb dem Allgemeinen Kirchengebet (und einer Gebetsstille, so Österreich 1949) als letzte Zusammenfassung an. Ähnlich ist es in Andacht und Gebetsstunde, während die Tagzeitengebete Mette, Mittagsgebet, Vesper und Complet das Vaterunser (nach einem dreifachen Kyrie) den Gebeten (Preces, Still- und Kollektengebet) voranstellen (Agende II), wie es auch in Luthers Morgen- und Abendsegen sowie in den Tischgebeten geschieht. Dem doppelten Gebrauch des Vaterunsers in den beiden aufgezeigten Funktionen stand in der Reformationszeit und steht auch heute nichts mehr im Wege (mit Mahrenholz S. 82, gegen Jannasch Sp. 1238).
3. Eine dritte Funktion gewinnt das Vaterunser als Segensgebet, insbesondere (unter Handauflegung) bei Taufe, Trauung und Ordination, ferner bei Einweihungen. Daß ihm eine benediktorische Qualifikation zugeschrieben wird, ist Spezifikum lutherischer Liturgik, die

hierbei von 1.Tim 4,5 ausgeht. Endlich begegnet uns das Vaterunser als Predigttext für Rogate (Reihe V, in der lukanischen Fassung als Evangelium für Bittage).

2. Historische Erklärung

Das Vaterunser ist in den ersten vier Jahrhunderten vor allem Gebet des einzelnen gewesen und erst bei Kyrill von Jerusalem in der öffentlichen Liturgie nachweisbar (Kat. 24,11) – und auch dort als Vorbereitungsgebet auf die Kommunion, also in der persönlichsten Phase des Gottesdienstes. Dies mag zunächst verwundern, da Jesus mit diesem Gebet seine Jünger zusammenschließt (Jeremias Sp. 1236), da Anrede und Wir-Bitten im Plural gehalten sind und da das vergleichbare jüdische *schemone esre* (Achtzehngebet) sowohl im Alltag gebetet wird als auch das »klassische Gebet der Synagoge« ist (Roloff S. 290).

Von den beiden neutestamentlichen Fassungen hat sich die spätere Mt 6,9-13 – gegenüber Lk 11,2-4 in der Anrede und um die 3. und 7. Bitte erweitert – durchgesetzt, in dem beiden Gemeinsamen ist Mt wohl ursprünglicher. Gegen Ende des 1. Jahrhunderts wird das Vaterunser dreimal täglich gebetet, wobei die Didache (8,2f) eine (zweigliedrige) Doxologie anfügt, wie sie jüdischer Brauch dem Belieben des Beters anheimstellt. Die heutige dreigliedrige Doxologie (zuerst ConstAp VII 24, 4. Jh.) drang dann aus solchem Brauch in späte Handschriften des NT ein (vgl. 1.Chr 29,11).
Obwohl Tertullian das Vaterunser als *legitima oratio* bezeichnet (de fuga in persec. 2), Cyprian sogar als *publica et communis oratio* (de orat. dom. 8,1) und obwohl eucharistische Bezüge sich früh und zahlreich bei den Kirchenvätern finden, bleibt der häusliche Gebrauch des Vaterunsers offenbar zunächst der ausschließliche. So weist die eucharistische Deutung der Brotbitte bei Tertullian (de or. 6) und Cyprian (de or. dom. 18) auf den täglichen Verzehr der nach Hause mitgenommenen Eucharistie, noch nicht auf die Liturgie (Jungmann S. 628). Von hier aus entwickeln sich sowohl das Beten des Vaterunsers (und des Glaubensbekenntnisses) nach dem Aufstehen und vor dem Schlafengehen (Augustin, de symb. ad catechum. 1,1; vgl. Luthers Morgen- und Abendsegen) als auch dessen Hineinnahme ins Tagzeitengebet (Synode von Gerona 517: zum Abschluß von Mette und Vesper).

Benedikt läßt den Abt an diesen Stellen das Vaterunser sprechen – wegen der Vergebungsbitte.
Dem häuslichen Gebet eng verbunden ist die Bedeutung des Vaterunsers im Katechumenat. Die *traditio orationis*, die im Rahmen der Taufunterweisung etwa in Nordafrika um 400 am Vorabend von Judika erfolgte (Augustin, serm. 215.56), bedeutete die Verpflichtung des Täuflings zum umfassenden Gebet, nicht erste Bekanntgabe (gegen die Deutung aus der Arkandisziplin, mit Powell S. 5ff). Das Vaterunser erinnert an die Taufverpflichtung und dient dann auch der Tauferneuerung. In diesem Sinne hat das neue Rituale Romanum die »Feier der Eingliederung Erwachsener in die Kirche« (1975) mit einer »Feier der Übergabe des Herrengebetes« vor der Taufe versehen, während das Vaterunser bei der Kindertaufe (1971) von der Taufgemeinde zum Abschluß vor dem Altar im Blick auf die Vollendung der Initiation in der Eucharistie gebetet wird. So deutet das Herrengebet hier auf den Lebensbezug und die Gemeinschaft derer, die Gott als ihren Vater anrufen, während es in den evangelischen Ordnungen Segensgebet vor der Taufe ist bzw. zur Familiensegnung nach der Taufe gehört.
Gegen Ende des 4. Jahrhunderts findet das Vaterunser Eingang in die eucharistische Liturgie. Wie sich schon früh die eucharistische Deutung der 4. Bitte nachweisen läßt (Dürig S. 77ff), so führt nun vor allem die 5. Bitte im Blick auf Mt 5,23f zur Aufnahme in die Gebete der Vorbereitung auf die Kommunion. Augustin bemerkt, daß »fast« allgemein so vorgegangen wird (ep. 149,16). Zuerst wurde das Herrengebet mit dem Friedenskuß/-gruß zusammen unmittelbar vor die Kommunion gestellt, so auch in Rom. Luther hat in seiner Formula missae et communionis 1523 diese – unter Gregor d.Gr. aufgegebene – Zuordnung erneuert, das Vaterunser als Sündenbekenntnis und die Pax als »*publica quaedam absolutio a peccatis communicantium*« gedeutet und beides als »*unica illa et dignissima ad mensam domini praeparatio*« empfohlen (WA 12, S. 213). Gregors Liturgiereform hatte das Vaterunser unmittelbar an das Eucharistiegebet angeschlossen, weil es sich zieme, die *oratio dominica* noch über den auf dem Altar liegenden Gaben zu sprechen (ep. 9,12). Die Pax (mit Friedensgebet) folgte dann erst nach der *fractio panis* und dem Agnus. Das Meßbuch Pauls VI. (1970) rückt Friedensgebet und Pax wieder an das Vaterunser. Wenn auch oft gesagt wird, daß sich der Charakter des Vaterunsers als Kommuniongebet mit Gregors Umstellung nicht verändert habe (Jungmann S. 628), so scheint seine Begründung doch

eher in die Richtung eines auf die Gaben bezogenen – wenn auch nicht konsekratorischen (so Brinktrine S. 230ff), so doch – benediktorischen Verständnisses zu weisen, wie auch die lutherische Liturgik das Vaterunser, wenn auch nicht in der Eucharistie, oft als Segensgebet verwendet. Dies liegt der westlichen Tradition nahe, in der Herrenworte konsekrieren. Auch das Vaterunser ist Herrenwort, nur erhebt sich die Frage, ob es uns als Segensformel gegeben ist.

In der Deutschen Messe 1526 gibt Luther dem Vaterunser in der Form einer Paraphrase eine Wort- und Sakramentsteil verbindende Aufgabe. Es übernimmt nach der Predigt Funktionen sowohl des Allgemeinen Kirchengebets als auch der Zurüstung auf das Abendmahl, dessen Liturgie nur mehr aus der Rezitation der verba testamenti und der Kommunion besteht (WA 19, S. 95f; vgl. die Predigthilfe zu den Einsetzungsworten, S. 201ff). Die Vaterunserparaphrase, auch als »Vermahnung« bezeichnet, ist Rüstakt (Klaus S. 541f). Bugenhagens Ordnungen kehren zum Vaterunser vor den Einsetzungsworten zurück (wie Luth. Agende I, Form A). Heute findet sich die Vaterunserparaphrase wie auch die Vermahnung wohl nicht mehr im liturgischen Gebrauch.

Die Übung, das Vaterunser als Abschluß des Allgemeinen Kirchengebets zu verwenden, kommt aus dem spätmittelalterlichen Prädikantengottesdienst, in dem die *exhortatio ad orandum* (Gebetsmeinungen) vor oder nach der Predigt von der Gemeinde mit einem Vaterunser bekräftigt wurde (Mahrenholz S. 81). In der Agende I der EKU (Erste Form) schließt das Vaterunser das Eucharistiegebet ab, in der Luth. Agende I (Form B) wird es durch eine Gebetsaufforderung von diesem abgehoben (Mahrenholz S. 113).

Das Vaterunser ist seit alters Gebet der Gemeinde, so in den östlichen Liturgien und seit der Liturgiereform auch wieder in Rom, wo es lange Vorstehergebet war, das die Gemeinde bzw. die sie vertretenden Ministranten mit der letzten Bitte und dem Amen zur Doxologie nach dem Embolismus akklamierten. In den evangelischen Liturgien singt oder spricht es der Liturg, die Gemeinde antwortet mit der Doxologie, zunehmend wird es aber auch hier wieder ganz Gemeindegebet.

3. Theologische Erwägung

Das Vaterunser ist »die klarste, trotz seiner Knappheit umfassendste Zusammenfassung der Verkündigung Jesu, die wir besitzen« (Jeremias 1962, S. 7), ein *breviarium totius evangelii* (Tertullian, de orat. 1). Wenn uns die Verkündigung Christi das Vaterunser aufschlüsseln kann, so folgt aus der Tatsache, daß der Herr es seinen Jüngern für ihre Gebetspraxis gegeben hat, auch und vielleicht noch mehr die Umkehr dieser Aussage: »Das Vaterunser ist (der) Schlüssel für die Verkündigung Jesu«, den letztlich »nicht der Ausleger, sondern der Beter« finden wird (Schürmann S. 14f). Aus der Gebetspraxis der Gemeinde erklärt sich auch die Überlieferung in zwei verschiedenen Fassungen (mitsamt den Textvarianten – vor allem zu Lk 6,2 »Es komme dein Heiliger Geist auf uns und reinige uns« – möglicherweise bei einer Taufe eingefügt). Ebenso macht die Verbindung mit der (jüdischen) Gebetspraxis die Alternative Formular oder Beispiel hinfällig: »Die freiere Ausgestaltung eines tradierten (Gebets-) Textes galt als legitim« (Gnilka S. 624f). Luthers Vaterunserparaphrase in der Deutschen Messe 1526 knüpft also an urchristlichen Brauch an.

Die theologische Bedeutung des Vaterunsers wird bereits in der Anrede deutlich. Indem er die Jünger Gott als ihren Vater anrufen lehrt, nimmt Jesus sie in sein Gottesverhältnis hinein. Mk 14,36 wird das aramäische Wort *abba* für die Anrede Gottes im Gebet Jesu überliefert, das Paulus als die geistgewirkte Gottesanrufung auch der Gemeinde bezeugt (Röm 8,15; Gal 4,6). *Abba* ist die zärtliche, kindlich-vertrauende Anrede des Vaters durch das (kleine) Kind. Welch ein Unterschied zu der feierlich-plerophoren Gottesanrede des fernen Weltenherrschers im jüdischen Gebet, der gegenüber das *abba* Jesu und seiner Gemeinde »ungewöhnlich, ja revolutionär« klingen muß (Roloff S. 290)! Luthers Katechismusauslegung »daß wir getrost und mit aller Zuversicht ihn bitten sollen wie die lieben Kinder ihren lieben Vater« trifft die unerhörte Ermächtigung genau, die Jesus uns aus seinem Gottesverhältnis erteilt.

Die sieben Bitten können und brauchen nicht in einer Predigt ausführlich ausgelegt zu werden, zumal es in dieser Predigt um die Funktion des Vaterunsers im Gottesdienst geht. Deshalb empfiehlt sich ihre Zusammenfassung in die zwei »Tafeln« der Du- und Wir-Bitten (Strecker S. 113). Zunächst wird im Vergleich mit dem *schemone esre* der Synagoge die Umkehrung des Duktus deutlich: Während in

letzterem nach ausführlichen Prädikationen Gottes zuerst um Umkehr
und Hilfe in den gegenwärtigen Nöten gebetet wird (4-13) und dann
um Wiederaufrichtung des Heiligtums und endzeitliche Sammlung des
Gottesvolkes (14-17), nimmt das Vaterunser mit den drei Du-Bitten
seinen Ausgang von der Gottesherrschaft, um mit den vier Wir-Bitten
auf unser irdisches Leben einzugehen. Die Gottesherrschaft ist nicht
mehr rein zukünftig, sondern eschatologische Wirklichkeit, das heißt
jenseitig-gegenwärtig.

Die ersten beiden Du-Bitten entsprechen dem *Quaddisch*, der »Doxologie der Synagoge par excellence«, mit der die Teile und der
Gottesdienst insgesamt beendet werden: »Erhoben und geheiligt werde
sein großer Name in der Welt, die er nach seinem Willen erschaffen,
und sein Reich erstehe in eurem Leben und in euren Tagen und dem
Leben des ganzen Hauses Israel schnell und in naher Zeit, sprechet:
Amen« (Anfang). Und: »Sein großer Name sei gepriesen in Ewigkeit
und Ewigkeit der Ewigkeiten!« (Responsorium, Petuchowski S. 107).
Die dritte Bitte, die Mt hinzufügt, führt die ersten beiden weiter.

Die vier Wir-Bitten betreffen unsere menschlichen Angelegenheiten
und lassen die Jünger bitten, »all das von ihnen fernzuhalten, was ihre
Unterstellung unter (Gottes) Herrschaft jeden Tag von neuem gefährdet« (Roloff S. 291). Dabei ist die siebte Bitte, die Mt wieder
hinzufügt, eine Auslegung der sechsten.

Die in der Liturgiegeschichte bedeutsame vierte Bitte enthält mit
epiousion eine crux interpretum. Bis heute stehen einander mit jeweils
guten Argumenten die Deutung auf das für heute notwendige Brot (vgl.
Mt 6,34: Schürmann, Gnilka, Roloff) bzw. das Brot für den kommenden Tag (Josef Schmid, ähnlich Strecker) und die Deutung auf das
Brot der Heilszeit (Jeremias: alle anderen Bitten sind eschatologisch
ausgerichtet, darum auch diese; Lohmeyer verbindet beide Deutungen)
gegenüber (vgl. Dürig S. 72ff). Der liturgische Gebrauch wird – mit
den Kirchenvätern – die zweite Deutung wohl zulassen.

Die ebenfalls liturgiegeschichtlich relevante fünfte Bitte wird von den
Exegeten übereinstimmend auf das endzeitliche Gericht bezogen
(Jeremias: Vorwegnahme des Freispruchs im Endgericht). Dabei wird
unser Vergeben bei Mt mit der erbetenen Vergebung Gottes verglichen
(wie auch wir), während es bei Lk die Bitte begründet (denn auch wir).
Andererseits steht das Verb des Nachsatzes bei Mt im Aorist (vergeben
haben), bei Lk im Präsens (immer wieder vergeben): Unser Vergeben
wird geradezu zur Vorbedingung für die Vergebung Gottes (vgl. Mt

18,35; auch 5,23f). Auf den Unterschied zur Rechtfertigungstheologie des Paulus, nach der das christliche Handeln Folge, nicht Voraussetzung der Erlösung ist, muß hier aufmerksam gemacht werden (Strecker S. 126).

4. Homiletische Besinnung

Das Vaterunser ist nicht nur das bekannteste, sondern auch das am tiefsten im Leben der Christen verwurzelte Gebet. Das zeigt sich in Grenzsituationen, in denen auch lange dem Gebet und dem Glauben entfremdete Menschen dieses Gebet wieder hervorholen. Es sei hier an das Ergebnis der Spiegel-Umfrage 1967 erinnert, nach der 68% der Befragten erklärten, daß sie an Gott glauben, aber noch mehr, 86%, daß sie beten (vgl. oben S. 102). Das »Gebet, das die Welt umspannt« (Thielicke) und in dem alle Anliegen schon enthalten sind, bevor wir sie formulieren (vgl. Simone Weil bei Seitz 1970, S. 252), ist somit das Gebet, an dem wir beten lernen und wieder beten lernen. Eine Predigt über das Vaterunser im Gemeindegottesdienst hat deshalb die Aufgabe, zum bewußten und tieferen gottesdienstlichen Mitvollzug des Herrengebets zu verhelfen, und verbindet dabei zugleich mit dem Gottesdienst des Lebens, dem Alltag.

Dabei wird der Prediger die Schwierigkeiten nicht übergehen können, die sich seit einiger Zeit mit der Vater-Anrede verbinden. Seit Alexander Mitscherlichs These »Auf dem Weg zur vaterlosen Gesellschaft« (1963) kann kaum mehr von einer uneingeschränkt positiven Vermittelbarkeit des Vaterbildes ausgegangen werden. Auch wo keine mißlungene Vater-Kind-Beziehung vorliegt, muß der Projektion einer tyrannischen Vatergestalt (das Über-Ich) auf das Gottesbild die biblische Offenbarung des uns suchenden und annehmenden Gottes entgegengestellt werden, »der der rechte Vater ist über alles, was da Kinder heißt im Himmel und auf Erden« (Eph 3,15).

Das zweite homiletische Problem wird darin liegen, wie der verbreiteten Alternative »Beten oder Tun« begegnet werden kann, ohne daß diese zum Thema der Predigt wird. Dabei wird die Behauptung, der Beter dispensiere sich vom Einsatz für Veränderung und Erneuerung, bald als vordergründige Polemik widerlegt sein, man braucht nur auf das Vorbild dessen zu verweisen, der seine Jünger mit diesem Gebet zusammenschloß. »Gerade die Aufgaben und die Aktionen (veranlassen uns) zum Reden mit Gott« (Seitz 1970, S. 253f). Ernster ist der Verlust des Gegenübers, der das Gebet zum Monolog und zur Reflexion vorhandener Wirklichkeit macht. Hier sind Bitten nicht mehr möglich, hier wird Gott zu einer Hilfskonstruktion für das »Gebetsgeschehen selbst, durch das ich in Bewegung komme ..., dann müßte ich das, was sich hier ereignet, zuletzt selbst tragen, leisten und aufbringen« (Voigt S. 237). In seiner ganzen Tiefe bricht das Problem Beten und Tun aber erst in der Frage nach der Gebetserhörung auf. »Das Gebet (ist) Berichtigung unseres stets sich entfremdenden Verhältnisses zu Gott durch Anrufung seines Namens ... und darin zutiefst realitätsgerecht«. Es geht also weniger um Gottes Erhören als um unsere »Einung mit Gottes Willen« (Seitz 1985, S. 212f).

Nun liegt gerade in der Bekanntheit des Vaterunsers die Gefahr, daß sein Inhalt vernachlässigt oder gar vergessen wird. Ob Vaterunserreihen, wie sie z. B. in der Franziskanerregel als Offiziumsersatz vorgesehen sind und zum Rosenkranzbeten führten, dieser Gefahr begegnen – oder sie gerade heraufbeschwören, sollte nur von in dieser Praxis Erfahrenen beurteilt werden. Es gibt jedenfalls Pfarrer, denen mehrere Predigten an einem Sonntag nicht schwerfallen, wohl aber das mehrfache Beten des Vaterunsers. Die Predigt über das Vaterunser in der gottesdienstlichen Praxis hat die besondere Chance, Vertrautes neu bekanntzumachen und den Weg von der Formel zur Entfaltung und von der Lebenserfahrung zurück zur Konzentration zu ebnen. Das Vaterunser ist der liturgische Ort, an dem sich unser Beten weitet in die ganze Fülle des Evangeliums hinein. Diese Erkenntnis wird vor dem Mißbrauch des Vaterunsers als einer isolierten Formel bewahren können, vor der auch die lutherische liturgische Tradition nicht sicher war und ist.

Es ist die Frage, ob wir die Funktion des Vaterunsers in der eucharistischen Liturgie so stark auf eine Bitte fokussieren sollten, wie es die Väter mit der auf den Empfang der Eucharistie gedeuteten vierten Bitte taten oder Luther mit der fünften (Vergebungs-) Bitte und nachfolgender Pax. Es hat nicht nur eine Bitte eine spezifische Beziehung zum Abendmahl, auch nicht nur zwei. Alle Bitten zielen auf die Begegnung mit dem sich in der Eucharistie schenkenden Christus. Das Vaterunser ist wie der Einsetzungsbericht Summe des Evangeliums, nur daß es im Unterschied zu letzterem nicht als Konsekrationsformel gebraucht wird und geeignet ist. Bei der Interpretation des Vaterunsers als Rüstgebet muß immer bedacht werden, daß es sich nicht um eine Vorwegnahme der Abendmahlsgabe (zur Vergebung der Sünden) handeln kann, die sich der Christ durch sein Sündenbekenntnis vor der Kommunion selbst verschafft (vgl. Brunner S. 336ff). Die Funktion des Vaterunsers in der eucharistischen Liturgie ist nur eine von mehreren Möglichkeiten der Verwendung im Gottesdienst, überlieferten wie denkbaren. Die homiletische Aufgabe sollte deshalb mit der Intention angegangen werden, die gottesdienstliche Praxis des von Jesus eröffneten neuen Betens möglichst umfassend aufzuzeigen, wo die Auslegung der einzelnen Bitten zugunsten der Gesamtaussage zurücktreten kann.

5. Zur Verkündigung

Dem Prediger bietet die reiche und vielseitige Geschichte des Umgangs mit dem Herrengebet viel Material für eine Predigt über das Vaterunser im Gottesdienst und seiner Liturgie. Er sollte sich nicht scheuen, seine Gemeinde mit dieser Geschichte vertraut zu machen, sofern die Predigt nicht im Historischen verbleibt, sondern aktuelle Zuspitzung, Hilfe zum Mitbeten und Ermutigung zum Weiterbeten im Alltag anstrebt. Denkbar wären verschiedene Akzentsetzungen, etwa:
1. Das Vaterunser als Anleitung zum Beten miteinander. Es bietet sich Luthers Vaterunserparaphrase als Beispiel der Entfaltung an, die in der Deutschen Messe 1526 an der Nahtstelle zwischen Verkündigung und Mahlfeier steht und sowohl das (zu Luthers Zeit noch nicht wiederhergestellte) Allgemeine Kirchengebet bzw. Gläubigengebet der alten Kirche ersetzt als auch zum Geschehen des Abendmahls hinführt. Die Du-Bitten nehmen die Proklamation der Heilsgegenwart des Herrn und das Gotteslob auf, die Wir-Bitten zeigen den Weg vom Kämmerlein zur ecclesia viatorum und zur ökumenischen Dimension des weltumspannenden Gebets.
2. Man könnte der Frage nachgehen, warum die vierte Bitte in ihrer Deutung auf das Lebensbrot – geschichtlich gesehen – der Anlaß war, das Vaterunser über den häuslichen Gebrauch hinaus in den Gemeindegottesdienst aufzunehmen. Dann müßten allerdings Brücken geschlagen werden sowohl von der Eucharistie zum Wort als Brot des Lebens als auch von der Wort und Sakrament umfassenden geistlichen Deutung zur alles Lebensnotwendige einschließenden natürlichen – bis zu den »guten Freunden und getreuen Nachbarn« des Kleinen Katechismus. Von hier aus führt der Weg zu den anderen Bitten, d.h. »zur Führung

und Bewahrung unseres Lebens im Glauben (5. bis 7. Bitte)« und zum
»Kommen des Reiches Gottes ins Heute (1. bis 3. Bitte)« (Seitz 1970,
S. 254).
3. Es könnte auch die von Augustin bis Luther herausgestellte 5. Bitte
den Einstieg bilden, vor allem in ihrem eschatologischen Bezug. Wie
wir immer wieder um Vergebung bitten, so erfahren und feiern wir im
ganzen Gottesdienst die uns geschenkte Versöhnung vom Rüstgebet
über die Begegnung mit dem Evangelium bis zum Empfang dessen,
der sich uns unter Brot und Wein »zur Vergebung der Sünden«
schenkt. Vergebung »ist Leben und Seligkeit«! Der Nachsatz dieser
Bitte verbindet dann den Gottesdienst mit unserem Leben.
4. Der Beschluß des Allgemeinen Fürbittengebets mit dem Vaterunser
und
5. die (lutherische) Verwendung als Segensgebet in den Kasualien und
anderen Handlungen wären weitere Ansätze, mit denen die umfassende
Weite des Vaterunsers der Gemeinde nahegebracht werden könnte. In
beiden Fällen sollte der Gesamtduktus des Herrengebets zur Sprache
kommen, zugleich aber jeder Neigung gewehrt werden, es als sakrale
Formel zu isolieren. Segen ist konkretisierte Fürbitte, kein magisches
Formular. Wenn die Einbindung unseres Betens in die Heilsgeschichte
Gottes und die Ermächtigung durch Christus beherrschende Aussagen
sind, bleibt der Mißbrauch fern und der rechte Brauch, auf den alles
ankommt, frei. In diesem Sinne sind wohl die Überlegungen zu
verstehen, nach denen man »für allen anderen das Gebet ein Sakrament
nennen« könnte (ApCA XIII, 16). Bei dem letzten Vorschlag muß aber
darauf geachtet werden, daß es um das Vaterunser in dem konkret
erlebten Gottesdienst geht.
6. Endlich könnte auch der Versuch unternommen werden, von dem
Gesamtgeschehen des Gottesdienstes auszugehen, das Luther in seiner
Torgauer Formel als Wortgeschehen in Rede und Antwort beschrieben
hat:»das unser lieber Herr selbs mit uns rede durch sein heiliges Wort,
und wir widerumb mit jm reden durch Gebet und Lobgesang« (1544,
WA 49, S. 588). Das Vaterunser ist sein Wort und zugleich wird es
unsere Antwort. Hier fließen die historischen und die theologischen
Linien zusammen.

Liedvorschlag: Vater unser im Himmelreich, EKG 241/EG 184.

Literatur:

Exegese: J. Jeremias, Das Vaterunser im Lichte der neueren Forschung, Stuttgart ²1962. – E. Lohmeyer, Das Vaterunser, Göttingen ⁵1962. – J. Roloff, NCPH V/A (1982), S. 288ff. – H. Schürmann, Das Gebet des Herrn als Schlüssel zum Verstehen Jesu, Freiburg ⁴1981. – G. Strecker, Die Bergpredigt, Göttingen ²1985. – Predigthilfen zu Rogate V, bes.: M. Seitz, CPH 9 (1970), S. 251ff. – W. Schenk, GPM 37 (1988/89), S. 209ff. Liturgie und Theologie: J. Brinktrine, Die heilige Messe, Paderborn, ³1950. – P. Brunner, Zur Lehre vom Gottesdienst, in: Leiturgia I, S. 336ff. – W. Dürig, Die Deutung der Brotbitte des Vaterunsers, LJ 18 (1968), S. 72ff. – J. Gnilka, Art. Vaterunser, LThK X (1965), S.624ff. – J. Haußleiter, Art. Vaterunser, in: RE³ 20, S. 431-445. – W. Jannasch, Art. Vaterunser, in: RGG³ 6, Sp. 1237f. – J. Jeremias, Art. Vaterunser, in: RGG³ 6, Sp. 1235-1237. – J.A. Jungmann, Art. Vaterunser LThK X (1965), S. 627ff. – B. Klaus, Die Rüstgebete, in: Leiturgia II, S. 536ff. – Ch. Mahrenholz, Kompendium der Liturgik, Kassel 1963, bes. S. 112ff. – J.J. Petuchowski, Die traditionelle jüdische Liturgie - Bemerkungen zu Aufbau und Struktur des synagogalen Gottesdienstes, in: H.H. Henrix (Hg.), Jüdische Liturgie, Freiburg u.a. 1979, S. 103-110. – D. Powell, Art. Arkandisziplin, in: TRE 4, S. 1-8. – M. Seitz, Praxis des Glaubens, Göttingen ³1985. – J. Stalmann, Tagesordnungspunkt Gottesdienst, Hannover ⁴1989. – G. Voigt, Die bessere Gerechtigkeit, Göttingen ²1988.

Hans-Christoph Schmidt-Lauber

6. Agnus Dei und Austeilung

1. Zur Begegnung

Im Laufe unseres Jahrhunderts ist das Verlangen nach dem Mahl des Herrn in der Gemeindefrömmigkeit deutlich gewachsen. Auch in der Jugend, gerade bei ihr. Man könnte zweifeln, ob das für die hier vorzubereitende Predigt vorgesehene thematische Junctim zwischen der Anrufung des Lammes Gottes und der Austeilung des Mahls diesem neuerwachten Interesse günstig ist. Man neigt gerade unter jungen Leuten – begreiflicherweise – eher dazu, das Mahl wie die Urgemeinde »im Jubel« zu feiern (Apg 2,46), und eben das wird bei unseren herkömmlichen Abendmahlsgottesdiensten vermißt. Zudem scheint es so, als werde in ihnen eine individualistische Frömmigkeit kultiviert; man ist (oder gibt sich) in Andacht versunken und bemerkt kaum, wer neben einem steht oder kniet. So ist es zu neuen Gestaltungsversuchen gekommen, wie sie z.B. in U. Dittmers Buch »Im Blickpunkt: Abendmahl« beschrieben sind. Man ist auf mancherlei Lösungen gekommen: Tischabendmahl, womöglich verbunden mit einer gewöhnlichen Abendmahlzeit (die ursprüngliche, freilich dann nicht durchgehaltene Praxis in Korinth, 1.Kor 11,20ff), zuweilen sogar mit Tanz, oft jedoch so, daß die Gaben des Mahles in einer großen Menschenkette von einem zum andern weitergereicht oder in den Kirchenbänken durchgegeben wurden. Man denkt von der himmlischen Hochzeit her. Bewußt wird die Grenze zwischen dem Heiligen und dem Profanen beseitigt (Entsakralisierung). Während einst, wer den Herrn nicht liebhat, »ausgeschlossen« war (1.Kor 16,22), die Teilnahme am Mahl also den Getauften vorbehalten blieb (Mt 7,6; Did 9,5), während also einst der Gemeindeleiter vor der Austeilung des Sakramentes rief: »Das Heilige (nur) den Heiligen!« (Apostol. Konst. 13,12), soll bei den neueren Versuchen die Tür weit geöffnet sein, ja, die Grenze zwischen Drinnen und Draußen (vgl. Mk 4,11; Kol 4,5; 1.Thess 4,12) soll es nicht mehr geben. Wie es scheint, nicht nur ein neuer Stil, sondern auch eine andere Theologie. Man wird zweifeln, ob das unter unserem Thema Auszuführende sich hier einordnen läßt.

Entweder – Oder? Vom Neuen Testament her wünschte man sich für unsere Sakramentsfeiern in der Tat weniger Steifheit, mehr Zeichen der Hoffnung, mehr Freude an der Gegenwart Christi (Joh 16,22bc), aber auch mehr Freude an der Verbundenheit, die wir in ihm haben. Freilich darf das andere darin nicht untergehen: Der im Sakrament gegenwärtige Herr ist, auch als der Erhöhte, das geopferte Lamm, und sein Bundesblut ist »vergossen für viele zur Vergebung der Sünden« (Mt 26,28). Sooft wir von diesem Brote essen und aus diesem Kelch trinken, verkündigen wir den Tod des Herrn (1.Kor 11,26) – der Text enthält beides: Wir sollen es und wir tun es. Und dies »bis er kommt« (ebd.): als die Gemeinde unterwegs.

Man hat bei Sakramentsgottesdiensten nicht selten den Eindruck, hier gebe es einen gewissen frommen Leerlauf: zuviel feierliche Gesten, zuviel forcierte Konzentration. Vielleicht gilt es hier, Unverstandenes zu erschließen und Wesentliches neu zu entdecken. Die zu haltende Predigt sollte dabei weiterhelfen.

2. Historische Erklärung

»Des Herrn Tod verkündigen« (s.o.): Das geschah schon in der alten Kirche (u.a.) durch den Gesang des Agnus Dei. Unsere Agende sagt. »Die Kommunikanten treten zum Altar ..., die übrige Gemeinde singt das *Agnus Dei*.« In vielen Gemeinden beginnt die Austeilung erst nach der dritten Strophe des Agnus Dei. Das dürfte äußere Gründe haben. Wenn wenige Kommunikanten vorhanden sind und der Gesang nicht (wie in alten Zeiten) vom Chor ausgeführt wird, werden die Versammelten ihr Agnus Dei erst zu Ende singen müssen, ehe sie zum Empfang nach vorn kommen. Besser wäre freilich die Gleichzeitigkeit von »Christe du Lamm Gottes« und der Austeilung. Wenn Rathgeber (s.u.) recht hat, wurde der Gesang einst so lange vom Chor wiederholt, bis das Brotbrechen zu Ende war (S. 332). Wir werden das nicht nachmachen. Es sei aber ein Satz aus der alten RE[3] (s.u.) zitiert: »Die Gläubigen sollen in dem Augenblick, wo sie das Lamm Gottes leiblich genießen, auch daran denken, daß er (sic) für uns gekreuzigt, gestorben und begraben ist.« (Herold Sp. 245) Dies wäre sachgerechter, als daß man der Kommunikantengruppe noch einen erbaulichen Bibelspruch mitgibt.

Über den Sinn des Abendmahls zu sprechen, war Aufgabe besonders der Predigt zu IV,4. Hier soll es nur um den Ritus der Austeilung gehen. Freilich bestehen hier Zusammenhänge. Liturgische Ordnung ist nicht Gesetz, aber die Gestalt sollte dem Gehalt angemessen sein. Wer geneigt ist, das Herrenmahl von der Tischgemeinschaft des irdischen Jesus mit seinen Freunden und mit den als Sünder Verachteten abzuleiten, wird darin vor allem ein Modell sozialen Verhaltens sehen und das Tischabendmahl bevorzugen. »Wenn wir unseren Besitz mit anderen teilen und gemeinsam das Brot des Abendmahles brechen, bringen wir Gott unser Leben als Gabe dar« (4. Vollversammlung des Ökumenischen Rates 1968 in Uppsala, Sektion VI, Ziff. 2). – Anders wird denken und handeln, wer der neutestamentlichen Überlieferung traut, daß das Herrenmahl in der Nacht des Verrats eingesetzt ist (Mt 26,17ff; Mk 14,12ff; Lk 22,7ff; 1.Kor 11,23ff). Sagen wir es zugespitzt: Dann ist das Mahl nicht Modell sozialen Handelns, sondern sakramentale Gabe des Herrn. Jesus »nahm« und »gab« sich im Mahl. Noch einmal zugespitzt: Nicht wir tauschen untereinander aus, was wir *haben*, sondern wir empfangen aus Jesu Hand, was wir (zunächst jedenfalls) *nicht* haben. Das Geben Jesu ist auch an einer für das sakramentale Geschehen besonders transparenten Stelle in geradezu surrealistischer Weise betont (Joh 6,11): »Jesus aber nahm die Brote, dankte und gab sie denen, die sich gelagert hatten« – und das waren etwa 5000 Männer (nur die zählte man damals). Er allein bedient die vielen! Dies sollte sich auch in unserer Abendmahlspraxis ausdrücken. Gefaßt auf ungnädige Reaktionen sagen wir es deutlich: Die dafür ordinierten Amtsträger in der Gemeinde handeln als Christi Mund und Hand (wer seine Bibel kennt, dem fallen dafür eine Menge *dicta probantia* ein); von ihnen sagt Melanchthon: »*repraesentant Christi personam propter vocationem ecclesiae*« Apol. VII,28). Im Vorgang des Gebens und Nehmens bildet sich ab, was in der Gründonnerstagnacht geschehen ist.

Soll also durch Beibehaltung des historisch überkommenen Sakramentsbrauchs der in den neueren Versuchen intendierte brüderliche Zusammenhalt der Christen untereinander an den Rand gedrängt werden? Keineswegs! Es soll nur der Kurzschluß vermieden werden, als komme es zu diesem Zusammenhalt – aufgrund der Weisung Jesu – durch die horizontalen Kontakte, die wir untereinander aufnehmen, pflegen und in der Mahlfeier darstellen. Kommt es zu einem neuen – in der Horizontalverbindung sich auswirkenden – Ethos, dann kraft der in der sakramentalen Vertikalverbindung realisierten Gemeinschaft »in

Christus«. Das »Lamm« hat die Sünde der Welt »hinweggenommen«.
Das ist die Voraussetzung unseres neuen Miteinanders. Oder noch
anders – wir fragen wieder nach den historischen Ursprüngen: Indem
der erhöhte Christus seinen verklärten Leib uns als sakramentalen Leib
darreicht, macht er uns zum ekklesialen Leib. Was hier in kom-
primierter Lehrbuchformel zusammengefaßt ist, setzt bei 1.Kor 10,16f
an. »Teilhabe« (so genauer statt »Gemeinschaft«) am Leib Christi
macht die vielen zu einem Leib. Was uns in der Gemeinde Jesu
verbindet, kann und soll durchaus die Bruderliebe sein, die wir in
seiner Schule gelernt haben und die sich im gemeinsamen Leben, im
persönlichen Miteinander, in mitmenschlicher Herzlichkeit bewährt;
ihren eigentlichen Grund hat sie aber darin, daß ich – allem, was
unsere Gemeinschaft stört, zum Trotz – in dir und in mir den
sakramental anwesenden Christus weiß. Er in dir und in mir – das
bindet uns fester zusammen als all die persönlichen Querverbindungen,
die wir als alte Freunde untereinander haben. Sympathie oder Antipa-
thie, erfreuliche Erfahrungen untereinander oder auch Enttäuschungen,
inneres oder auch äußeres Nahe- oder Fernesein: Wir sind untereinander – und das heißt auch: mit den Christen in aller Welt – verbunden
in dem einen Leib. Unsere Abendmahlspraxis kann dies signalisieren
oder auch verdecken.

3. Theologische Erwägung

Auch unser Fragen nach den Ursprüngen und nach ihrer Einwirkung
auf die gegenwärtige Praxis war schon theologisches Nachdenken. Es
sind aber jetzt einige Linien noch auszuziehen oder zu verstärken.
Anregend hierfür sind die Lima-Texte zu Taufe, Eucharistie und Amt.
Das Herrenmahl ist zunächst ein »katabatisches« Geschehen: Der
erhöhte Herr gibt sich seiner Gemeinde vom »Himmel« her als Speise
und Trank. Er »steigt herab«; seine Selbstmitteilung im Sakrament ist
das immer wieder geschehende Wunder seiner erneuten Kondeszen-
denz. »Ich will euch wiedersehen, und euer Herz soll sich freuen«,
lasen wir vorhin. Bei verschlossenen Türen »kam Jesus und trat mitten
unter sie und spricht zu ihnen: Friede sei mit euch!« (Joh 20,19). Der
Friedensgruß in unserer Abendmahlsliturgie ist *sein* Gruß. Abendmahl
ist Osterereignung. Christus teilt sich selber aus – in seine Kirche
hinein. Weil er leibhaft da ist, ist auch sie sein Leib. Sie ist nicht nur

eine Gesinnungs- oder Interessengemeinschaft, auch nicht nur eine Pflegestätte der Menschlichkeit und Brüderlichkeit, eine Lern- und Dienstgemeinschaft. Sie ist das in der Tat alles *auch*, sie ist es sogar notwendigerweise, im Sinne der Konsequenz. Wie wir miteinander leben, was wir denken, reden und tun, wie wir uns als Zeugen Jesu in der Welt bewähren und in diakonischer Hingabe füreinander einstehen, das wird sich aus dem ergeben müssen, was uns zuvor zuteil geworden ist. Aber zunächst hat sich die Kirche von dem her zu verstehen, was der dreieinige Gott an ihr getan hat und immer wieder tut (CA VII). Christus »mitten unter ihnen«. Noch mehr: Christus in einem jeden von uns leibhaft »wohnend«. Man denke an Joh 6,56 oder 15,4 – die Konkordanz hilft weiter. Daß Jesus selbst in uns »eingeht«, in uns Wohnung nimmt, sich uns bis ins Leibliche hinein mitteilt: das ist für unser Christ- und Kirchesein grundlegend.

Wir sollten uns den Sachverhalt an der Lehre von der *manducatio impiorum* klarmachen. Paulus hat es am Verhalten derer verdeutlicht, die das Sakrament »unwürdig« empfangen, so also, daß ihr Umgang mit den Gaben des Herrn, d.h. mit ihm selbst, aber auch mit den Mitkommunikanten eine Brüskierung und Verachtung des Sakraments ausdrückt. So macht man sich schuldig am Leib und Blut des Herrn. Man darf nicht sagen, wer vom Sakrament nichts halte und es nicht »unterscheide« (revidierter Text: »achte«), für den sei es eben kein Sakrament, und er empfange sozusagen ein Nichts. Doch, auch der Unwürdige (in dem beschriebenen Sinn) empfängt Leib und Blut Christi – und wird daran schuldig. – Man kann diesen Gedanken in einer beglückenden, befreienden Weise umkehren. Wenn Wirkung und Segen des Sakraments davon abhängig wären, daß wir es in einer angemessenen Weise empfangen – also in aufnahmebereitem und festem Glauben, in Lauterkeit, ohne Zweifel, ohne Verwirrtsein durch Sorgen oder Zerstreuungen und nichtige Wünsche (usw.) –, dann könnte keiner ein würdiger Abendmahlsgast sein. Eigentlich sind wir alle unwürdig. Aber es gibt eben zweierlei Unwürdigkeit. Der Sakramentsverächter und der, der seine Mitchristen beleidigt, ißt und trinkt sich's zum Gericht. Der aber sich nicht für wert hält, daß der Herr »unter sein Dach gehet« (Mt 8,8), der »geistlich Arme« (Mt 5,3), der gern glauben möchte und es doch nicht kann, der ist willkommen. Hier wird deutlich, was es bedeutet, daß Jesus außer dem (verklingenden) Wort noch die (bleibende) Speise zum Wirkmittel seiner Gegenwart gemacht hat. Ich möchte so gern, daß all mein Denken und

Sinnen auf Christus gerichtet ist, wenn ich ihn empfange, und ich muß immer wieder erleben, daß es gerade daran fehlt. Aber der sakramental gegenwärtige Christus geht ja mit, ich habe geschmeckt und empfunden, daß er in mich eingeht. Er ist geduldig und wartet (auch in mir) darauf, daß mein Glaube sich ihm öffnet. Gerade darum ist ein spiritualistisches und aktualistisches Mißverständnis des Herrenmahls so bedenklich, weil es mir den in mir geduldig ausharrenden Herrn ausreden und seine Präsenz verflüchtigen will. »Bleiben«, sagt der johanneische Christus immer wieder. Mit leichter sprachlicher Verschiebung: Er steht vor der Tür und klopft an, bis ich ihm aufmache (Offb 3,20). Wer sich gegen die Selbstidentifizierung des Herrn mit den Elementen Brot und Wein sträubt, hat dies noch nicht entdeckt. Es ist die sakramentstheologische Variante des Extra nos beim Geschehen der Rechtfertigung.

Jesus tritt mitten unter seine Jünger. »Friede sei mit euch!« Der übliche Gruß? Man muß sich klarmachen, was zuvor geschehen ist. Der eingeborene Sohn Gottes kommt in die abtrünnige Welt, um sie zurückzuholen, und die Welt – bringt ihn um. Zwar sind die Herzen der Jünger erschrocken, aber schuldig geworden sind sie auch. Wie, wenn der so schrecklich zu Tode Gebrachte nun plötzlich wieder da ist? Ausgeschlagene Gnade, das bedeutet: Die Chance ist vertan, es bleibt nur das Gericht. Aber der richten könnte und wohl müßte, sagt: »Friede sei mit euch.« (So jeden Sonntag in der Liturgie zu Beginn des Sakramentsteils.) Oder anders gesagt: Der Auferstandene ist und bleibt das Lamm Gottes. Das Werk der Wiedergewinnung der abtrünnigen, gottvergessenen, eigensüchtigen, grausamen, zynisch-lästerlichen, eitlen Welt ist mit Jesu Tod nicht abgebrochen, sondern erst recht vollendet. Der Täufer hat auf Jesus hingewiesen: »Siehe, das ist Gottes Lamm, das der Welt Sünde trägt« (Joh 1,29.36). Die morgenländische Kirche zitiert es in der Originalform, die abendländische – seit Gregor dem Großen – hat es in die Form der Anrufung gebracht. Christus ist in der Mitte der Seinen als das Lamm. Sein Blut ist, wie die Stiftungsberichte sagen, »ausgegossen« für »die vielen«, »für euch« (Synoptiker).

Agnus Dei: Das ist vornehmlich johanneische Redeweise. Das letzte Buch der Bibel stellt Christus in seiner Erhöhung als das Lamm dar. Paßt dazu der »Zorn« (Offb 6,16f)? Krieg und Sieg (17,14)? Die sieben Hörner (5,6)? Soll man nicht besser übersetzen: Der Widder? Aber man erkennt am Leibe dieses Lammes die Schächtwunde (5,6.9.12; 13,8). Nur das Lamm kann das Buch öffnen, in dem das

Geschehen zwischen Himmel und Erde bis zu Jesu Parusie verzeichnet ist. »Du bist würdig, das Buch zu nehmen und seine Siegel aufzutun; denn du bist geschlachtet und hast mit deinem Blut Menschen für Gott erkauft« (5,9). In der dramatischen Geschichte der Welt zwischen Jesu Auferstehung und dem Anbruch der neuen Welt hat »das Lamm« die Schlüsselstellung – und zwar so, daß der, der das letzte Wort spricht, nicht gegen uns ist, sondern für uns. Qui tollis peccata mundi: »Keine tiefsinnigen Worte könnten ausloten, was das heißt, die Sünde der Welt auf sich zu nehmen. Wir tragen schwer genug an unserer eigenen Sünde und leiden doppelt, wenn Verkehrtheit, Unrecht oder Laster uns nahestehender Menschen, für die wir irgendeine Verantwortung tragen, sich uns als eine kaum tragbare Last auf das Herz legen. Aber wer vermag zu sagen oder auch nur zu ahnen, was das heißt, die Sünde der ganzen Welt, der ganzen Gott entfremdeten und in unlösbare Schuld verstrickten Welt auf sich zu nehmen und zu tragen?« (Stählin S. 169). Tat Gregor der Große recht, als er die soteriologische Aussage des Täufers in eine Anrufung umwandelte? Das »katabatische« Geschehen verkehrt sich hier in ein »anabatisches«. Oder besser: Seine andere Seite kommt in den Blick. Die Münze hat eine Vorder- und eine Rückseite. Der Herr schenkt sich in seinem Mahle den Seinen. Aber wenn wir ihn als Agnus Dei in unserer Mitte haben, dann ist er das dem Vater dargebrachte Opferlamm, in dessen Tod die Sünde der Welt »hinweggetragen« ist. Man muß an das Ritual des Großen Versöhnungstages denken, besonders an 3.Mose 16,22. Der Hebräerbrief hat dies aufgenommen. In seiner Selbsthingabe ist Jesus zugleich Hoherpriester und Opfer (bes. Hebr 9,14f). Ist das nicht *einmal* geschehen, am Karfreitag (Hebr 9,12.28; 10,10)? Hat es Sinn, Jesus noch immer um Erbarmen anzurufen? Jesus »hat, weil er ewig bleibt, ein unvergängliches Priestertum; ... er lebt für immer und bittet für sie«, »die durch ihn zu Gott kommen« (Hebr 7,24f). Das Wort »Gedächtnis« (1.Kor 11,24f; Lk 22,19) ist in biblischer Redeweise nicht ein bloßes Sich-Zurück-Erinnern, »sondern ein liturgischer Akt, der das Ereignis des Opfers Christi vergegenwärtigt und durch den die Kirche dieses einzigartige Opfer (des Kreuzestodes Christi) als ihre Gabe der Danksagung und Fürsprache dem Vater darbringt« (Max Thurian). Wissen wir (mit der Offb) das Lamm vor Gottes Thron, so erleben wir im Herrenmahl seine Gegenwart in uns selbst, der das Sakrament empfangenden Gemeinde. Man könnte sagen: Aus uns heraus bittet der Herr den Vater in seiner ewigen Intercessio um

Erbarmen für die Welt bzw. für seine Kirche. Das Abendmahl erweist sich auch in dieser Hinsicht als ein Geschehen zwischen Himmel und Erde. Schade, daß die römisch-katholische Kirche durch eine den Werkereiverdacht erweckende und fördernde Meßopferlehre und Meßopferpraxis die Verständigung an diesem Punkte erschwert. Die Konvergenzerklärungen von Lima könnten uns an dieser Stelle weiterbringen.

»Erbarm dich unser«, »gib uns deinen Frieden«: Dies singend und betend, empfangen wir den Christus praesens in der rechten Weise.

4. Homiletische Besinnung

Das bisher Bedachte ist – teilweise bis in die Sprache hinein – so gefaßt, daß es zur Predigt nicht mehr weit sein muß. Einige Vorüberlegungen könnten hilfreich sein:
Es wäre gut, wenn uns in der homiletischen Beschäftigung mit diesem Thema die Bedeutung der sakramentalen Osterereignung deutlicher würde. Wir wissen und halten es hoch: Predigt ist ein Begegnungsgeschehen – nicht ein Referat mit Auskünften über Gott. Das Sakrament ist dies ebenfalls. Man sollte nicht sagen, es sei dies in »höherem« Maße; aber es ist ein Begegnungsgeschehen auf »andere« Weise, nämlich leibhaft, darum nicht flüchtig, sondern dauerhaft, schmeckbar, sinnenhaft. Wir haben deutlich zu machen versucht, warum unser zerbrechlicher, zaghafter Glaube dessen bedarf. Im Gleichnis gesprochen: Es kann erfreulich sein, wenn Eheleute durchs Telefon verbalen Kontakt haben; aber man kann eine Ehe, auch wenn man das Miteinander in tiefem Sinne personal versteht, nicht ausschließlich durchs Telefon führen. Jesus kennt uns; er weiß, daß es uns gut und nötig ist, daß er sich auch leibhaft gibt. Dies Besondere sollten wir bedenken, nötigenfalls entdecken.
Nicht nur dogmatisch, sondern auch homiletisch wichtig ist die sakramental-leibhafte Begründung unseres Miteinander im Leibe Christi. Sicher: Ein rein ethisches, auf Mitmenschlichkeit gerichtetes Denken geht uns besser ein als das Einssein »in Christus«. Vom andern her denken, sich um ihn kümmern, auf ihn zugehen, einander verstehen; das und ähnliches ist leichter anschaulich zu machen als die Gemeinschaft, die auf dem merkwürdig »irrealen« – hat man's nur einmal begriffen: höchst realen – Umweg über Christus und seiner

Gegenwart beruht. Man könnte sich's an zwischenmenschlichen Konflikten klarmachen: Wenn zwei Menschen – Eheleute etwa – sich bei Christus gewissermaßen »am dritten Ort« treffen, verlagert sich der Schwerpunkt ihres Denkens, Begehrens, vielleicht ihres Verletztseins und Leidens auf Christus; »in Christus« wird ihnen der andere wichtig und lieb. Christus in dir und in mir – und wir beide in ihm. Das ist eine ganz neue Begründung unserer Gemeinschaft. Dasselbe ekklesiologisch ausgeweitet und vertieft: Die Kirche ist nicht nur ein Verein Gleichgesinnter, sondern die durch Christi Realpräsenz gebildete und qualifizierte Versammlung derer, die von seinem Opfer leben und auf seine Zukunft warten, »bis er kommt«.

Daß die Sünde der Welt hinweggetragen werden muß, gehört zu den immer neu zu gewinnenden Einsichten. Wir halten in unserm Alltagsdenken anderes für ungleich wichtiger. Auch unseren Alltagsärger sehen wir oft nur durch Mängel verursacht, die man auf einem quasi technischen Wege beheben kann. Es genügt jedoch nicht, Sünden zu übersehen, zu verdrängen, wegzudisputieren, zu bagatellisieren, sich selbst zu vergeben usw.; Sünden müssen »weggetragen« werden, aus dem Wege geräumt – und zwar so, daß unser Gewissen dazu wirklich ja sagen kann. Es ist nicht so, daß Gott einfach »ein Auge zudrückte«. An Jesu Kreuz wird deutlich, was es ihn gekostet hat.

Wir werden uns als Prediger der Schwierigkeit stellen müssen, daß von Jesus als dem »Lamm« die Rede ist. Viele mögen das als peinlich empfinden. Wir leben nicht in Israels Opfertradition. Vielleicht ist uns die Rede vom Agnus Dei durch fatale Assoziationen verleidet (Zinzendorf: »Bruder Lämmlein«). Vielleicht leuchtet sie uns mehr ein, wenn wir uns den Täufer vorstellen, der auf einen Mann unter den vielen zeigt: »Der ist Gottes Lamm!« Wer es begriffen hat, muß erschrocken sein. Ein Mensch – das Opfer? Wer es so sieht und begreift, empfindet nichts Verspieltes mehr. Und wer gar im Umgang mit der Apokalypse erfährt, daß der Pantokrator (1,8 u.ö.) als »Lamm« bezeichnet wird, den muß – in unserer Welt der Machtpotentiale – das große Staunen überkommen. Biblische Sachverhalte, die uns fremd anmuten, bewältigen wir nicht, indem wir sie unseren täglichen Denkgewohnheiten angleichen und so vermeintlich »übersetzen«; verständlicher werden sie uns, indem wir das Unerhörte, das Staunenswerte entdecken und artikulieren.

5. Zur Verkündigung

Über dem Altar in der Kapelle des Leipziger Diakonissenhauses findet
sich ein rundes Buntglasfenster (Paula Jordan), das ein Lamm darstellt
– und um dessen Gestalt herum in unaufdringlicher aber klarer Schrift
die Worte: Kyrie – Gloria – Credo – Sanctus – Agnus Dei. Das
Fenster regt sehr zum Nachdenken über das gottesdienstliche Geschehen an. In allem: das Lamm – also der sich für uns hingebende und an
uns hingegebene Christus. Die Predigt konzentriert sich diesmal auf
das letzte.

Wollte man einen Raster finden, in dem die uns aufgegebene Thematik
erörtert werden soll, so könnte man so ordnen:

Der Herr als das Gotteslamm: 1. unter uns, 2. in uns, 3. für uns. Unter
1. wäre von Christi realer Gegenwart zu sprechen: wie er sich gibt, so
daß wir ihn haben können; wie er auch bei schwachem Glauben bei
uns bleibt und auf das Zufassen unseres Glaubens wartet; welche
Gestalt er gewählt hat, um uns ganz nah zu sein. – Unter 2. geht es
dann darum, wie er uns zu seinem Leibe verbindet. Teilhabe ist
Eingebundensein. Unser Einssein in ihm (nachdem er in uns Wohnung
genommen hat) verbindet uns untereinander weit über alles Subjektive
hinaus. – Unter 3. ist von der priesterlichen Dimension seines gegenwärtigen Wirkens zu sprechen.

Dies nur, um anzudeuten, was in dem Koordinatennetz zu finden wäre.
Das Inhaltliche ergibt sich aus den grundsätzlichen Überlegungen.

Literatur:
P. Brunner, Zur Lehre vom Gottesdienst der im Namen Jesu versammelten
Gemeinde, in: Leiturgia I, Kassel 1954, S. 83-364. – Ders., Aufbruch einer
neuen Dimension in der evangelischen Abendmahlslehre? In: Ders., Pro
Ecclesia, Bd. 2, Berlin/Hamburg 1966, S. 325-334. – U. Dittmer, Im
Blickpunkt: Abendmahl, Berlin 1983. – M. Herold, Art.»Agnus Dei«, in: RE[3]
1, 1896, S. 245f. – J. Jeremias, Art.»amnós, arén, arníon«, in: ThWNT I,
Stuttgart 1933, S. 342-345. – G. Klapper (Hg.), Zur Theologie des Gottesdienstes. Fuldaer Hefte 23, Hamburg 1976. – U. Kühn, Art.»Abendmahl IV. Das
Abendmahlsgespräch in der ökumenischen Theologie der Gegenwart«, in: TRE
1, 1977, S. 145-212. – A.M. Rathgeber, Das heilige Meßopfer, Dortmund

1958. – G. Rietschel/P. Graff, Lehrbuch der Liturgik, Bd. I, Göttingen [2]1951. – W. Stählin, Die Feier des Neuen Bundes, Kassel 1963. – Taufe, Eucharistie und Amt. Konvergenzerklärungen der Kommission für Glauben und Kirchenverfassung des Ökumenischen Rates der Kirchen, Frankfurt a.M./Paderborn 1982 (Lima-Texte).

Gottfried Voigt

V. Sendung

1. Entlassung

1. Zur Begegnung

Fragt man bei Besuchen in der Gemeinde, entdeckt man, daß die Entlassung aus dem Gottesdienst als Gestaltelement desselben wenig bewußt ist. Eine gewiß nicht repräsentative Spontanbefragung unter Schülern und Theologiestudenten zeigte ein ähnliches Bild. Formeln wie »Empfanget den Segen!«, »Gehet hin mit dem Segen des Herrn!« oder gemäß Agende I »Gehet hin im Frieden des Herrn!« kündigen den Segen an, und die Gemeinde erhebt sich. Die andere Formulierung »Lasset uns benedeien den Herrn« enthält mit »benedeien« ein Wort, das nicht mehr dem modernen Sprachschatz angehört, das manche Gemeindeglieder für römisch-katholisch halten, das aber aus Luthers Übersetzung von Lk 1,42 stammt: »...gebenedeit ist die Frucht deines Leibes«. Der Vorentwurf der Erneuerten Agende sieht »Sendung« in der Grundform I unter D mit den Varianten D 1 und D 2 ausdrücklich als Abschluß des Gottesdienstes vor. Dieser wird aus Sendungswort, Segen, Gesang und Musik gebildet. Die nach dem Kirchenjahr geordneten Sendungsworte und solche allgemeiner Art finden sich auf den Seiten 672f.
Die Verwendung der Aufforderung »Gehet hin im Frieden des Herrn« mit Antwort der Gemeinde kann nach der EA auch dem Segenswort folgen. Bei dieser Gestaltungsvariante kann die »Sendung in die Welt« besonders sinnfällig gepredigt werden. In den Gottesdiensten der Evangelischen Michaelsbruderschaft wird zur Entlassung ein Segenswort gebraucht, das Sonntagsthema und Sendung miteinander verbindet. Um die gottesdienstliche Grundtatsache von Sammlung und Sendung am Schluß noch einmal aufklingen zu lassen, kann die Gemeinde auch mit einem frei formulierten und auf einen aktuellen Anlaß bezogenen Wort vor dem Segen angesprochen werden. Weil sie in den Alltag entlassen wird, soll in der »Homiletischen Besinnung« über Sinn und Bedeutung des Alltags kurz nachgedacht werden.

2. Historische Erklärung

Wo Menschen zu einer geordneten Versammlung zusammentreten, entsteht auch das Bedürfnis nach einer eindeutigen Beschließung derselben. So finden sich allenthalben Belege (Jungmann S. 529ff) dafür, daß in antiker Zeit das Wort »missa« vom Vorsitzenden einer Versammlung zum ordnungsgemäßen Beschluß verwendet wurde. Die Formel »ite missa est« kann geradezu als terminus technicus für die Auflösung einer Versammlung gelten. Die nüchterne römische Liturgie hat dann das kurze »poreuete« als »ite missa est« übernommen und bis zur Liturgiereform des Zweiten Vatikanischen Konzils gebraucht. Das religiöse Gewicht erfuhr dieser Ruf durch den Gruß des Zelebranten: »Dominus vobiscum«, worauf der Diakon, einem Herold gleich, verkündete »ite missa est«. Die versammelten Gläubigen nahmen dieses in der Gestalt des Dankes zur Kenntnis: »Deo gratias«.

Der uns vertraute Segen, früher in manchen Regionen ausdrückliches bischöfliches Vorrecht, wurde erst im späten Mittelalter als »Segen nach der Messe« gebräuchlich. In den Liturgien des Ostens finden sich religiös geprägte Entlassungsformeln, wie: »Gehet in Frieden«, »Im Frieden Christi ...« wobei das Volk antwortete »Im Namen des Herrn«. Die Erwähnung des Friedens läßt an Schalom denken, was ja sowohl den von Gott geschenkten Segen, als auch irdisches Wohlergehen einschließt. Zu dem römischen Brauch der »oratio super populum« in der Fastenzeit, in dem sich nach Baumstarks »Gesetz der Erhaltung des Alten in liturgisch hochwertiger Zeit« die ältere Übung eines besonderen Segensgebetes für die altkirchliche Bußzeit zeigt, gesellte sich die Deutung, daß eben diese Zeit des besonderen geistlichen Kampfes einer entsprechenden Stärkung der Gläubigen bedürfe.

Aus der gallikanischen Liturgie stammt die Schlußformel »Benedicamus Domino«, die, mit »Deo gratias« beantwortet, in der Messe und auch im Stundengebet gebräuchlich wurde. Ab dem 11. Jahrhundert scheint allgemein »Ite missa est« als die Entlassungsformel gebräuchlich geworden zu sein. Für die Advents-, Vorfasten- und Fastenzeit (in Messen ohne Gloria) wurde das Benedicamus üblich; für Totenmessen wurde die Entlassung »Requiescant in pace« gebräuchlich, das vom Volk mit »Amen« beantwortet wurde.

Die Reform des Meßbuches sieht für einfache Gottesdienste nur Salutation und trinitarischen Segen vor. Festliche Gottesdienste werden

mit »Gehet hin in Frieden« beschlossen, worauf die Gemeinde mit
»Dank sei Gott, dem Herrn« antwortet. In österlicher Zeit mit Halleluja
verbunden, sind für die Festzeiten auch verschiedene Melodieformen
vorgesehen. Martin Luther schlug 1523 in Formula Missae et Communionis vor, jeden Gottesdienst mit dem Benedicamus zu beschlie-
ßen, worauf der aaronitische Segen folgen sollte. Dieser Vorschlag
wurde von manchen Kirchenordnungen aufgenommen und von einigen
auch dergestalt variiert, daß erst nach dem aaronitischen Segen das
Benedicamus folgte.
Nach der von F. Schulz erstellten vergleichenden Übersicht von
Gottesdienstordnungen (Beilage zu Mahrenholz) ist das Benedicamus
in folgenden Liturgien gebräuchlich:
VELKD 1955; Amerik.Luth. 1958; EKU 1959; Oldenburg 1949/1962,
fakultativ – mit dem Schlußlied austauschbar; Baden 1858, fakultativ;
Schweden 1942/1960; Taizé 1959; dazu nun besonders der Vorentwurf
der Erneuerten Agende 1990.

3. Theologische Erwägung

Hier ist nicht zu fragen, wie heute unsere gottesdienstlichen Versammlungen mit einem vertrauten terminus technicus beschlossen werden.
Da haben sich ganz andere Gebräuche entwickelt: sei es das stille
Hören des Orgelnachspiels, sei es die Verabschiedung durch den
Pfarrer an der Kirchentür, oder die Aufforderung »im Gemeindesaal
zum Kirchenkaffee beisammenzubleiben und weiter Gemeinschaft zu
pflegen«. Es scheint, daß eine eindeutige Proklamation zur Beendigung
des Gottesdienstes nicht erwartet und gebraucht wird.
Vielmehr ist zu bedenken, was eine solche Entlassungsformel für den
Gläubigen bedeuten kann. Der fromme Wunsch eines Beters: »Eines
bitte ich vom Herrn, das hätte ich gerne: daß ich im Hause des Herrn
bleiben könne mein Leben lang, zu schauen die schönen Gottesdienste
des Herrn und seinen Tempel zu betrachten« (Ps 27,4), ist aus der
Sehnsucht und der Liebe zum Heiligtum verständlich. Das kann aber
nicht bedeuten, daß der Fromme sein Zelt im Tempel aufschlägt und
hinfort den »Alltag draußen« verneint.
Der Gläubige muß wiederum Abschied vom Heiligtum nehmen. Erst
die Vollendung gewährt das Wohnen im Vaterhaus ewiglich (Ps 23,6;
Joh 14,2).

Deshalb ist es sinnvoll, aus der Versammlung der Gläubigen wieder bewußt entlassen zu werden. »Gehet hin!« In diesem schlichten Wort wird dieser Sachverhalt unmißverständlich ausgedrückt. Es handelt sich nicht darum, daß wir aus einem geschützten bergenden Raum verstoßen werden, es ist nicht die wiederholte Vertreibung aus dem Paradies, sondern die Sendung in den Auftrag der umfassenden Weltgestaltung hinein. Gestalten aus dem Alten Bund haben diesem Ruf gehorcht: Abraham, Mose, Elia ... Aus dem Neuen Bund klingen die Sendungsworte Jesu an seine Jünger und die Menschen seiner Zeit heraus: Mt 9,13; Mt 10,5ff; Mt 20,4; Mt 22,9; Mt 28,19 (u.ö.). Nachfolge ist in dieser Schau auch mit der Bereitschaft verbunden, sich senden zu lassen. Im Wortgebrauch von *poreuo/poreuomai* steckt ja auch die Bedeutung eines Weges von einem Ausgangspunkt, von jemandem weg, auf ein Ziel hin. Die Sendung vom Gottesdienst in den Alltag bedeutet demnach kein planloses Hin- und Herlaufen, sondern zu wissen, wer mich wohin sendet, mit welchem Auftrag, mit welcher Ausrüstung. Solche Überlegungen weisen zurück auf das Ganze des Gottesdienstes, das Beten und Singen, Verkündigen und Feiern.

Aus einigen Textstellen des AT und NT wird deutlich, daß ein Abschied »in Frieden« das eigentlich Wohlgefällige ist; z.B.: Ri 18,6; 2.Sam 3,21; 1.Sam 1,17; 20,42; Apg 16,36; Mk 5,34; Lk 7,50; 8,48. Umgangssprachlich erscheint »in Frieden gehen« zum formelhaften Gruß reduziert (Gerlemann S. 919-935).

Für unseren Gebrauch qualifiziert »Im Frieden des Herrn« dieses Heil- und Wohlsein näher als das, was von außen, von Gott, uns geschenkt und anvertraut ist. Der Friede der eben höher ist als alle Vernunft, erscheint als das Maß dessen, was die Fried-Fertigen, die Frieden-Stifter, auszurichten haben. In einer unruhigen, rastlosen und friedlosen Zeit werden Menschen beschenkt, um den Frieden Gottes um sich herum zu verbreiten.

Wer im Anschluß an Luther die Form »Lasset uns benedeien den Herrn« wählt, knüpft damit an die lobpreisende Sprache der Psalmen an, z.B. Ps 41,14 u.ö. In jüdischen Gebeten klingt unzählige Male der Ruf »*Baruch adonai!*« auf. Über griech. *eulogetos kyrios* und lat. benedictus Dominus wird das Lehnwort benedeien aus mhd. benedien im Sinne von segnen, Gutes wünschen, preisen, gebräuchlich.

Diese Form verzichtet auf den Sendungscharakter und akzentuiert den Lobpreis der beschenkten Gemeinde am Schluß des Gottesdienstes. Die Antwort der Gemeinde in beiden Fällen ist eine dankbare und dankende Bestätigung dessen, was uns in Wort und Sakrament als der Schalom Gottes anvertraut wird. Das Anvertraute in unsere Häuser, in unsere Ehen und Familien, in Arbeits- und Freizeitstätten hineinzutragen und in die Vielzahl unserer menschlichen Beziehungen einzubringen, möge verbunden sein mit »ewiglichem Dank« an Gott.

4. Homiletische Besinnung

Mit den vorgenannten Überlegungen sind wir schon in den Bereich der Aktualisierung gekommen. Bei manchen Zeitgenossen, besonders auch engagierten Christen, ist die Bemühung um den Frieden stärker betont und im Vordergrund ihrer Interessen. Die Dimension des Lobens und Preisens tritt demgegenüber zurück. Beide Anliegen haben ihre Berechtigung. Eine Gemeinde wäre schlecht beraten, eines gegen das andere auszuspielen. Beide gehören zusammen, sind gleichsam komplementäre Elemente, die erst gemeinsam das Ganze erahnen lassen. Der lobpreisende und der schalomorientierte Aspekt wurzeln im AT und zeigen die Nähe zum Beten und Denken jüdischer Mitbürger. Auf solches Erbe aus dem Alten Bund sollte nicht verzichtet werden.

Hinsichtlich der Gewichtung auf »benedeien« wird klarzustellen sein, daß unser Lob, Preis und Dank nur stammelnde Versuche sind, in der Gestalt von Anbetung, die Majestät Gottes und sein Geheimnis zu proklamieren. »Gott sitzt im Regimente« ist keine beweiskräftige historische Aussage, sondern ein bekennender Satz. Darin steckt die Ermutigung, den geschenkten Freiraum »Handeln aus Glauben« zu gebrauchen.

Als die Gerechtfertigten Gerechtigkeit zu üben, als die Befriedeten Frieden zu stiften, als die Gesegneten zu segnen, zeigt die Spannung von Indikativ und Imperativ auf, die je nach der Situation der Gemeinde entfaltet werden sollte.

Besonderes Augenmerk müßte dem Begriff »Alltag« zugewendet werden. Von der Grundbedeutung »all« für das Ganze kann nicht vorschnell nur die Arbeitswelt in den Blick kommen. Es geht um das, was sich den »ganzen Tag (und die Nacht) über« ereignet. Wie Menschen in den vielfältigen und vielgestaltigen Beziehungen, die sich ihrerseits wieder auf sehr verschiedenen Ebenen ereignen, ihr Leben in Generationen, peer-groups, Arbeits- und Gesellschaftswelt gestalten, ist des Nachdenkens wert. P.L. Berger und H. Timm bieten reichlich

Material für Erfahrungen, die glaubensmäßig transzendierbar sind. In der Vorüberlegung ist gewiß auch zu überprüfen, an welchen Vorstellungen von Lebenswelt unserer Mitbürger sich unser kirchliches und gemeindliches Veranstaltungsangebot orientiert. Welche Alters-, Berufs- und schichtenspezifische Sprachgruppen grenzen wir durch festgesetzte Daten, Beginnzeiten, Ankündigungen etc. von vornherein aus? Wo fordern wir Überanstrengte zur Mitarbeit auf, anstatt Freiräume zur Stille und Kontemplation zu gewähren? Wo betreuen und versorgen wir Menschen, die durchaus zu – begrenzten und überschaubaren – Diensten fähig und bereit wären? Je nüchterner diese Probleme untersucht werden, desto klarer werden die Konturen der »Diakonie der Zeitgenossenschaft« hervortreten.

5. Zur Verkündigung

Das von K.B. Ritter für alle Sonn- und Feiertage vorgeschlagene biblische Sendungswort wurde als Anregung von der Lutherischen Liturgischen Konferenz im Band 10 der »reihe gottesdienst« (Schade/Schulz) aufgenommen. Demnach kann »der Liturg ... vor dem Segen ein Sendungswort (biblisches Votum oder freies Wort) sprechen oder es mit dem Segen verbinden. Folgt der Segen unmittelbar auf das Dankgebet nach dem Abendmahl, so kann er mit dem Benedicamus eingeleitet werden« (S. 17). Einige Schriftstellen aus den Vorschlägen von K.B. Ritter seien hier genannt:

- Advent: Röm 15,13; 2.Kor 13,11
- Weihnachten: 1.Joh 4,11-12
- Epiphanienzeit: Eph 5,8-10: Jes 65,1
- Vorfasten-, Fasten- und Passionszeit: 1.Petr 1,13; Mi 6,8; 2.Tim 2,11-13; Ps 105,40b-43
- Osterzeit: Kol 3,1-4; Mt 28,19-20; Hebr 13,20-21; 1.Petr 2,9
- Trinitatiszeit: 1.Kor 6,20; Lk 12,48
- Ende des Kirchenjahres: 1.Kor 15,54.55.57; 1.Kor 1,7-9

Die EA S. 672f schlägt vor: »Als Sendungsworte können auch die meisten Wochensprüche dienen.« Darüber hinaus sind unter »Allgemein« 1.Petr 4,10; Jes 55,12 und eine Nachbildung zu Mt 5,13.14 vorgesehen. Nach dem Kirchenjahr geordnet werden folgende Bibelworte genannt:

Advent:	Kol 1,12-13
Weihnachten:	1. Joh 4,11-12
Epiphanias:	Eph 5,8-9
Ostern:	Kol 3,1 (mit der Gemeindeakklamation: Er ist wahrhaftig auferstanden!)
Himmelfahrt:	2.Petr 1,19
Pfingsten:	1.Petr 2,5
Trinitatis:	Eph 4,3-6

So wäre es denkbar, einen Text auszulegen und in den Zusammenhang von »Segnung und Sendung« zu stellen. Dabei könnte auf die dialogische und komplementäre Struktur der agendarisch vorgegebenen Textfassungen des Benedicamus hingewiesen werden.
Im künftigen Evangelischen Gesangbuch (Vorentwurf 1988) werden über 20 Lieder dem neu eingeführten Themenbereich »Sammlung und Sendung« zugeordnet.
Eine andere Möglichkeit könnte sich erschließen, wenn die agendarische Textgestalt aufgenommen wird:

A: Gehet hin
B: Im Frieden des Herrn
C: Lasset uns lobpreisen
D: Gott sei ewiglich Dank

Als Predigtaufbaumodell bietet sich die »Vertiefung« (Heue/Lindner S. 34f) an. Die Predigt könnte mit der Weite des Sendungsauftrages Jesu an seine Jünger und alle Christen beginnen: Gehet hin! In einem zweiten Schritt wird die Art und Weise und das Ziel des Auftrages durch die Qualifizierung »Im Frieden des Herrn!« näher bestimmt. Dies führt zu der Erfahrung, daß derjenige, der sein Leben in diesem Auftrag führt, ohne Lobpreis die Orientierung verliert. Das Gedicht »Frage und Antwort« von Werner Bergengruen (Die heile Welt, 1950) mag als literarische Ergänzung dienen:

Der die Welt erfuhr,
faltig und ergraut,
Narb an Narbenspur
auf gefurchter Haut,

den die Not gehetzt,
den der Dämon trieb –
sage – was zuletzt
dir verblieb.

Was aus Schmerzen kam
war Vorübergang.
Und mein Ohr vernahm
nichts als Lobgesang.

Daß Gott für das Ganze seines gnädigen Tuns ewiglich zu danken ist, mag die Hörer am Schluß der Predigt in die Weite der zukünftigen Welt führen. Will man dem fünfphasigen »Lernpsychologischen Schema« folgen (Heue/Lindner S. 35-39), so wäre folgender Predigtaufbau denkbar:

1. Motivation: Gottesdienst ist Sammlung und Sendung.
2. Problemdarstellung: Sendung in den Alltag meines Lebens
3. Versuch und Irrtum: Die Erfahrung des säkularen Lebens und die Wirklichkeit des Glaubens
4. Lösungsangebot: Im Frieden Gottes sein Leben führen
5. Lösungsverstärkung: Selig sind, die Frieden stiften.

Einige Liedverse aus dem EKG seien zum Schluß genannt: 139, 165,1; 163,3; 179,7; 181,7.

Literatur:
Agende für evangelisch-lutherische Kirchen und Gemeinden I, Ausgabe für den Pfarrer, Hannover 1955. – G. Altner, Leidenschaft für das Ganze. Zwischen Weltflucht und Machbarkeitswahn, Stuttgart 1980. – W. Bergengruen, Die heile Welt. Gedichte, Arche-Verlag, Zürich. – P.L. Berger, Auf den Spuren der Engel, Frankfurt 1972, Neuausgabe Herder Spektrum, Bd. 4001, Freiburg 1991. – K.-H. Bieritz, Struktur. Überlegungen zu den Implikationen eines Begriffs im Blick auf künftige Funktionen liturgischer Bücher, JLH 23,

Göttingen 1979, S. 32-52. – K.-H. Bieritz/M. Ulrich, Gottesdienstgestaltung. Ein ökumenisches Werkbuch, Göttingen/Graz 1985. – O.Dietz, Unser Gottesdienst, München ²1983. – Erneuerte Agende. Vorentwurf, Hannover 1990. – K. Frör, Salutationen, Benediktionen, Amen, in: Leiturgia I, Kassel 1955, S. 569-596. – G. Gerlemann, šlm, THAT II, S. 919-935. – P. Graff, Geschichte der Auflösung der alten gottesdienstlichen Formen in der evangelischen Kirche Deutschlands, Göttingen I ²1937, II 1939. – R. Heue/R. Lindner, Predigen lernen, Stuttgart 1976. – W. Jetter, Symbol und Ritual. Anthropologische Elemente im Gottesdienst, Göttingen ²1985. – M. Josuttis, Der Weg ins Leben. Eine Einführung in den Gottesdienst auf verhaltenswissenschaftlicher Grundlage, München 1991. – J.A. Jungmann, Missarum Sollemnia II, Wien ⁵1962. – F. Kalb, Grundriß der Liturgik, München ²1982. – E. Käsemann, Gottesdienst im Alltag der Welt, in: ders., Exegetische Versuche und Besinnungen II, S. 198-204, Göttingen 1964. – G. Kugler (Hg.), Forum Abendmahl, Gütersloh 1979, GTB 346. – E. Lange, Chancen des Alltags. Überlegungen zur Funktion des christlichen Gottesdienstes in der Gegenwart, München 1984. – M. Lienhard/H. Meyer (Hgg.), Ökumenische Perspektiven Bd. 4: Gott und Gottesdienst, Frankfurt 1973; Bd. 8: Zeugnis und Dienst reformatorischer Kirchen in Europa, Frankfurt 1977. – E. Lohse/U. Wilckens u.a. (Hgg.), Gottes Frieden den Völkern, Hannover 1984. – Ch. Mahrenholz, Kompendium der Liturgik, Kassel 1963. – H.B. Meyer, u.a. (Hgg.), Gottesdienst der Kirche. Handbuch der Liturgiewissenschaft, Teil 3: Gestalt des Gottesdienstes. Sprachliche und nichtsprachliche Ausdrucksformen, Regensburg 1987. – G. Rietschel/P. Graff, Lehrbuch der Liturgik, Göttingen ²1951. – K.B. Ritter, Die Eucharistische Feier, Kassel 1961. – H.v. Schade/F. Schulz, Gottesdienst als Gestaltungsaufgabe, Hannover 1979. – G. Schmidtchen/M. Seitz: Gottesdienst in einer rationalen Welt. Religionssoziologische Untersuchungen im Bereich der VELKD, Freiburg/Stuttgart 1973. – H.-Ch. Schmidt-Lauber, Auf dem Wege zu einer gemeinsamen Agende der evangelischen Kirchen deutscher Sprache, AuG 38 (1987), S. 130-133. – W. Stählin, Die Feier des Neuen Bundes, Kassel 1963. – Ders., Das Gefüge des christlichen Gottesdienstes, in: Symbolon II, Stuttgart 1963, S. 130-148. – Ders., Jerusalem hat Mauern und Tore, in: Symbolon III, Stuttgart 1973, S. 85-94. – J. Stalmann, Tagesordnungspunkt Gottesdienst, Hannover 1984. – H.-J. Thilo, Die therapeutische Funktion des Gottesdienstes, Göttingen 1985. – H. Timm, Zwischenfälle. Die religiöse Grundierung des All-Tags, Gütersloh ²1984. – R. Volp (Hg.), Zeichen. Semiotik in Theologie und Gottesdienst, München 1982.

Ernst Hofhansl

2. Segen

1. Zur Begegnung

Es ist von dem merkwürdigen Tatbestand auszugehen, daß das Wort »Segen, segnen« sich in der profanen Alltagssprache bis in die Gegenwart durchgehalten hat und hier in seinem Sinn von jedem verstanden wird, während es im kirchlichen und theologischen Sprachgebrauch nur ganz am Rande überhaupt vorkommt und wenn, dann in einem bloß formelhaften, abgeschliffenen Gebrauch und einem verschwommenen, unsicheren Verständnis.

In der profanen Alltagssprache hören und gebrauchen wir Sätze wie »Meinen Segen hast du!«, »dazu kann ich meinen Segen geben«, »der hat es abgesegnet«, »in gesegnetem Alter« oder ähnlich. Man weiß auch, daß früher einmal die Eltern vor dem Sterben oder vor einer Reise ihre Kinder gesegnet haben, aber man weiß nicht mehr, wie das vor sich ging. Man weiß auch noch, daß es in der Zeit vor den Maschinen einen Abschiedssegen gab, und singt noch den Satz aus dem Volkslied: »...und gebet mir gleich einer Speis den Segen auf die Reis!« Segenswünsche auf Postkarten gibt es zu Millionen.

Was den kirchlich-theologischen Gebrauch betrifft, so ist festzustellen, daß der Segen in der kirchlichen Praxis sehr viel fester und tiefer verwurzelt ist als in der wissenschaftlichen Theologie. In dieser hat er niemals eine erkennbare Bedeutung gehabt, weder in der Exegese der Bibel Alten und Neuen Testaments noch in der systematischen Theologie, am Rande nur in der praktischen Theologie. In der gesamten Theologiegeschichte hat sich kaum jemals einer ernsthaft für den Segen interessiert. Die Bedeutungslosigkeit des Segens für die Theologie zeigt sich am deutlichsten daran, daß es niemals einen theologischen Streit um das Verständnis des Segens gegeben hat.

In der kirchlichen Praxis dagegen hat sich der Segen im Gottesdienst, bei den kirchlichen Handlungen und auch sonst in einem Maße durchgehalten, das umso erstaunlicher ist, als das Fragen nach dem Sinn des Segens auch in der kirchlichen Praxis ausblieb. Man muß schon sagen: der Segen lebte von selbst, aus eigener Kraft weiter, er brauchte dazu keine Theologen. Vor einiger Zeit hat ein Theologe den Segen im Neuen Testament untersucht und ist dabei zu dem Schluß gekommen, man sollte den Segen im Gottesdienst abschaffen, er habe keinen Sinn. Diese kühne Forderung hat niemanden aufgeregt, sie ist nicht einmal diskutiert worden. Wenn man einfache Leute fragt, warum sie am Sonntag den Gottesdienst besuchen, werden einige immer antworten: Weil ich im Gottesdienst die Kraft erhalte für das, was ich in der Woche zu bestehen habe. Er meint damit natürlich den ganzen Gottesdienst, weist aber insbesondere auf den Segen, auch wenn er das Wort nicht gebraucht. Man könnte auch darauf verweisen, daß der Segen in der katholischen Kirche eine größere und bewußtere Bedeutung hat als in den reformatorischen Kirchen; die Forderung, den Segen in den evangelischen Gottesdiensten abzuschaffen, würde das Ende der ökumenischen Gespräche bedeuten.

Das alles aber fordert eine gründliche Besinnung auf den Segen in der Bibel und im Handeln der Kirche. (Vgl. mein gleichnamiges Buch, in dem das näher ausgeführt ist; hier auch weitere Literatur.)

2. Historische Erklärung

Der Segen und seine Geschichte im Alten und Neuen Testament

Die Frage nach dem Sinn, der Geschichte und Bedeutung des Segens kann nicht allein vom Neuen Testament, sie kann nur von der Bibel als ganzer beantwortet werden. Im Alten wie im neuen Testament gehört zum Heil, zum Heilswirken Gottes, das Retten wie das Segnen, jedes auf seine Weise.

Das Zusammengehören beider zeigt sich am Anfang der Bibel im Pentateuch, dessen Mitte, Exodus bis Numeri, die Israels Geschichte begründende Rettungstat berichtet, die gerahmt wird von dem aus der Schöpfung erwachsenden Segen Gottes über alle lebende Kreatur (Genesis) und dem Segen Gottes, mit dem er sein Volk beim Betreten des ihm verheißenen Landes beschenkt, es trägt, wachsen läßt und durch seine Geschichte begleitet (Deuteronomium). In der Väterge-schichte dazwischen verbindet die Verheißung des Segens an Abraham (1.Mose 12,1-3) den von der Schöpfung ausgehenden Segen mit der Geschichte. Denn der Segen ist eigentlich die Kraft der Fruchtbarkeit; in der zu Abraham führenden Geschlechterfolge (1.Mose 5; 10; 11) kommt der den Geschöpfen erteilte Segen zur Auswirkung. So kommt schon im Aufbau der Tora (1.Mose bis 5.Mose) das Zusammengehören von Retten und Segnen Gottes zum für das Ganze gültigen Ausdruck. Der Segen hat im Alten Testament eine reiche und vielgestaltige Geschichte, die aber bisher wenig beachtet wurde. Das früheste Stadium ist das des Segens in der Familie, von dem die Vätergeschichten viel zu sagen haben. In der Familie und ihrem Geschick hatte der Segen seinen ursprünglichen Ort. Er wirkt im Geborenwerden, im Wachsen und Gedeihen, im Heilsein der Gemeinschaft, im Weiterleben von Generation zu Generation. In der Zeit der Seßhaftigkeit Israels wirkt der Segen Gottes in der Fruchtbarkeit des Leibes, der Tiere und des Bodens. Die beiden wichtigsten Institutionen sind vom Segen bestimmt: Vom Tempel her wird der Segen über das Volk und das Land erteilt (Ps 24), und der König ist Segensmittler für das Volk (Ps 72). Mit dem Ende des Königtums trat an die Stelle der Segensvermittlung durch den König die Verheißung eines anderen, des Friedenskönigs. Segen und Frieden gehören bei ihm zusammen. Der gottesdienstliche Segen aber behielt vom Beginn des Seßhaftwerdens bis in die Zeit, in der Jesus den Tempel betrat, eine unbestrittene Geltung. Die erste Opferdarbringung (3.Mose 9) wurde mit dem Segen beschlossen (4.Mose 6,24-26), und dieser Segen am Ende des Gottesdienstes wurde von der christlichen Kirche übernommen und ist bis zum heutigen Tage eine ökumenische Verbindung geblieben zwischen jüdischem und christlichem, katholischem und evangelischem Gottesdienst.

Der Segen im Neuen Testament

Auf den ersten Blick sagt das Neue Testament wenig vom Wirken des segnenden Gottes. Der Segen, so wie er im Alten Testament zum Gotteswirken und zum Gottesdienst gehörte, wurde von Jesus und seinen Jüngern übernommen, wie das viele Stellen im NT zeigen. Das zeigt sich z.B. darin, daß Jesus seine Jünger zum Abschied segnet, aber auch darin, daß alle Briefe des Neuen Testaments in Friedensgruß und Segen gerahmt sind. – Ein Grund für das Zurücktreten des Segens im Neuen Testament liegt auch darin, daß der wichtigste Ort für den Segen im Alten Testament die Institution des gottesdienstlichen Segens war. Zur Errichtung eines stetigen, seßhaften Gemeindegottesdienstes kam es aber erst nach der Zeit der Wanderungen Jesu und der Mission der Apostel, ganz am Rande des Neuen Testaments. Die ersten christlichen Gottesdienstordnungen zeigen, daß der Segen am Ende des Gottesdienstes in ihnen übernommen wurde.

Die Bedeutung des Segens für Jesus, die Jünger und die Urgemeinde lassen besonders drei Zusammenhänge erkennen:

1. Das Segenswirken Jahwes, des Gottes Israels, wird zum Segen in Christus; Christus wird der seine Gemeinde segnende Herr; zur Segensgebärde tritt das Zeichen des Kreuzes.

2. In Jesus war das rettende wie das segnende Wirken Jahwes verkörpert. Er verkündete nicht nur das Kommen des Reiches, er heilte auch (die Heilkraft ist ein Element des Segens), half den Leidenden und gab den Hungernden Brot. Er segnete die Kinder und sprach bei den Mahlzeiten, auch beim Abendmahl, das Segenswort. In den Gleichnissen bezog er das segnende Wirken Gottes in seine Verkündigung ein.

3. Bei der Aussendungsrede Mt 10 (Lk 9) gibt Jesus seinen Jüngern einen zweiteiligen Auftrag (Mt 10,7-8a):

> Verkündigt: das Reich der Himmel ist genaht!
> Heilet Kranke … treibt Dämonen aus!

Sie sind nicht nur ausgesandt, das Kommende anzukündigen, sondern auch, das Bestehende zu bewahren. In ihrem Auftrag kommen das rettende und das segnende Wirken zusammen, so wie das Heilen und Helfen Jesu auf seinem Weg mit seiner Verkündigung eine Einheit bildete. Das Miteinander von Retten und Segnen im Wirken Jesu und seiner Jünger findet einen tiefsinnigen Ausdruck im Aufbau des Johannesevangeliums in der Folge der Abschiedsreden 13-17 mit dem Stichwort »bleiben« auf den Bericht vom Wirken Jesu in 1-12.

3. Theologische Erwägung

Wer eine Predigt über den Segen als Teil der Liturgie halten will, wer ihn zu erklären und seinen Hörern nahezubringen beabsichtigt, hat die schöne Möglichkeit, etwas zu klären, was den meisten seiner Hörer unklar ist (das würde eine Umfrage ergeben), ihnen einen Teil der Liturgie nahezubringen, von dessen Begründung in der Bibel einerseits, von dessen weitreichender Bedeutung andererseits sie bisher wenig gewußt haben. Denn sie sind es gewöhnt, daß alles, was die Bibel von

Gott und Mensch sagt, auf die *eine* Linie der »Soteriologie«, der Rettungstat Gottes in Christus gebracht wird, auf die alle theologischen Begriffe zu beziehen sind. Wenn aber die Bibel eine Geschichte erzählt, von der Schöpfung an bis zur Wiederkunft Christi und zum Ende der Welt, dann *kann* diese nicht auf eine Linie gebracht werden; in jeder Geschichte geschieht Verschiedenes. Das Ereignis der Rettung, das Ergehen und das Annehmen der Botschaft im Glauben, das Bekenntnis, der Zuspruch der Vergebung, die Rechtfertigung, das alles hat Ereignischarakter. Die Summe der Augenblicke aber ergibt niemals eine Geschichte; damit aus ihr Geschichte werde, muß das Element des Stetigen hinzutreten: das Wachsen und das Reifen, das Gedeihen und das Gelingen ebenso wie das Mißlingen; das Zunehmen und das Abnehmen der Kräfte, das Einwurzeln und das Ausbreiten, das allmähliche Werden und das allmähliche Vergehen. Es sind nicht nur die großen Taten Gottes, die die Heilsgeschichte ausmachen, Gott wirkt auch in den Zeiten dazwischen. Eben das ist es, was die Bibel mit Segen, segnen bezeichnet; deswegen sind die Handlungen der Kirche an den Wendepunkten des Lebens vom Segen bestimmt, so die ›Einsegnung‹, der Segen bei der Taufe, bei der Heirat, der Sterbesegen. Es ist die segnende Kraft Gottes, die den Menschen geboren werden, die das Kind zum Mann und zur Frau wachsen und reifen läßt, die ihm Begabung, Nahrung und Bewahrung schenkt. Ohne dieses allmähliche Werden und Vergehen, das die Bibel als Segen bezeichnet, gibt es Geschichte nicht.

Die Eigenart dieses Segenswirkens Gottes ist es, daß es nicht in sich heraushebenden Ereignissen, die man datieren kann, geschieht; es ist ein stilles, stetiges Geschehen, das sich nicht greifen läßt, aber dennoch geschieht, nicht in spektakulären Ereignissen, sondern in einem stillen Strom, so wie es Jesus in den Wachstumsgleichnissen sagt.

Dieses segnende Wirken Gottes steht in einer nahen Beziehung zur Schöpfung. Es ist kaum jemals bemerkt worden, daß in der Bibel die Geschichte der Menschheit mit dem Segenswirken Gottes und aus ihm heraus beginnt. Der Schöpfer verleiht seinen Geschöpfen Leben und damit zugleich segnet er sie (1.Mose 1); aus der Kraft des Segens erwächst in der Folge der Geschlechter die Menschheitsgeschichte (1.Mose 5 und 10); die großen Ereignisse kommen erst später, sie setzen den stillen Strom der Geschlechter voraus. Ereignisse, die von Noah, von Abraham, von David, von Jesaja und von Jesus erzählt werden, gäbe es nicht ohne den Strom des Segens, der die Kinder geboren werden läßt, von Geschlecht zu Geschlecht. Das rettende Wirken Gottes ist ein Wirken am Menschen allein; das segnende Wirken erstreckt sich auf die Schöpfung, wie das besonders der dreifache Segen im Deuteronomium zeigt.

Das Wort ›Heil‹ umfaßt beides: das Retten und das Segnen. Engt man das Heil auf die Rettung ein, dann ginge es in unserem Glauben und in unseren Gottesdiensten allein um die Beziehung Gottes zum Menschen; der Segen im Gottesdienst weist auf die größere Weite des Heils: auf Gottes bleibendes Handeln an seiner Schöpfung, von dem die Schöpfungspsalmen sprechen. Gott ist es, der das Leben der Schöpfung lebendig erhält.

Wird das Heil, von dem die Bibel spricht, auf die Beziehung Gottes zum Menschen begrenzt, wird der Segen Gottes über seine Schöpfung nicht mehr beachtet, so folgt daraus notwendig, daß auch Gottes Auftrag an den Menschen, die Erde zu bewahren, nicht mehr beachtet wird. Daß die Christenheit bisher kaum darauf geachtet hat, wo das Segenswirken Gottes an unserer Erde von Menschen gestört oder zerstört wurde, ist in dieser unbiblischen Einengung des Heils, damit aber in der Verkennung der Bedeutung des Segens begründet.

Das Segenswirken Gottes bezieht sich aber auch auf das Leben der Gemeinde, die zum Gottesdienst zusammenkommt. Auch das Leben einer Gemeinde besteht ja nicht nur in Ereignissen und Fakten, die in Daten festlegbar sind und von denen man im Gemeindeblatt schreibt und liest. Zum Leben der Gemeinden gehört das stille, unmerkbare Wirken Gottes, der in ihnen etwas wachsen läßt, der Frömmigkeit bewahrt und Frömmigkeit keimen läßt, der von der älteren Generation zu den Aufwachsenden etwas hinüberleitet, was vielleicht erst viel später seine Früchte trägt. Das alles und noch viel mehr gehört zum stillen Segenswirken Gottes in den Gemeinden, wovon die Abschieds-reden Jesu (Joh 13-17) handeln.

Die Erteilung des Segens ist aber auch der Teil des Gottesdienstes, in dem es um die Arbeit, um das alltägliche Werk aller derer geht, die im Gottesdienst zusammengekommen sind: »Der Herr unser Gott sei uns freundlich, er fördere (= segne) das Werk unserer Hände...«; »segne unser täglich Brot, segne unser Tun und Lassen!«. Wenn der Segen im Gottesdienst gesprochen wird und der den Segen Empfangende an seine eigene Arbeit denkt, entsteht eine Verbindung zwischen dem gewaltigen Bereich des Wirkens Gottes und der Arbeit eines Mannes und einer Frau, die den Segen Gottes für den kleinen Bereich ihrer täglichen Arbeit erbitten und empfangen. Gesegnete Arbeit – das ist mehr als erfolgreiche Arbeit.

Der Segen als Abschiedsgruß

Es hat seinen guten Sinn, daß der Segen seinen Ort am Abschluß des Gottesdienstes hat. Der Segen war einmal identisch mit dem Abschiedsgruß und ist es unter bestimmten Umständen heute noch. Der Segen wird am Schluß des Gottesdienstes erteilt, damit die Kraft des Segens mit dem Gesegneten gehe in das Leben draußen, in den Alltag und die Arbeit des Alltags.

Daß Segen und Gruß in der Situation des Abschieds identisch werden können, ist bis heute im Bewußtsein vieler geblieben. Geht es um einen Abschied von schwerem Gewicht, geschieht es auch heute noch, daß einer statt des gewöhnlichen Grußes die Worte des Segens spricht: »Gott segne dich!«, »Gott behüte dich!« Für das Verständnis des Segens ist es wesentlich, daß die Nähe des Segens zum Abschiedsgruß bedacht wird. Wer sich diese Nähe klarmacht, für den verliert der Segen im Gottesdienst alles Problematische: er weiß, was gemeint ist. Die Herkunft des Segens aus dem Gruß hat dazu noch eine sehr praktische Bedeutung. Der Segen im Gottesdienst ist dann wirklich angenommen, wenn er nachhallt in den Grüßen draußen, im Alltag nach dem Gottesdienst, mit denen man Begegnende grüßt. Der gottesdienstliche Segen endet: »...und gib uns Frieden!«; der Segensgruß ist zugleich Friedensgruß, wie es auch der Abschiedsgruß »Geh in Frieden!« zeigt. Von diesem Frieden kann etwas mitgehen in das Grüßen dessen, der den Segen im Gottesdienst empfing, draußen auf den Straßen und in den Häusern. (Es sei hier nur am Rande erwähnt: Das Grußwort »Grüß Gott!« ist natürlich nicht Aufforderung, sondern Wunsch: Es grüße [= segne] dich Gott!).

Der Gruß hat mit dem Segen noch etwas anderes gemeinsam: zu beiden gehören Wort und Handlung (bzw. Geste). Darin kommt zum Ausdruck, daß an einem Abschied wie auch an einer Begegnung immer der ganze Mensch beteiligt ist, der Mensch mit Leib und Seele. Nimmt man das ernst und denkt man weiter darüber nach, dann könnte der Segen im Gottesdienst dazu beitragen, daß das Grüßen zwischen Menschen wieder reicher, inhaltvoller wird und es nicht bei einer bloßen Formel und Formalität bleibt.

4. Homiletische Besinnung

Ziel der homiletischen Besinnung ist: Den Hörern soll nicht nur der Segen als ein Teil der Liturgie in seinem Sinn und in seiner Herkunft erklärt werden; es soll erreicht werden, ihnen ein neues, persönliches Verhältnis zum Segen als dem Beschluß des Gottesdienstes zu vermitteln, das sowohl seine biblische Begründung wie auch seine Bedeutung, sofern er aus dem Gottesdienst in den Alltag und das Verhältnis zu den Mitmenschen hineinreicht, umfaßt. Es geht dann in der Predigt darum, einen Weg zu finden und zu zeigen, der von den Bibelworten, die vom Segen sprechen, über die Segenserteilung im Gottesdienst bis zum Mitgehen des Segens in den Alltag führt.

Ich schicke voraus, daß mir für dieses Ziel viele und vielerlei homiletische Gestaltungen als möglich und durch die vorangehende Erklärung begründet erscheinen und möchte jeden, der das auch so sieht, zu eigener Gestaltung ermuntern. Was ich im folgenden vorschlage, ist nur ein Beispiel, wie man es machen könnte. Bei diesem Versuch ist es nicht möglich, die ganze Fülle der Aspekte des Segens, die uns die Bibel bietet, zu Wort kommen zu lassen; ich führe einige dieser Aspekte an, die ebenso der Gestaltung der Predigt zum Ausgangspunkt dienen können.

1. Man kann von der ökumenischen Bedeutung des Segens ausgehen, die man erfährt, wenn man an Gottesdiensten anderer Kirchen oder an einem Synagogengottesdienst teilnimmt. Man erfährt dabei, daß der Segen eine verbindende Kraft hat. So wird man von selbst auf die Geschichte der Segenerteilung durch die Jahrtausende gewiesen bis hin zu der Stunde, in der Jesus seine Jünger zum Abschied segnete, und weiter in die Vorgeschichte bis zur Einsetzung des aaronitischen Segens nach der Gründung des Heiligtums bei der ersten Opferfeier dort (3.Mose 9). Von der Geschichte des Segens her stellt sich dann die Frage nach seiner Bedeutung in der Gegenwart in den Gottesdiensten in einer veränderten Welt.

2. Man kann von der Frage nach dem Segen in der Bibel in der Weise ausgehen, daß die Entsprechungen zwischen dem Segen im Alten und im Neuen Testament zum Nachdenken anregen:
– Der segnende Schöpfer: Er scheidet Feste und Meer, er läßt die Wasser der Flut sinken; Jesus stillt den Sturm

- Gott erschafft und segnet die Menschen; Jesus segnet die Kinder
- Die Geschlechterfolge am Anfang des Alten und Neuen Testaments
- Der Segen der Fruchtbarkeit; die Speisung der 5000
- Ps 23 und die Frage an die Jünger: Habt ihr auch je Mangel gehabt?
- Der Segen im Wirken des Wortes: Jes 55,10-13 und Mk 4,26-29

3. Der Segen im persönlichen Leben in einer industrialisierten Welt.
Es wäre auszugehen von der Bedeutung, die Wissenschaft und Technik für das Leben des einzelnen Menschen und für das Zusammenleben der Menschen gewonnen haben, der sich kein Mensch entziehen kann und deren Leistungen für die Menschheit anerkannt werden müssen. Wie fremd nehmen sich in diesen gewandelten Lebensformen das Wort und die Wirklichkeit ›Segen‹ aus! Und doch erhält er in ihnen eine so noch nie dagewesene Bedeutung, weil er die Bewahrung des Persönlichen, des eigentümlich Menschlichen, des Natürlichen und des Einfachen ermöglicht. Das Wort Segen wird zu einem Maßstab, der nicht trügen kann. Wo es auf eine der Errungenschaften unserer Zeit nicht mehr anwendbar ist, da ist diese Errungenschaft auch nicht mehr menschlich und man muß sich von ihr abwenden.
Die maßgebende Sprache des Segens finden wir vor allem in den Liedern, die den Segen entfalten. Man kann an ihnen, gegliedert nach den Bereichen des persönlichen Lebens, zeigen, wie sich am Segen als der Kraft des heilen Lebens durch die Entwicklung in Wissenschaft und Technik nichts geändert hat. Sie haben nicht nur ihre Geltung behalten, sondern die einfache Sprache dieser Lieder kann gegen viele Übertreibungen und Überhöhungen, gegen Objektivierung und Mechanisierung das Menschliche bewahren, das Menschliche wiederherstellen.

4. Eine weitere Möglichkeit ist es, von den Segenshandlungen der Kirche auszugehen, die Bedeutung jeder dieser Segenshandlungen jeweils im Blick auf die gegenwärtigen Formen der Gemeinschaft und auf die Aufgaben, die Bedrohungen und die Problematik der durch sie gekennzeichneten Erstreckung des Daseinsbogens von der Geburt zum Tod zu entfalten. Man kann dann einmal den Segen im Gottesdienst ganz anders, als Kristallisationspunkt, in dem die das Leben von der Geburt zum Tod begleitenden Segnungen zusammenkommen, sehen. Es könnte dann deutlicher werden, daß der Segen im Gottesdienst den ganzen Menschen meint, nicht nur nach Leib und Seele, sondern auch

den Menschen auf seinem ganzen Weg, von der Geburt bis zum Tod. Der Segen des Schöpfers also, der dem, der den Segen empfängt, sein Leben gab und es zu seinem Ziel führen wird.

5. Zur Verkündigung

Es ist unmöglich, die für die christliche Gemeinde und die christliche Kirche relevanten Aspekte der Erteilung des Segens am Ende des Gottesdienstes in nur einer Predigt zu Wort kommen zu lassen. In meinem Vorschlag geht es allein um das Fundamentale: die biblische Begründung und die gegenwärtige Bedeutung, auf eine Gliederung in wenigen, einfachen Linien gebracht: Die Einleitung geht von der Frage des normalen Gottesdienstteilnehmers nach dem Segen aus. Der erste Teil gibt in wenigen Linien die biblische Begründung aus dem Alten und Neuen Testament, der zweite führt aus, was der Segen für die Kirche im ganzen bedeutet, der dritte sagt, was der Segen für den Menschen in unserer Gegenwart bedeuten kann.

Einleitung

Wenn der Gottesdienst mit der Erteilung des Segens beschlossen wird:

> Der Herr segne dich und behüte dich!
> Der Herr lasse sein Angesicht über dir leuchten
> und sei dir gnädig!
> Der Herr erhebe sein Angesicht auf dich
> und gebe dir Frieden!

Was geschieht hier und was ist damit gemeint? Was tut und was sagt der den Gottesdienst Leitende mit diesem Abschluß? Was soll sich der Gottesdienstteilnehmer dabei denken? Auf jeden Fall ist es die Verabschiedung der Gemeinde in einem Abschiedsgruß; aber was bedeutet er?

Erster Teil: Biblische Begründung

(Was hier zu den drei Teilen gesagt wird, soll nur die Gliederung entfalten und verständlich machen; die Ausführung im einzelnen wird dem Prediger nach dem zur Geschichte und Erklärung des Segens Gesagten überlassen.)

Im Bericht von der Schöpfung segnet Gott die lebendigen Geschöpfe, nach der großen Flut sagt 1.Mose 8,22 die Bewahrung der Schöpfung in den Rhythmen des Segens zu, »solange die Erde steht«. Am Anfang der Vätergeschichte wird Abraham verheißen (1.Mose 12,1-3), daß in ihm alle Geschlechter der Erde gesegnet werden sollen. Auf die Geschichte der Rettung des Volkes Israel aus Ägypten folgt der seinem Volk im Land verheißene dreifache Segen der Fruchtbarkeit von Mensch, Tieren und Acker; im verheißenen Land wird der Gottesdienst eingerichtet, an dessen Ende der Segen über das Volk und über das Land erteilt wird.

Im Neuen Testament kommt das Segenswirken Gottes zu einem besonders einprägsamen und schönen Ausdruck in den Wachstumsgleichnissen, in denen die Worte Jesu die am Ende der Flut gegebene Zusage 1.Mose 8,22 aufnehmen. – Jesus selbst geht seinen Weg auf unserer Erde nicht nur als der Verkündigende, sondern auch als der Segnende: Er heilt die Kranken und gibt den Hungernden Brot. Er segnet die Kinder und er segnet das Mahl und er segnet seine Jünger beim Abschied. Die Jünger sendet er aus mit dem Auftrag zu verkündigen und zu heilen.

Zweiter Teil: Der Segen in der Kirche

In der Kirche Jesu Christi wurde dessen Erlösungswerk immer begleitet von dem Erbarmen mit den Leidenden und dem Bewahren und Fördern des Lebens. Immer haben Menschen das segnende und behütende Wirken Gottes erfahren und haben davon gesungen in den Liedern der Kirche wie in den Psalmen des Alten Bundes, in denen sich die Rhythmen des Segens spiegeln: Morgen und Abend, Sommer und Winter, Saat und Ernte ebenso wie der Lebenslauf vom Geborenwerden bis zum Sterben.

In den Bewegungen der Kirchengeschichte, den großen Umbrüchen, in Verfolgungen und Leidenszeiten ist der Segen gleich geblieben über die Gegensätze hinweg, von denen die Geschichte der Kirche bestimmt war. Weil es im Segen um das Wirken des Schöpfers geht, hat er seine Bedeutung für das Ganze bewahrt, über die Grenzen von Kirchen und Konfessionen hinweg.

Dritter Teil: Der Segen in unserer Gegenwart

Die Rhythmen des Segens, in denen der Schöpfer nach der Flut die
Bewahrung der Erde zugesagt hat, sind von den Ursprüngen her die
gleichen geblieben, sie werden die gleichen bleiben,»solange die Erde
steht«. Und die stille und verborgene Kraft, die das Saatkorn reifen
und die Wunden heilen läßt, ist die gleiche heute wie am Anfang, die
Segenskraft Gottes. Die naturwissenschaftliche und technische Entwicklung hat den Menschen eine Fülle neuer Möglichkeiten gegeben,
aber sie hat nichts daran geändert, daß das Leben selbst dem Menschen
nicht verfügbar ist. Gerade hier aber erhält der Segen, von dem die
Bibel spricht und der im Gottesdienst über die in ihm Zusammenkom-
menden gesprochen wird, eine hohe Bedeutung. Das Wirken des
Segens Gottes ist unersetzbar. Unsere Erde und unser Menschsein
bedürfen des Segens Gottes, als ganze und über alle Grenzen hinweg;
denn Gott läßt seine Sonne scheinen über Gute und Böse und läßt es
regnen über Gerechte und Ungerechte, so hat es Jesus gesagt.
Dasselbe gilt auch für den Empfang des Segens im Gottesdienst.
Keiner ist von dem hier erteilten Segen ausgenommen, der ihn dankbar
annimmt; ob ihn bei der Predigt Fragen und Zweifel bewegten, im
Empfang des Segens kommen sie zum Schweigen. Auch unsere
eigenen Vorstellungen über den Segen spielen dabei keine Rolle. Es
geht nicht darum, ob der Segen im Augenblick, in dem er über die
Gemeinde gesprochen wird, irgendetwas Geheimnisvolles oder gar
Magisches bewirkt, es geht vielmehr darum, daß, was in der Predigt
verkündet wurde, jetzt im Segen auf das ganze Dasein ausgeweitet
wird. Wer am Ende des Gottesdienstes die Worte:»Der Herr segne
dich und behüte dich...« hört, der mag nun diese Worte auf sein
persönliches Leben beziehen, auf seine Familie, auf seine Gesundheit,
auf das Gelingen seiner Arbeit, auf den Frieden und die Bewahrung
der Schöpfung. Dann geht er als ein Gesegneter aus dem Gottesdienst.

Literatur:
H. W. Beyer, Art. eulogéo, ThW II, S. 759-763. – L. Brun, Segen und Fluch
im Urchristentum, Oslo 1932. – P. Brunner, Der Segen als dogmatisches und
liturgisches Problem, in: ders., Pro Ecclesia II, Hamburg 1966, S. 339-351. –
Ders., Zur Lehre vom Gottesdienst, in: Leiturgia I, Kassel 1954, S. 83-361,
v.a. S. 200-202. – J. Hempel, Die israelitischen Anschauungen von Segen und

Fluch, ZDMG NF 4, 1925, S. 20-110. – U. Link, Segen und Fluch im Neuen Testament, in: EKL[1] III, S. 919f. – S. Mowinckel, Psalmenstudien V: Segen und Fluch in Israels Kult und Psalmdichtung, Oslo 1923/Amsterdam 1961. – Ders., Religion und Kultus, Göttingen 1953, S. 64-66. – J. Pedersen, The Blessing, in: ders., Israel. Its Life and Culture I-II, London/Kopenhagen 1926, [2]1946, S. 162-212. – W. Schenk, Der Segen im Neuen Testament. Eine begriffsanalytische Studie (ThA XXV), Berlin 1967. – C. Westermann, Der Segen in der Bibel und im Handeln der Kirche, München 1968, Gütersloh [2]1981, als TB München 1992.

Claus Westermann

C. SCHLUSSBETRACHTUNG

Über das innere Teilnehmen am Gottesdienst.
Eine pastoralliturgische Katechese

In der alten Kirche wurden die Taufbewerber durch mündlichen Unterricht in den Glauben und in das Leben der christlichen Gemeinde eingeführt. In der Regel nahmen sie etwa drei Jahre lang am Wortgottesdienst, der sog. Katechumenenmesse teil, während die Eucharistiefeier den Getauften vorbehalten war. Kurz vor der Taufe setzte eine intensivere, wohl tägliche Vorbereitung ein. Zu ihr gehörten in der Osterwoche die »Mystagogischen Katechesen«, die unterrichtliche Einweisung der Katechumenen zuerst in das Taufsymbol und dann in die Sakramente. Stück für Stück ging z.b. Cyrill von Jerusalem (313-386) die heiligen Handlungen mit ihnen durch, deutete ihren geistlichen Sinn und sagte ihnen, wie sie sich dabei verhalten sollten. »Worüber ihr nun zur Genüge belehrt worden seid, das behaltet bitte im Gedächtnis« (Cyrill S. 259).
Unsere heutigen Gemeindeglieder sind getauft, durch etwa 1000 Religionsstunden gegangen und haben den Konfirmandenunterricht hinter sich. Was wissen sie eigentlich über den Gottesdienst, seine Geschichte, seine Liturgie und seine Heilsbedeutung? Sind sie wirklich eingewiesen? Verstehen sie ihn in seinem Verlauf und in seinen einzelnen Stücken im Sinne eines innerlichen Mitvollzugs – vorausgesetzt, die »Zelebration« durch den Liturgen gestattet ihn? Bedürfen sie nicht einer nachfolgenden »Liturgischen Katechese«, zu der wir in diesen Predigthilfen anleiten wollten, um das »Inter-esse« an der lebendig gefeierten Liturgie zu wecken? Und bedürfen sie nicht ebenso sehr einer Anleitung zum Verhalten, zum Hören, zum Beten und zum Mitgehen im Gottesdienst, damit dieser seine seelsorgerliche Seite und seine lebenstragende Bedeutung entfalten kann?
Deshalb schließen wir diesen Band mit einer Besinnung über einige Gesichtspunkte des inneren Teilnehmens am Gottesdienst. Wir halten uns dabei an den 122. Psalm und stellen in ihn einige Hinweise zum Hören und Beten hinein. Eine Erinnerung an das Verhalten im Gottesdienst nach der Benedikt-Regel soll den Schluß bilden.

I.

Ich freute mich über die, die mir sagten:
Lasset uns ziehen zum Haus des Herrn!
Nun stehen unsere Füße
in deinen Toren, Jerusalem.

Jerusalem ist gebaut als eine Stadt,
in der man zusammenkommen soll,
wohin die Stämme hinaufziehen,
die Stämme des Herrn,
wie es geboten ist dem Volke Israel,
zu preisen den Namen des Herrn.
Denn dort stehen die Throne zum Gericht,
die Throne des Hauses David.

Wünschet Jerusalem Glück!
Es möge wohl gehen denen, die dich lieben!
Es möge Friede sein in deinen Mauern
und Glück in deinen Palästen!

Um meiner Brüder und Freunde willen
will ich dir Frieden wünschen.
Um des Hauses des Herrn willen, unseres Gottes,
will ich dein Bestes suchen. Ps 122,1-9

Der 122. Psalm ist aus der Freude am Gottesdienst hervorgewachsen.
Es geht in ihm um die Gottesstadt, um das Gottesvolk, das Gotteshaus
und die Gottesdienste, die darin gehalten werden. Für jedes seiner
Worte steht ein Mensch ein, der auf den Gottesdienst hin lebte, der
sich vergegenwärtigte, was ihm der Gottesdienst gab, und der ganz
vom Gottesdienst her lebte. »Ps. 122 ist das Lied eines einzelnen
Sängers« (Kraus S. 106). Hinter ihm steht also eine Glaubensgestalt,
deren Leben gleichsam zwischen Gottesdienste eingespannt und von
ihnen gehalten war.
In den Psalter kam dieses Gebet, weil die alttestamentliche Gemeinde
in ihm ausgesprochen sah, was sie selber empfand: »Die Freude am
Gottesdienst ist unsere Stärke«. Eigentlich heißt dieses Wort: »Die
Freude am Herrn ist eure Stärke« (Neh 8,10). Aber weil der Herr der

Welt und später Jesus, der Herr, denen, die sich in seinem Namen versammeln, versprochen hat, mitten unter ihnen zu sein, kann man ebensogut sagen:»Die Freude am Gottesdienst ist unsere Stärke«. Freude erhebt und Freude verbindet. Wer sich freut, hat das Gefühl, dem, was ihn sonst beschwert, für eine Weile enthoben oder ihm nicht so stark ausgesetzt zu sein. Und wer sich freut, ist dadurch anderen verbunden bzw. er empfindet seine Einsamkeit im Augenblick nicht mehr. Freude erhebt und Freude verbindet. Darum ist sie Stärke. Von einer solchen Freude, die stärkenden Charakter hat, ist dieser Psalm getragen und er will mittragen und hineinnehmen in diese Freude. Seinem Inhalt nach beschreibt der 122. Psalm den Kirchgang eines alttestamentlichen Menschen. Es gab damals außer den Synagogen am Ort eine »Hauptkirche« im Land: den Tempel in Jerusalem. Dorthin ging man dreimal im Jahr zum Gottesdienst. Weil es so weit war, blieb es Frauen und Kindern freigestellt, mitzuziehen oder nicht. Dem hebräischen Mann aber gebot es das Gesetz. Da bei der z.t. großen Entfernung vom Heiligtum das geistliche Leben leicht versiegte und erlosch, mußte es immer wieder angeregt und genährt werden. Auch sollte der Glaubende stets von neuem das Zusammensein mit der Gemeinde zu seinem Trost erfahren. Der Weg zum Tempel war daher geboten. Wir erleben im einzelnen die Stationen dieses Weges mit, da sie der Beter kurz und anschaulich schildert.

Die erste Station ist noch daheim. Die Stunde des Aufbruchs ersteht vor unseren Augen:»Ich freute mich über die, die mir sagten: Lasset uns ziehen zum Haus des Herrn!« Sie ist bestimmt von einer tiefen Vorfreude. Diese Vorfreude auf den Gottesdienst weiß: Es muß jetzt erst ein Weg zurückgelegt werden. Wenn es geschehen ist, werde ich still und komme zur Ruhe, zu einer erfüllten Ruhe. Ich darf nehmen, mir wird gegeben, ich darf ein Empfangender sein. Worte, die mich angehen, Weisen, die mich aufnehmen, werden mich umgeben. Ich darf Gemeinschaft haben durch den Glauben. Diese Gemeinschaft wird schon dadurch wirklich, daß man sich gegenseitig auffordert und miteinander geht.»Ich freute mich« steht wie der Bethlehemsstern über unserem Psalm. Und der Bethlehemsstern wandert mit.

Die zweite Station ist die Ankunft in der Heiligen Stadt. Die Beschwerden der Reise sind überwunden, die Mühen des Weges abgeklungen. Das Ziel ist erreicht:»Nun stehen unsere Füße in deinen Toren, Jerusalem«. Das klingt wie Atemholen und Ausruhen, wie erwartungsvolles Hingespanntsein auf das, was jetzt kommt. Die Seele

wird still. Die guten, schmerzlichen und düsteren Dinge, die sie
beunruhigen, werden zwar nicht unwirklich; aber sie treten zurück. Sie
ist nicht mehr gebannt von ihnen. Eine neue Blickrichtung wird ihr geschenkt. Sie hält inne und ist bereit, sich erfüllen zu lassen.
Die dritte Station ist die Gottesstadt, das Gotteshaus und der Gottesdienst. Dem Charakter des Wallfahrtsliedes gemäß steht zwar die
Gottesstadt im Vordergrund und das Gottesvolk, das sich in ihr
versammelt, die erwählte Stätte der Gegenwart Gottes. Aber die
Gegenwart Gottes wird erfahrbar und wirklich im Gottesdienst, um
dessentwillen die Scharen kommen. Der Pilger umfaßt mit einem Blick
den Tempel und die Stadt zu seinen Füßen:»Jerusalem, die du gebaut
bist wie eine wohlgefügte Stadt!« Das Vorhandensein einer Stätte, zu
der man gehen kann, um Gott zu suchen und zu finden, nötigt ihm dies
freudige Bekenntnis ab. Gleichzeitig nimmt er die vielen Menschen
wahr, die sich dort einfinden,»die Stämme, (die) hinaufziehen, die
Stämme des Herrn, wie es geboten ist dem Volke Israel, zu preisen
den Namen des Herrn«. Er erfährt die gottesdienstliche Gemeinde, zu
der er selbst gehört und wird sich der großen Gemeinschaft bewußt, in
der er steht. Nun sind sie beieinander, von überall her gekommen,
vereint im Hören, Feiern und Beten, und empfangen Wort und Nähe
Gottes als Speisung für ihr Leben. Der Herr ist mitten unter ihnen.
Wenn sie dann wieder gehen, wird es ein getrostes Wandern werden:
nicht leichter, aber lichter! Die Fenster zur Stadt Gottes sind neu
geöffnet.
Die vierte Station ist der Abschied vom Ort des Segens. Im Herzen des
zur Heimfahrt schon Gerüsteten wird der Abschied zum Gebet. Ein
Friedenswunsch drängt sich auf seine Lippen:»Wünschet Jerusalem
Glück! Es möge wohl gehen denen, die dich lieben! Es möge Friede
sein in deinen Mauern und Glück in deinen Palästen!« Noch einmal,
bevor der Weg zurück in alle Mühsal der Heimreise und des Alltäglichen beginnt, verharrt er und hält inne. Er dankt und betet für den
Ort, der ihm den Frieden gab und die Quelle seiner Stärkung war.
Die fünfte Station ist der Weg zurück, das Leben außerhalb des
heiligen Gebäudes. Dort bewährt sich erst die Zugehörigkeit zu der
Gemeinde. Der Pilger schließt seine Weggenossen in den Friedenswunsch ein:»Um meiner Brüder und Freunde willen will ich dir
Frieden wünschen.« Er ordnet sein Leben so, daß es seiner Herkunft
aus dem Heiligtum entspricht:»Um des Hauses des Herrn willen,
unseres Gottes, will ich dein Bestes suchen«. Es soll in seinem Dasein

etwas davon sichtbar werden, daß er vor Gott stand. In allem, was er tut, will er die Gottesstadt vor Augen haben und für sie sorgen. Das läßt ihn gleichermaßen für seine Brüder und Schwestern sorgen. So wird sein Leben zu einem Weg zwischen den Gottesdiensten, ausgespannt von einem zum andern. Das ist das Geheimnis seiner Stärke. Über diesem Lebensweg steht, wie sein mit dem 84. Psalm verwandtes Gebet bezeugt, eine mitwandernde, unantastbare Freude: »Wohl den Menschen, die dich für ihre Stärke halten / und von Herzen dir nachwandeln! / Wenn sie durchs dürre Tal ziehen, / wird es ihnen zum Quellgrund, / und Frühregen hüllt es in Segen. / Sie gehen von einer Kraft zur andern / und schauen den wahren Gott in Zion« (Ps 84,6-8).

II.

In dem Gebet des Pilgers, das die Stationen seiner Reise schildert, spiegelt sich unser eigener Kirchgang wieder. Der 122. Psalm fragt nach der Bedeutung des Gottesdienstes und der versammelten Gemeinde in unserem eigenen Leben. Es wäre möglich, aber in diesem Zusammenhang nicht so gut, mit theologischen oder bekenntnismäßigen Sätzen darauf einzugehen. Wir antworten stattdessen mit einer Besinnung auf das, was wir tun können, daß der Gottesdienst der Gemeinde unser persönlicher Gottesdienst werde, um dadurch auch von uns aus zum Anbetungscharakter der christlichen Feier beizutragen.

1. Aufbruch. – Wenn nicht eine in diesem Fall gute Gewohnheit den Gang zum Gottesdienst bestimmt, setzt er einen Entschluß voraus. Die Vorfreude, von der im Psalm so eindrücklich die Rede war, hängt vom »Wohnen« ab, d.h. vom Zuhausesein im Gotteshaus und im gottesdienstlichen Gefüge, aber auch von den bisherigen Erfahrungen damit. Sie ist unabhängiger, wenn wir uns klar machen, wohin wir gehen: dahin, wo sich der unkenntliche Gott als Christus Jesus bekannt machen, wo er sich finden, hören, anrufen, schmecken, sehen und erfahren lassen will. Auch wenn man bezüglich der Zeit unmittelbar vor dem Kirchgang in den Häusern und Familien nüchtern und nachsichtig bleiben muß, ist es möglich, sich kurz auf diese Begegnung mit dem lebendigen Gott einzustellen. Es kann in folgender Weise geschehen: a) Wir vergegenwärtigen uns, welchen Sonntag oder welches Fest im Kirchenjahr wir heute begehen. (Wir dürfen uns keine Illusionen darüber machen, wie fern auch viele Gemeindeglieder dem liturgischen Jahr gegenüberstehen.) b) Wir lesen den Predigttext. Sonntags wird in der Regel über einen Text aus einer Perikopenreihe gepredigt. Er ist (wenn nicht anders bekannt gemacht) im Losungsbüchlein angegeben. Durch diese vor-läufige Begegnung mit dem Bibelabschnitt vorbereitet, hören wir besser zu. c) Wir beten, daß Gott unser Kommen, Treffen und Gehen segne, d.h. uns an Leib, Seele und Geist geben wolle, was wir an Kräften des Loslassens, Aufmerkens, Sichaussagens und Empfangens jetzt brauchen. Dann Gesangbuch, Hut, Mantel, Schal, Hustenbonbon, Kinder (und Autoschlüssel) genommen und fröhlich zur Kirche gegangen (oder gefahren)!

2. Ankunft. – Wir haben uns noch kaum darüber besonnen, was Ankommen für einen Menschen bedeutet, Angenommenwerden und zur Ruhe Kommen. Ankommen heißt auf jeden Fall: Ich bringe mich mit, mit meiner ganzen Geschichte und mit dem, was ich kurz zurückliegend erlebt habe; ich bin erfüllt von vielen Dingen – oder leer, ausgesogen, abgekämpft, müde. Und Aufgenommenwerden? Wir meinen, es müßten Menschen sein, die uns das gewähren, Begrüßende? Es ist der Herr selbst, dessen Einladungswort wir uns jetzt beim Betreten der Kirche sagen dürfen:»Kommet her zu mir alle, die ihr mühselig und beladen seid; ich will euch erquicken« (Mt 11,28). Er wird in dem Raum, der uns nun aufnimmt, anwesend sein und ihn erfüllen. Die Glocken, die inzwischen läuten, rufen die Gemeinde zusammen und zeigen den Beginn dieses Gottes-Dienstes »ich will euch erquicken« an. Dem entspricht, daß wir – in die Bank getreten – zunächst stehen und still beten: ein Psalmwort, eine Liedstrophe oder eine Fürbitte für die Gemeinde und die im Gottesdienst Mitwirkenden. »Im Stehen kommt die Ehrfurcht vor dem Höheren zum Ausdruck (1.Mose 18,22b) ... sowie die Bereitschaft zum Hören und Gehorchen (Hes 2,1) ...« (Adam/Berger S. 488). Im Beten vollziehen wir den Schritt vom Alltag in die Anbetung. Es scheint so, als komme man von dieser Sitte ab und setze sich gleich in die Bank; vielleicht werden die Konfirmanden nicht mehr eingewiesen. Hier ist ebenso eine Erziehung bzw. Führung der Gemeinde erforderlich wie darüber, daß man nun stille sei und daß wirklich Schweigen eintrete. Auch die Organisten und Chöre sollten nicht bis zur letzten Minute proben und die Sammlung stören, die Zusammenfassung des Menschen vor Gott.

3. Mitfeiern. – Die Begriffe »Fest« und »Feier« sind heute einer Inflation unterworfen. Ursprünglich bezeichneten sie die für eine religiöse Handlung bestimmte Zeit. Inzwischen werden sie – gänzlich säkularisiert – für jedes Aussetzen von Arbeit gebraucht. Wenn Jugendliche eine Coca-Cola-Party veranstalten, sagen sie: »Ich gehe zu einer Feier«. Aber auch in der Kirche hat man zu ihrer Entwertung beigetragen, weil man durch ›kreative‹ Gestaltung zu angestrengt den Gottesdienst, der ein Fest im heilsgeschichtlichen Sinne ist, zum »Fest« machen wollte. Damit ist nichts für die Fortführung verarmter, verödeter Gottesdienste und nichts gegen geistliche Phantasie und liturgisch verantwortliche Gestaltung gesagt, sondern lediglich gegen das inflationäre Feier-Gerede, bezüglich dessen ein fränkischer Pfarrer äußerte: »Wir brauchen nicht so viel vom Gottesdienst als Fest zu reden. Wir feiern ihn einfach und die Feste treten durch die Entfaltung der Liturgie hervor.« Zum Feiern gehört die Unterbrechung der Werke, ein Ereignis, das man begeht, und dessen man gedenkt, das Zusammenkommen zu diesem Zweck, ein wenigstens in Umrissen geplanter Verlauf und eine Leitung; denn alles Treffen von Menschen bedarf der Gestaltung und des Hinlenkens zum Anlaß. Das Grund-Datum der christlichen Feier ist die Auferstehung des Herrn, die Grund-Zeit der Sonntag als kleines Osterfest und die Grund-Form die »Messe«, d.h. die Zusammenkunft zum Gedächtnis des kraft seiner Verheißung in Wort und Sakrament gegenwärtigen Herrn. Das ist die Feier! Und Mitfeiern heißt: der Würde (hebr. Gewicht, Bedeutung) des Geschehens entsprechen, der im Gottesdienst zum Ausdruck kommenden Liebe Gottes, seiner Seelsorge, seinem Dienst, seiner so sich äußernden Nähe Rechnung tragen im Verhalten und Tun, vornehmlich im Hören, Singen und Beten.

Das Hören im Gottesdienst steht unter der Bitte: »Nun bitten wir den Heiligen Geist um den rechten Glauben allermeist« (EKG 99,1); denn der Glaube kommt aus dem Hören (Röm 10,17). Es heißt zwar oft vor der Predigt: »Der Herr segne unser Reden und Hören«; aber die Gemeinde hört schon die ganze Zeit. Ihre Ohren werden von Anfang bis Ende in Anspruch genommen. Das könnte den Eindruck erwecken, es sei von ihr gespannte Aufmerksamkeit über eine lange Strecke gefordert, eine Anstrengung, die gerade der Müde nicht aufbringen und der Ausgeruhte nur durch Leistung erbringen kann. Der Gottesdienst ist menschlicher. Es verhält sich so: wer sich losläßt, wer sich loslöst von allem, was sich in seinem Inneren zu Gehör bringen will – wir

sind ja so besetzt! –, wer sich verläßt, still wird und die Vielstim-
migkeit in seiner Seele zum Schweigen bringt, kann besser hören; d.h.
er kann sich ohne Anspannung und Anstrengung auf das Gesagte,
Gelesene, Gesungene, Gespielte, Gepredigte und Gebetete einstellen.
Es trägt sich ihm zu und einiges wird ihn berühren und bewegen. Beim
Hören denken wir besonders an die Schriftlesungen und an die Predigt.
Die Ankündigung der Schriftlesung, besonders vor dem Evangelium
bedeutet, daß der Herr selbst wie damals auf dem Esel jetzt durch das
Auftun der Bücher einzieht und das verlesene Wort (nach Luther) als
sein »vehiculum« (Gefährt, Fahrzeug) benützt. Hier ist die Haltung des
Samuel angebracht:»Rede, Herr, denn dein Knecht hört« (1.Sam 3,9).
Ähnliches gilt auch für die Predigt. Es gibt Gemeindeglieder mit der
Gabe des Predigthörens, die ganz wach Wort für Wort aufnehmen und
vieles sich merken können. Es gibt andere – vielleicht sind es mehr?–,
die sich schwer tun, die Mühe haben, einer zusammenhängenden Rede
zu folgen und mit dem Schweifen der Gedanken kämpfen; einige mit
dem Schlaf (Apg 20,7-12). Während eine reformatorische Kirchenordnung in diesem Fall die Anweisung gibt, sie etwas unsanft
aufzuwecken, dachten die Väter der alten Kirche hier barmherziger.
»Einige von den Alten kamen zum Altvater Poimen und sagten zu
ihm: wenn wir beim Gottesdienst Brüder einnicken sehen, willst du,
daß wir ihnen einen Stoß geben, damit sie in der Vigilie wachen? Er
erwiderte: ›Wahrlich, wenn ich einen Bruder einnicken sehe, dann lege
ich seinen Kopf auf meine Knie und lasse ihn ruhen‹« (Apophthegma
Nr. 666, Miller S. 228f). Die Regel sollte natürlich das Wachbleiben
sein; das meinten die Väter auch.
Eine Weise des Aufmerkens und Wachseins wäre etwa: 1. Ich nehme
mir vor und bin bereit, wirklich zuzuhören. 2. Ich lasse die Ablenkun-
gen kommen – ich weiß, sie sind normal – und lasse sie wieder gehen;
ich achte aber auf drei Dinge: a) Was wird zum Verständnis des
Textes, b) was wird zur Erkenntnis Jesu Christi und c) was wird zur
Erneuerung des Glaubens gesagt? 3. Ich nehme mir vor, etwas von der
Predigt zu behalten und – wenn möglich – mit jemandem darüber zu
sprechen.
Singen ist etwas anderes als Sagen. Durch Sagen will ich etwas sehen
lassen, zeigen; durch Singen etwas mit feierlicher Stimme vortragen.
So kommt es, daß im Neuen Testament Singen gleichbedeutend mit
Bekennen sein kann. Röm 15,9 schreibt Paulus Ps 18,50 zitierend:
»Darum will ich dich loben unter den Heiden und deinem Namen

singen«. Durch lobpreisenden Gesang sich zu Gott bekennen – das gehörte für die frühe Gemeinde zum Sichtbarwerden des Geistes Gottes, der unter den Getauften als Gegenwärtiger wirkt. Es ist heute nicht anders. Zwar ist man mit Ausnahme der Chöre vom gemeinsamen Singen in hohem Maße abgekommen. Es findet eigentlich nur noch in der Gemeinde und in einigen Jugendgruppen statt. Dort ist es Ausdruck des Ergriffenseins von Gott, nicht Schmuck, sondern Wesensbestandteil der Liturgie, Vorgriff auf endzeitliche Freude und in Lob und Klage, Hymnus und Psalm Glaubensantwort der Versammelten und Vielen. In seiner gottesdienstlichen Selbstverständlichkeit dürfen wir im Gemeinde-Singen auch ein Stück Gnade sehen. Es umflutet uns und nimmt uns auf, wir stimmen ein und werden getragen; es fragt keiner »Warum singst Du jetzt?«, sondern der Mann hinter mir, die Frau vor mir und das Kind an meiner Seite tun es auch. Umsungen singen wir mit. So kommt es – und es ist nichts dagegen zu sagen –, daß wir beim Singen oft dem Gesungenen keine besondere Aufmerksamkeit widmen. Es ist, obgleich wir selbst singen, mehr ein Mitsingen und gerade so eine uns manchmal ergreifende und erhebende Erfahrung der »Gemeinschaft der Heiligen«. Manchmal »erwischt« uns dann eine Strophe, eine Zeile, eine Wendung im Lied; es wird uns warm ums Herz, etwas in uns stimmt zu und singt tief innen mit – oder wir fühlen uns durch eine Wendung abgestoßen, gestört; auch das kann sein. Es gibt aber eine bewußte Zuwendung zum Lied, ein auf die einzelnen Strophen aufmerkendes Singen. Ich bin gespannt auf das, was an Liedern in diesem Gottesdienst auf mich zukommt, und gehe Zeile um Zeile innerlich mit. Ich beginne, das Gesangbuch als ungehobenen Schatz zu entdecken. Früher, als man nur wenige Bücher hatte, lasen die Leute die Lieder nachmittags zuhause nach. Aber die erste und wichtigste Begegnung mit ihnen findet beim Singen statt. Nehmen wir ein so bekanntes Lied wie »All Morgen ist ganz frisch und neu« (EKG 336)! Die Strophen 1-3 ziehen an mir vorüber, obgleich ich sie mitsinge: die »All Morgen« neue und den Tag über nicht endende Gnade des Herrn; der »Morgenstern«, mit dem Gott gemeint ist, und – ich versuche es zu begreifen – die in mir angezündeten »Lichte«; die Bitte um Behütung vor Blindheit und um die dargebotene Hand. Bei der letzten Strophe bleibe ich hängen, oder besser: Sie berührt mich, bleibt bei mir und geht mir nach. Das habe ich bisher noch nicht bedacht, dies »damit, was immer sich zutrag, wir stehn im Glauben bis ans End / und bleiben von dir ungetrennt«. Was sich auch zutragen mag, heute oder morgen – und es kann sich viel zutragen: Gott will, daß ich auch dann mit ihm verbunden bleibe, und er will sich nicht von mir trennen lassen; ja, das erbitte ich. So will ich also auch das nächste Mal wieder singen: wach, die Worte des Liedes gleichsam mit dem Finger nachfahrend, und eine Wendung, die sich mir entgegenträgt, mit mir gehen lassen.

Und nun zum Beten! Es ist jetzt nicht das private, der Allgemeinheit nicht zugängliche, sondern das öffentliche und gemeinsame im Gottesdienst gemeint. »publice« sagten die Reformatoren; d.h. für jeden erreichbar, hörbar, sichtbar, regelmäßig; aber auch die betende Gemeinde betreffend und auf sie bezogen. Mit einem Wort: Es ist das Gebet der im Namen Jesu versammelten Gemeinde, von ihr gesungen, vornehmlich oder in der Stille vorgebracht oder vom Liturgen für sie gesprochen. Irgendwann einmal und in gemessenen Abständen sollten wir der Gemeinde die Formen der Prosphonese, der Ektenie und des diakonischen Gebets erklären. Denn neben ihrem Hören, Singen und Bekennen spricht sie auch in diesen Formen ihr glaubendes Ja zum Gottesdienst (Gottes Dienst für sie) und dient so Gott (Gottesdienst durch sie). Das setzt aber voraus, daß sie wirklich mitbeten, die Gebete sich zu eigen machen und von ganzem Herzen ihr Amen dazu sprechen kann.

Hier hängt viel vom Verhalten des Liturgen ab. Zwei Erschwerungen des Mitbetens gehen von ihm aus: a) Der Subjektivismus. Man versteht darunter eine ichbezogene Haltung, übertragen auf die Gebete. Sie liegt dann vor, wenn man mit Hilfe der Gebete die Gemeinde über etwas informiert, seine eigenen (Haupt-)Anliegen unterbringt und eine bestimmte Handlungsweise zu erreichen sucht. Auch dann, wenn die Gebete nur noch Meditationen, Zustandsbeschreibungen und Mitteilungen sind. b) Die Nachlässigkeit. Damit ist zunächst ganz sachlich gemeint, daß beim Liturgen gerade bei den am Ende des Gottesdienstes stehenden Gebeten manchmal die Konzentration nachläßt; aber auch, daß er die Gebete zu schnell, zu langsam oder mit den unsere Rhetorik oft so belastenden Pausen an der falschen Stelle vorträgt, als müsse er den »Nachschub« ordnen. Die Aufnahme von Gebeten hängt von einer ruhigen Zügigkeit in der Sprechweise des Liturgen ab. Zwei weitere Erschwerungen liegen auf seiten der Gemeinde: a) Die Ungesammeltheit. Sie ist die gemeindliche Entsprechung zum eben Ausgeführten. Manchmal lassen wir das Gebet einfach über uns ergehen, ohne wirklich dabei zu sein. Etwas anderes zog unsere Aufmerksamkeit ab.

b) Das Schweifen der Gedanken. Die Christen der Alten Kirche hielten
es für dämonisch verursacht, weil es sich vornehmlich beim Gebet und
beim Sakrament bemerkbar macht. Sie rieten, diese Gedanken förmlich
abzuschütteln. »Wenn der Herr das Haus betritt, verschwinden die
Fremden, die darin sind« (zit. n. Grün S. 33). Das alles faßt Luther im
»Taufbüchlein« zusammen und sagt seelsorgerlich: »Wo der Priester
spricht: ›Laßt uns beten‹, da vermahnet er dich immer, daß du mit ihm
beten sollst. Auch sollen seines Gebets Worte mit ihm zu Gott im
Herzen sprechen alle ... die umherstehen. Darum soll der Priester
diese Gebete fein deutlich und langsam sprechen ...« (MA 3,157). Wie
geschieht das »mit ihm beten ..., mit ihm zu Gott im Herzen sprechen
...«, und was können wir dazu tun? a) Ich forme still oder noch besser
mit Bewegung der Lippen die Gebetsworte mit. b) Oder: ich lasse sie
in mich einströmen und mich wie ein leeres Gefäß füllen. c) Oder: ich
spreche nach jedem Satz oder Sinnabschnitt still für mich »Amen«. Die
Hände dabei zu falten, die germanische Gebärde des Alle-Waffen-aus-
der-Hand-Legens, ist immer noch das Beste; und wenn die Gemeinde
die Architektur der Gebete kennt, wird ihr auch das helfen, gesammelt
mitzubeten.

4. Segen. – Im Psalm 122 war die vierte Station der Abschied vom Ort
des Segens und die Wendung zum Gehen. Hier wollen wir kurz vom
Gehen sprechen. Es gehört wie Stehen, Sitzen, Knien (und Liegen –
vgl. die römische Priester- und Bischofsweihe!) zu den liturgischen
Haltungen. Doch gibt es außer Einzügen bei bestimmten Anlässen bei
uns kein Gehen im Gottesdienst; nur das Gehen zum Abendmahl und
dann wieder das Gehen aus dem Gottesdienst. Beide Male werden wir
gesegnet »mit allerlei geistlichem Segen in himmlischen Gütern durch
Christus« (Eph 1,3), beim Abendmahl mit dem Segen der endzeitlichen
Rettung, beim Ausgang mit dem Segen der diesseitigen Bewahrung.
Das Abendmahl sollen wir nach 2.Mose 12,11 essen »als die, die
hinwegeilen«. Im Aufbruchsgedanken berühren sich Passamahl und
Abendmahl. Er findet seinen Ausdruck in der Art unserer Abendmahlsfeiern. Wenn wir aus der Bank heraus und an den Altar gehen, gehen
wir auf Christus zu, und er kommt zu uns. Manchmal – Gott weiß es
– steigen gerade, wenn wir hinzutreten, ganz unfromme, nicht
dazugehörige Gedanken in uns auf. Auch das bin ich – und zu diesem
Ich mit seiner Unterwelt kommt Jesus Christus. Wenn wir dann wieder
weggehen – mit dem Nötigsten »versehen«, wie die katholische Kirche
sagt – gehen wir auf den kommenden Christus zu. Von ihm her und

auf ihn hin! Das ist das »hinwegeilen« der Christen. Bevor wir unseren Lebensweg weiter gehen, wird der Segen über uns gesprochen wie immer. Es geschieht in der Einzahl, weil jeder einzelne persönlich gesegnet wird. Es geschieht mit erhobenen Händen, weil diese Gebärde die Handauflegung auf viele ist. Sie bedeutet: Auf jedem von uns liegt Gottes Hand. Und es geschieht mit dem Zeichen des Kreuzes, weil es der Name des Dreieinigen Gottes ist, der auf uns gelegt wird. Er geht mit uns, wohin wir auch gehen.

5. Weg. – Auch dafür, d.h. für den Weg nach dem Gottesdienst, können wir uns noch einmal an den 122. Psalm halten. Die Zugehörigkeit zur Gemeinde bewährt sich außerhalb des Gottesdienstes, und zwar so, daß wir unser Leben entsprechend der Herkunft aus dem »Heiligtum« ordnen. Paulus setzt dabei in seinem diesbezüglichen Kapitel Röm 12 voraus, »daß die Gemeinde Christi als Glaubensminderheit inmitten einer nichtchristlichen Welt lebt und ihr gegenüber zum missionarisch einleuchtenden Lebenszeugnis aufgerufen ist« (Stuhlmacher S. 37). In ihrem Dasein soll auch durch ihre Glieder etwas davon sichtbar werden, daß sie vor Gott steht. Darum bittet zusammenfassend eine der Schlußkollekten: »... du wollest durch das Geheimnis deines Sakraments unseren Wandel heiligen...« (Agende I. Kl. Ausgabe, 79*) und weist dadurch auf den Zusammenhang von Sakrament und Ethik hin. Unmittelbar überzeugend erscheint dieser Zusammenhang in einem Gebet der indischen Thomas-Christen: »Verleihe uns, o Herr, daß die Ohren, die deinen Lobpreis gehört haben, verschlossen seien für die Stimme des Streites und Unfriedens; daß die Augen, die deine große Liebe gesehen haben, auch deine selige Hoffnung schauen; daß die Zungen, die dein Lob gesungen haben, hinfort die Wahrheit bezeugen; daß die Füße, die in deinen Vorhöfen gestanden haben, hinfort gehen auf den Wegen des Lichtes und daß die Leiber, die an deinem lebendigen Leibe Anteil gehabt haben, hinfort in einem neuen Leben wandeln« (Allgemeines Evangelisches Gebetbuch S. 690, Nr. 239). Das ist der »vernünftige Gottesdienst« (Röm 12,1): das Hineintragen des gefeierten in den Lebensgottesdienst der Lebenswege, »nach innen als organische, zusammenwirkende Lebensgemeinschaft und nach außen als Zeugnisgemeinschaft, an deren Verhalten die Welt erkennen und erfahren kann, was es heißt, Christus leibhaftig bei sich zu haben« (Stuhlmacher S. 41f).

III.

Wir glauben, daß Gott überall gegenwärtig ist
und daß die Augen des Herrn an jedem Ort
die Guten und die Bösen beobachten.
Doch wollen wir das in besonderer Weise glauben,
und zwar ohne irgendwie zu zweifeln,
wenn wir beim Gottesdienst stehen.
Überdenken wir darum immer, was der Prophet sagt:
Dient dem Herrn in Furcht!
Und ferner: Psalliert weise!
Und: Im Angesicht der Engel will ich dir Psalmen singen.
Bedenken wir also, wie wir uns verhalten sollen
unter den Augen Gottes und seiner Engel,
und stehen wir beim Singen der Psalmen so,
daß unser Denken und unser Herz
im Einklang mit unserer Stimme sind.

Wenn wir mächtigen Leuten etwas nahelegen wollen,
wagen wir das nur mit Demut und Ehrfurcht.
Wieviel mehr müssen wir zum Herrn, dem Gott des Alls,
mit aller Demut und in lauterer Hingabe flehen!
Auch müssen wir wissen,
daß wir nicht durch viele Worte Erhörung finden,
sondern in der Lauterkeit des Herzens
und unter Tränen der Zerknirschung.
Das Gebet muß also kurz und lauter sein,
es werde denn verlängert
unter einem geistgewirkten Antrieb der Gnade Gottes;
in der Gemeinschaft aber sei das Gebet durchaus kurz,
und auf das Zeichen des Obern
sollen alle miteinander aufstehen.

(Benediktsregel 19 und 20)

Bei dem wiedergegebenen Text handelt es sich um zwei Kapitel aus
der Regel des Benedikt: »Vom Verhalten beim Psalmensingen« und
»Von der Ehrfurcht beim Gebet«. Mit ihnen wird die an das Demutskapitel (Kp. 7) angeschlossene Gebetslehre oder Gottesdienstordnung

(Kp. 8-20) abgeschlossen. Ihr Inhalt kann deshalb auf den ganzen Gottesdienst bezogen werden. Die Weisungen Benedikts sprechen in ihrer Einfachheit und Tiefe für sich. »Die Regel ist wie ein alter, schwerer Rotwein, den man in kleinen Schlücken genießt« (Holzherr S. 10). Wir können sie hier nicht auslegen, aber durch einige Unterstreichungen dem Leser (Hörer) entgegenbringen.

Über die Jahrhunderte spannt sich der Bogen der Theologie des Gottesdienstes, die als kürzeste Summe lautet: »Gott ist gegenwärtig«. So haben es Gerhard Tersteegen (EKG 128,1) und Benedikt von Nursia gleichlautend ausgedrückt. Benedikt mit der Unterscheidung, daß die unthematische, unkenntliche Anwesenheit Gottes überall und an allen Orten im Gottesdienst »kondeszendiert« und im Blick auf den dort geschehenden Dienst (Liturgie) »in besonderer Weise« geglaubt werden darf. Dem entspricht die Furcht des Herrn bzw. die Ehrfurcht vor Gott als der rechte Gottesdienst. Unser gottesdienstliches Verhalten soll so sein, daß wir uns bewußt sind, vor Gott und »unter den Augen Gottes« zu stehen. Das äußert sich auch im Einklang unserer innersten Gedanken mit dem, was wir sprechen und singen. So sehr es Benedikt im Gottesdienst um den Vorrang des Seins vor dem Tun geht, so wenig verstand er das liturgische Leben exklusiv: »es muß Frucht bringen in einer dienstbereiten Haltung« (Holzherr S. 164).

Ein kleinerer Bogen, vom »Demutskapitel« ausgehend und die Ordnung der Gottesdienste überwölbend, endet hier. Vom ehrfürchtigen Beten ist die Rede. Wie oft bei den Vätern beginnt Benedikt mit dem Vergleich der Vorsprache bei »mächtigen Leuten«. Von daher schließt er auf unsere Haltung vor dem höchsten Gott. Dreimal wird in diesem Zusammenhang von der »Lauterkeit« des Herzens bzw. der Hingabe gesprochen. Lauterkeit ist eine Haltung, bei der man bis auf den Grund sehen kann, ungetrübtem, durch nichts verstelltem Wasser gleich. Daß die »Regel« auch als Summe der Schrift verstanden werden muß, erscheint hier in der Anknüpfung an die Gebetsregel Jesu, »daß wir nicht durch viele Worte Erhörung finden« (Mt 5,8; 6,7). Das gilt vor allem für das freie Gebet in der gottesdienstlichen Gemeinschaft, wie es heute wieder im Kommen ist, »unter einem geistgewirkten Antrieb der Gnade Gottes«. Aber auch dann ist nicht die »fühlbare Ergriffenheit« (Holzherr S. 166) sein Kern, sondern die Kürze und die Einfügung in eine Ordnung, die ihm ebenso Raum gibt, wie seine Beendigung anzeigt.

Man kann diese Regel-Sätze Benedikts wie Ps 122 in einer Predigt verwenden oder als Text einem Gespräch in der Gemeinde zugrunde legen. Neben der Feier des Gottesdienstes und ihrem wissenschaftlichen Bedenken in der Liturgik gibt es eine »dritte Weise«: das geistliche Gespräch über den Gottesdienst in der Gemeinde. Es ist vielleicht am ehesten die Form, den Inhalt oder einzelne Elemente dieser »liturgischen Katechese« zu vermitteln. Dort möge sich dann ereignen, wovon die Väter oft sprechen: das weite Herz, das Verebben der Sturzfluten der Emotion und das praktische Wissen, das man in bezug auf den Gottesdienst braucht – oder nicht mehr braucht, wenn der Mensch vom Geist Gottes in die Andacht und in die Anbetung hineingerissen wird.

Literatur:
A. Adam/R. Berger, Pastoralliturgisches Handlexikon, Freiburg 1980. – Allgemeines Evangelisches Gebetbuch, hg. von H. Greifenstein u.a., Hamburg [2]1965. – Benedictus (de Nursia), Die Benediktsregel. Eine Anleitung zu christlichem Leben, übers. u. erkl. von G. Holzherr, Zürich [2]1982. – Cyrill von Jerusalem, Mystagogische Katechese 2,2-8, in: Texte der Kirchenväter, hg. von A. Heilmann, Bd. 4, München 1964, S. 256-259. – A. Grün, Einreden. Der Umgang mit den Gedanken, Münsterschwarzach 1983. – R. Guardini, Beten im Gottesdienst der Gemeinde. Zur Besinnung und Mitfeier, Mainz 1982. – G. Hennig, Beten im Gottesdienst. Studienbrief A 15, in: Das missionarische Wort 37, 1984, A 1-16. – H.-J. Kraus, Psalmen, Teilbd. 2, Neukirchen [5]1978 (BK XV/2). – M. Luther, Das Taufbüchlein, in: MA 3, S. 156-160. – B. Miller (Hg.), Weisung der Väter. Apophthegmata patrum, Freiburg 1965. – Th. Sorg, Mit der Gemeinde beten. Zu Geschichte und Gestalt des gottesdienstlichen Gebets, in: ThBeitr 17, 1986, S. 293-305. – P. Stuhlmacher, Bibelarbeit über Römer 12,1-8, in: E. Adomeit/Th. Sorg (Hgg.), Das Haus der lebendigen Steine, Neukirchen-Vluyn 1987, S. 35-59.

Manfred Seitz

Autorenverzeichnis

Dr. Karl-Heinrich Bieritz
Pfarrer und Dozent
Ludwig-Renn-Straße 60
O-1142 Berlin

Dr. Manfred Kießig
Dekan
Pfaffengasse 17
8750 Aschaffenburg

Ernst Hofhansl
Pfarrer
Dr. Stockhammer Gasse 15-17
A-2630 Neunkirchen

Dr. Hermann Lins
Rektor
Oberer Kolberg 11
3508 Melsungen

Werner Horn
Superintendent
Hamburger Straße 3
A-1050 Wien

Albert Mauder†
Pfarrer
(Ruth Mauder)
Zugspitzstraße 13
8109 Wallgau

Dr. Ottfried Jordahn
Pastor
Tewessteg 10
2000 Hamburg 30

Dr. Hans Mayr
Pfarrer
Augustinerstraße 10
7300 Esslingen

Dr. Friedrich Kalb
Oberkirchenrat
Himmelreichstraße 2/3
8000 München 22

Dr. Dr. Martin Rößler
Universitätsprofessor
Reutlingerstraße 16
7408 Kusterdingen-Jettenburg

Dr. Hans-Christoph
Schmidt-Lauber
Universitätsprofessor
Dornbacher Straße 25/3/2
A-1170 Wien

Dr. Manfred Seitz
Universitätsprofessor
Lukasstraße 7
8526 Bubenreuth

Alexander Völker
Superintendent
Immanuelstraße 17
4950 Minden

Dr. Gottfried Voigt
Universitätsprofessor
Lauchstädter Straße 5
O-7031 Leipzig

Dr. D. Claus Westermann
Universitätsprofessor em.
Jaspersstraße 2/Augustinum
6900 Heidelberg